①指さしながら発音する

leggere indicando

mare
「海」は
あっちね
…

話したい単語を話し相手に見せながら発音します。相手は文字と発音を確認できるので確実に通じます。

〜をください
~per favore
ペル ファヴォーレ

の合わせる

combinare le parole

caffè
per favore
「エスプレッソ
をください」
か…

２つの言葉を順番に指さしながら発音することで、文章を作ることができます。わかりやすいようにゆっくり指さしましょう。

③発音は大きな声で

leggere ad alta voce

ウ〜ム！
なんだか
すごく
おいしかった
らしいぞ！

ブオォー！！
ブオォー！！

発音せずに指さすだけでも通じるのは確かですが「話したい」という姿勢を見せるためにも発音することは重要です。だんだん正しい発音に近づきます。

④相手にも指さしてもらう

farsi indicare la parola

「どこに行きますか？」ね…
道聞いてみよっ！

話し相手にはイタリア語を指さしながら話してもらいます。あなたは日本語を読んで、その言葉の意味がわかります。

◎6Pの「親愛なるイタリアの皆さんへ」を読んでもらえば、この本の考え方が伝わり、より会話はスムーズになります。

⑤自然と言葉を覚えられる

s'impara senza fatica

指さしながら、発音し、相手の発音を聞く。これをくり返すうちに、だんだん言葉を覚えていきます。文法の知識やイタリアでの会話のコツを知りたくなったら99ページからの文章が、難しい言葉は巻末の単語集がフォローしています。

移動　あいさつ　観光　数字・買物　時間　食事　文化　ひと・家　トラブル　その他

旅の指さし会話帳® 6 イタリア 第4版

堀込玲・著

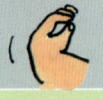

| 食事 | 文化 | ひと・家 | トラブル | その他 |

この本のしくみ

第1部：指さして使う部分です

7ページから始まる第1部「本編」は会話の状況別に46に分けられています。指さして使うのはこの部分です。

ページからページへ

会話の関連事項の載っているページについては「→⑭」等の表示があります。会話の話題をスムーズに続けるためにぜひ活用してください。

日本語の読みガナで話す

各単語には、できる限り実際のイタリア語の発音に近い読みガナがふってあります。まずは話してみること。必ず発音はよくなります。

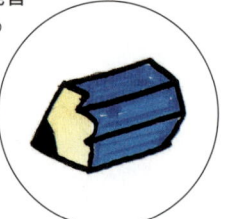

第3部、第4部：頼りになる日伊、伊日各2600語の単語集

言葉がさらに必要になったら単語集をめくってください。辞書形式で「日本語→イタリア語」「イタリア語→日本語」それぞれ約2600語を収録しています。

インデックスでページを探す

前ページにある目次は各見開きの右側にあるインデックスと対応しています。状況に応じて目次を開き、必要なページをインデックスから探してください。

ページアイコンで探す

第4版から、第1部の各項目の左上にページアイコンを掲載しています。会話内容をより直感的に、探しやすくなりました。

第2部：さらに楽しく会話するために

イタリア語の読み方や基礎知識、対人関係のノリ等コミュニケーションをさらに深めるためのページです。特に文法をある程度理解すると会話の幅は飛躍的に広がります。

裏表紙を活用するために水性ペンを用意しましょう。書いた文字をふきとれば何度でもメモ書きに使えます。

持ち歩きやすいように、本書は軽くて折り曲げやすい紙を採用しています。

この本の特長とヒント

このシリーズは、語学の苦手な人でもぶっつけ本番で会話が楽しめるように、ありとあらゆる工夫をしています。実際に使った方からは「本当に役に立った」というハガキをたくさんいただきます。友達ができた方、食事に招かれた方、旅行中に基本的な言葉を覚えた方……そんな方がたくさんいます。

その土地の言葉で話そうとする人は歓迎されるもの。そして会話がはずめば、次々とおもしろい体験が押し寄せてきます。現地の人しか知らない「とっておきのおいしい店」や「最近流行っているスポット」を教えてもらったり、その時でしか見られない催しに連れていってもらったり……こういった体験は、おきまりの場所をたどる旅行より数十倍、数百倍おもしろいものです。

では、どうやると本書をそんなふうに使えるのか、そのコツをいくつか紹介します。

① 話相手が見てもおもしろい本

本書には、イタリア人に"ウケる"ためのコトバや絵を数多く入れてあります。たとえば、22pの「ジェスチャー」、52pの「一年と天気」なども、話相手に興味を持ってもらうための意味があります。初めてこの本を見る人も最初から興味津々。本書は持っているだけで、会話のきっかけがたくさんできるのです。

② 語学が苦手でもどんどん話せる

学校英語で語学嫌いになった、単語の暗記や文法の勉強は苦手…そんな方にこそ本書はおススメです。持っていったその日からイタリア語を使い、確実に通じさせることができます。会話で一番大切なのはハート。それさえあれば、趣味や生い立ちといったディープな話までできるよう、本書は作ってあります。

③ 言葉は一つひとつ選りすぐり

一つの言葉を選ぶのに一晩かける…そう聞いたら驚かれるでしょうか? あながち大げさではありません。少ないスペースに大切な言葉を詰め込むため、厳選に厳選を重ねています。イタリア語を初めて話す読者が、多彩な会話を楽しめるように、生きた言葉ばかりを集めています。

④ 自分の得意なコトバを持とう

本書は使う人によって、めくるページが違います。食べ物や出身地の話題が好きな人、恋愛話に花を咲かせる人……そして次第に、発音だけで通じる得意な言葉ができてきます。また、本書に載っていない言葉を教えてもらうことも多いでしょう。通じる楽しさ、教えてもらって語彙が増える楽しさは格別なものです。

per Voi carissimi amici italiani

Il turista giunto oggi in Italia ha compiuto un viaggio di oltre 10 ore attraverso 8 ore di fusi orari.

Tutto ciò per visitare l'Italia, ma anche per fare shopping e mangiare bene. Tuttavia, per quante guide si possono leggere, nessuno può amare e conoscere una città come chi ci vive, proprio dall'indigeno. Il turista giapponese vorrebbe ascoltare nuovi aneddoti sulle città, ma la lingua italiana non è facile.

Questo libro è stato pensato per rendere possibile un dialogo tra un giapponese e un italiano pur non capendo la grammatica.

Tutti i turisti giungono da lontano attratti dal fascino dell'Italia: svelate loro nuove belleze in modo tale che l'attrazione si trasformi in amore per il Vostro paese.

Nella speranza che aprendo questo libro, il turista possa vivere ricordi indimenticabili grazie ad esperienze che altri turisti non potranno avere...

Autore Rei Horikomi

親愛なるイタリアの皆さんへ

今日ここイタリアに訪れた旅行者は、10時間以上も飛行機に乗り、8時間近い時差を越えてやってきました。

それだけに観光もしたいし、買い物もしたいし、美味しいものも食べたいのです。でもどんなに沢山のガイドブックを読んでも、住みなれたあなたがたのようにこの街を愛し、知り尽くしている人はいません。そんな皆さんにもっとこの街の話を聞きたいけど、イタリア語って結構難しい。

文法がわからなくても、お互いコミュニケーションがとれれば、いろんな楽しい話ができるはず、そう願ってこの本を作りました。

旅行者はみんな、イタリアに魅力を感じて遠く日付変更線のむこうから来ているのです。

もっとこの街が好きになるようにいろんな魅力を伝えてあげてください。

この本を開いた旅行者が、他の旅行者以上に深くすばらしい思い出を作れるように。

著者　堀込 玲

「旅の指さし会話帳」本編

DIRE COL DITO

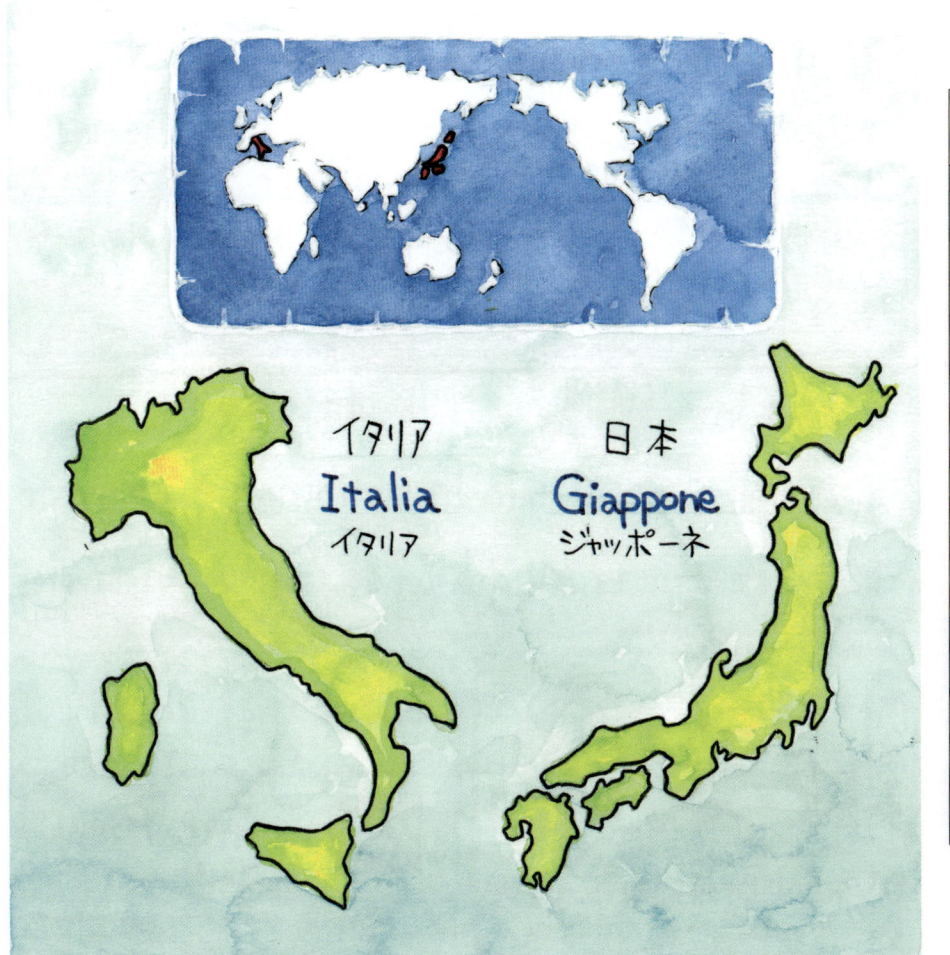

イタリア
Italia
イタリア

日本
Giappone
ジャッポーネ

空港・タクシー aeroporto, tassì
アエロポルト　タッスィ

空港で

○○はどこですか？
Dov'è　～　？
ドーヴェ　～

入国審査
controllo passaporto
コントロッロ　パッサポルト

居住者
residenti
レズィデンティ

外国人
stranieri
ストゥラニエーリ

税関
dogana
ドガーナ

銀行
banca
バンカ

両替
cambio
カンビオ

国内線
voli nazionali
ヴォーリ　ナツィオナーリ

電話
telefono
テレーフォノ

免税店
tax-free
タックスフリー

禁煙
vietato fumare
ヴィエタート　フマーレ

地図
pianta
ピアンタ

WiFi
WiFi
ワイファイ

出口
uscita
ウッシータ

警察
polizia
ポリツィーア

郵便ポスト
posta
ポスタ

トイレ
bagno
バーニョ

SIMカード
SIM
スィム

私の名前は○○です
Mi chiamo　～
ミ　キアーモ　～

私の荷物が出てきません
Il mio bagaglio non è arrivato
イル　ミオ　バガッリオ　ノ　ネ　アッリヴァート

身分証明書をお願いします
（パスポート）
Mi dia un documento per favore
ミ　ディア　ウン　ドクメント　ペル　ファヴォーレ

街へ向かう

～に乗りたいのですが
Vorrei prendere ～
ヴォッレィ　プレンデレ　～

バス
autobus
アウトブス

タクシー
taxi
タクスィー

地下鉄
 **metropolitana**
メトロポリターナ

電車
treno
トゥレーノ

→乗り物 P⑭

→ローマ P㉘、ミラノ P㉚、フィレンツェ P㉜、ヴェネツィア P㉞

行き先

〜に行きたい
Vorrei andare a〜
ヴォッレイ アンダーレ ア〜

駅
stazione
スタツィオーネ

中心（市街地）
centro
チェントロ

ホテル
albergo
アルベルゴ

ユースホステル
ostello della gioventù
オステッロ デッラ ジオヴェントゥ

空港・タクシー

移動
あいさつ
観光
数字買物
時間
食事
文化
ひと・家
トラブル
その他

いくらですか？
Quant'è ?
クアンテ　　　→数字 P㊳

〜ユーロ
〜 euro
〜 エウロ

〜ユーロぐらい
circa〜euro
チルカ 〜 エウロ

タクシー

〜へお願いします
〜, per favore.
〜、ペル ファヴォーレ

いくら位かかりますか？
Più o meno quanto costa?
ピュ オ メーノ クアント コスタ

タクシー乗り場はどこですか？
Dove si prende il taxi ?
ドーヴェ スィ プレンデ イル タクスィー＊

タクシーを呼んで下さい
Può chiamare un taxi?
プオ キアマーレ ウン タクスィー

急いでください
Sbrigati !
スブリーガティ

メーターを使ってください
Può usare il tassametro.
プオ ウサーレ イル タッサメトゥロ

ここで降ろして下さい
Può farmi scendere qui?
プオ ファルミ シェンデレ クイ

渋滞
traffico
トゥラッフィコ

一方通行
senso unico
センソ ウーニコ

降ります
Scendo
シェンド

料金がメーターと違います
Il prezzo è diverso dal tassametro
イル プレッツォ エ ディヴェルソ ダル タッサメトロ

〜時に迎えに来てください
Può venire a prendermi?
プオ ヴェニーレ ア プレンデルミ

追加料金
tariffa supplementare
タリッファ スップレメンターレ

＊タクシーは"流し"はないので、タクシー乗り場で乗る。

9

ホテル albergo
アルベルゴ

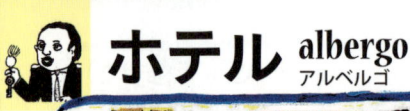

移動

albergo

予約しました
Ho già prenotato la camera
オ ジャ プレノタート ラ カーメラ

チェックイン お願いします
checkin, per favore
チェックイン ペル ファヴォーレ

チェックアウト お願いします
checkout, per favore
チェックアウト ペル ファヴォーレ

日本語（英語）を話せますか？
parla Giapponese (Inglese)?
パルラ ジャッポネーゼ（イングレーゼ）

ネットで予約しました **Ho prenotato tramite internet.**
オ プレノタート トゥラミーテ インターネットゥ

カードで
支払い済みです **Ho già pagato con la carta di credito tramite Website.**
オ ジャ パガート コン ラ カルタ ディ クレーディト トゥラミーテ ウェブサイトゥ

部屋に〜はありますか？
C'è 〜 in camera ?
チェ 〜 イン カーメラ

シングル **camera singola**
カーメラ スィンゴラ

シャワー付き
con doccia
コン ドッチャ

エアコン
aria condizionata
アリア コンディツィオナータ

ツイン **camera con due letti**
カーメラ コン ドゥエ レッティ

ミニ冷蔵庫
frigobar
フリゴバール

禁煙ルーム
camera non fumatore
カーメラ ノン フマトーレ

フロ付き **con vasca da bagno**
コン ヴァスカ ダ バーニョ

トラブル P86

水（お湯）が出ない
Non esce l'acqua (l'acqua calda)
ノネッシュ ラアックア（ラックア カルダ）

部屋を換えてください
Può cambiare la camera?
プオ カンビアーレ ラ カーメラ

このへんに〜はありますか？
C'è 〜 qui vicino?
チェ 〜 クイ ヴィチーノ

おすすめの
consigliato
コンスィリアート

バール
bar
バール

ピザ屋
pizzeria
ピッツェリア

トラットリア
trattoria
トゥラットリア

→食事 P54

遅くまで開いている
È aperto fino a tardi
アペルト フィーノ ア タルディ

タバコ屋
tabacchi
タバッキ

スーパーマーケット
supermercato
スーペル メルカート

移動 | あいさつ | 観光 | 数字・買物 | 時間 | 食事 | 文化 | ひと・家 | トラブル | その他

ゲストハウスやAirbnbなど

何時から何時までフロントが開いてますか？
Qual è l'orario di appertura?
クアル エ ロラーリオ ディ アペルトゥーラ

すぐに来てもらえますか？
Può venire qui subito?
プオ ヴェニーレ クイ スービト

鍵が開きません
Non riesco ad aprire la porta
ノン リエスコ アドゥ アプリーレラ ポルタ

ドア
porta
ポルタ

暗証番号
codice
コーディチェ

いろいろな頼み事

→シャンプー、リンス、石けん、ドライヤー、カミソリ P⑳

タクシーを呼んでください →タクシー P⑨
Può chiamare un taxi?
プオ キアマーレ ウン タクスィ

ホテルのカードをください
Mi dà il vostro biglietto.
ミ ダ イル ヴォストゥロ ビリエット

両替したい
Vorrei fare il cambio.
ヴォッレイ ファーレ イル カンビオ

タバコはどこで吸えますか？
Dove si può fumare?
ドヴェ スィ プオ フマーレ

荷物を預かってください
Posso lasciare questo bagaglio.
ボッソ ラッシャーレ クエスト バガッリオ

電話／インターネット

国際電話をかけたい
Vorrei chiamare all'estero
ヴォッレイ キアマーレ アッレステロ

（店に）予約を入れてください
Mi fa la prenotazione.
ミ ファ ラ プレノタツィオーネ

この番号にかけてもらえますか？
Può chiamare questo numero?
プオ キアマーレ クエスト ヌメーロ

WiFi
WiFi
ワイファイ

WiFiのパスワードを教えてください
Posso avere la password del WiFi?
ボッソ アヴェーレ ラ パスワード デル ワイファイ

メールを送るのでプリントしてくれますか？
Vi giro una mail, potete stamparmala?
ヴィ ジーロ ウーナ メイル、ポテーテ スタンパルメラ

チェックアウトの時の確認

使いました
Ho preso
オ プレーソ

使っていません
Non l'ho preso.
ノン ロ プレーソ

ミニバー
Mini bar
ミニ バール

宿泊税
tassa di soggiorno
タッサ ディ ソッジョルノ

※ホテルをネットで予約する場合も宿泊税のみ現地払いが通例。都市やホテルランクで異なるが2019年時点で最大1泊5ユーロ。

街を歩く una passeggiata
ウナ パッセッジャータ

すみません！ **Scusi!** スクーズィ

どこに行きますか？ **Dove va ?** ドーヴェ ヴァ

～に行きたい **Vorrei andare a ～** ヴォッレィ アンダーレ ア ～

レストラン **ristorante** リストランテ →P56	バール **bar** バール →P64	タバコ屋 **tabacchi** タバッキ
スーパーマーケット **supermercato** スーペル メルカート	市場 **mercato** メルカート / 銀行 **banca** バンカ	郵便局 **ufficio postale** ウッフィーチョ ポスターレ
デパート →買い物 P40 **grande magazzino** グランデ マガッツィーノ	本屋 **libreria** リブレリーア	ホテル →P10 **albergo** アルベルゴ
博物館 **museo** ムゼーオ	サッカー場 →P66 **stadio di calcio** スタディオ ディ カルチョ	劇場 **teatro** テアートロ
空港 **aeroporto** アエロ ポルト	駅 **stazione** スタツィオーネ	バス停 **fermata dell' autobus** フェルマータ デラ ウトブス
タクシー乗り場 **fermata di taxi** フェルマータ ディ タクスィ	港 **porto** ポルト	病院 →P84 **ospedale** オスペダーレ / 警察 **polizia** ポリツィーア
インターネットカフェ **internet caffè** インターネット カッフェ	広場 **piazza** ピアッツァ	トイレ **bagno** バーニョ ＊

→トラブル P86

	男 **uomo** ウォーモ	**donna** ドンナ 女

北 **nord** ノルド
西 **ovest** オヴェスト
東 **est** エスト
南 **sud** スードゥ

とても～ **molto～** モルト	近い **vicino** ヴィチーノ
それほど～ない **meno～** メーノ	遠い **lontano** ロンターノ

＊複数形だと、男＝signori、女＝signore。間違えやすいので注意！

〜はどこですか？	ここはどこですか？	徒歩で行けますか？
Dov'è 〜	**Dove mi trovo adesso?**	**Si può andare a piedi ?**
ドーヴェ	ドーヴェ ミトゥローヴォ アデッソ	スィ プオ アンダーレ ァ ピエーディ

食事に
a mangiare
ァ マンジャーレ

買い物に →買い物 P⓸⓪
a fare le spese
ァ ファーレ レ スペーゼ

散歩に
a fare una passeggiata
ァ ファーレウナ パッセージァータ

〜の家へ
da 〜
ダ

遊びに
a divertirmi
ァ ディヴェルティルミ

仕事に
a lavorare
ァ ラヴォラーレ

映画を見に
al cinema
アル チネマ

切符を買いに
a comprare il biglietto
ァ コンプラーレ イル ビリエット

山 **montagna** モンターニャ

海 **mare** マーレ

川 **fiume** フィウーメ

島 **isola** イーゾラ

湖 **lago** ラーゴ

→食事 P⑤④

→趣味・映画 P⑦②

上 **sopra** ソープラ

下 **sotto** ソット

角 **angolo** アンゴロ

曲がる **girare** ジラーレ

信号機 **semaforo** セマーフォロ

前へ **avanti** アヴァンティ

左 **sinistra** スィーニストラ

右 **destra** デストラ

後ろへ **indietro** インディエートロ

向こう側 **altro lato** アルトロ ラート

道 **strada** ストラーダ

こちら側 **questo lato** クエスト ラート

ここ **qui** クイ

そこ **lì** リー

あそこ **là** ラー

まっすぐ **diritto** ディリット

ずっとまっすぐ **sempre diritto** センプレ ディリット

迷っちゃった **mi sono perso** ミ ソーノ ペルソ

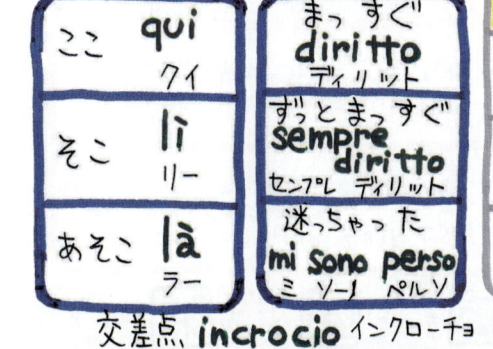

交差点 **incrocio** インクローチョ

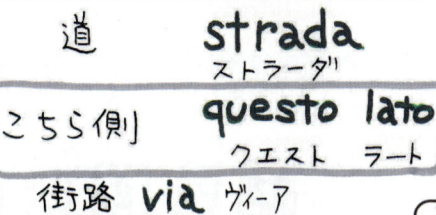

街路 **via** ヴィーア

乗り物 *mezzi di trasport*
メッツィ ディ トラスポルト

→ローマ P28、ミラノ P30、フィレンツェ P32、ヴェネツィア P34

私は 〜へ行く **Vado a 〜** ヴァード ア	この ○○ は 〜 へ行きますか？ **Questo oo va a 〜 ?** クエスト ヴァ ア	
〜 に乗っていく **Prendo 〜** プレンド	電車 **treno** トレーノ	バス **autobus** アウトブス / 長距離バス **pullman** プルマン
タクシー **taxi** タクスィー	地下鉄 **metro** M メトロ	舟 **nave** ナーヴェ / 飛行機 **aereo** アエーレオ
市電 **tram** トラム	ケーブルカー **funicolare** フニコラーレ	ゴンドラ **gondola** ゴンドラ / 水上バス **vaporetto** ヴァポレット

〜行きの切符はどこで買えますか？
Dove si può comprare un biglietto per 〜 ?
ドヴェ スィ プオ コンプラーレ ウン ビッリエット ペル

○○行きの切符を〜 枚ください　→数字 P38
〜 biglietti per oo, per favore
ビッリエッティ ペル ペル ファヴォーレ

片道 **solo andata** ソロ アンダータ

往復 **andata e ritorno** アンダータ エ リトルノ

次のバス(電車)は何時ですか？　→時間 P48
A che ora parte il prossimo autobus (treno) ?
ア ケ オーラ パルテ イル プロッスィモ アウトブス(トレーノ)

〜行きのバスはどこから出ますか？
Da dove parte l'autobus per 〜 ?
ダ ドーヴェ パルテ ラウトブス ペル

〜行きの電車は何番ホームから出ますか？
Da quale binario, il parte treno per 〜 ?
ダ クアーレ ビナーリオ パルテ イル トレーノ ペル

 鉄道案内 観光案内 切符売り場 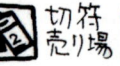 手荷物預かり所  待合室

電車の切符

切符 **biglietto** ビッリエット	行き **andata** アンダータ	帰り **ritorno** リトールノ	売り切れ **finito** フィニート
喫煙席 **fumatore** フマトーレ 	禁煙席 **non fumatore** ノン フマトーレ 	1等 **prima classe** プリマ クラッセ	2等 **seconda classe** セコンダ クラッセ

出発 **partenza** パルテンツァ	到着 **arrivo** アッリーヴォ	遅れ **ritardo** リタールド	ストライキ **sciopero** ショーペロ

入口 **entrata** エントラータ 出口 **uscita** ウッシータ	刻印機 **macchina obliteratrice** マッキナ　オブリテラトリーチェ 駅には日本のような改札口はないので売り場で購入した切符を乗車前にこの刻印機に入れ日時を打刻する。 車内で検札があってチェックするので注意。 ※バスは車内に刻印機がある

どのくらい時間がかかりますか?
Quanto tempo ci vuole?
クアント テンポ チ ヴォーレ

→数字 P⑱、時間 P㊽

~分 **~minuti** ミヌーティ	1 ウーノ	2 ドゥーエ	3 トゥレ	4 クアットロ	5 チンクエ
~時間 **~ore** オーレ	10 ディエチ	15 クインディチ	30 トゥレンタ		

いくらですか? **Quant'è?** クアンテ 	~ユーロ **~euro** ~エウロ	~ユーロくらい **circa ~euro** チルカ ~エウロ

ここはどこですか? **Dove siamo?** ドーヴェ スィアーモ	降ります **Scendo** シェンド 

~はまだですか? **Non siamo ancora ~?** ノン スィアーモ アンコーラ	まだです **non ancora** ノ ナンコーラ	もう過ぎました **già passato** ジャー パッサート

~に着いたら教えて下さい **Mi sa dire quando siamo a ~** ミ サ ディーレ クアンド スィアーモ ア	一人で行けます。ありがとう **Posso andarci da solo, grazie** ポッソ アンダールチ ダ ソーロ、グラーツィエ

あいさつ　saluti
サルーティ

おはよう／こんにちは／さようなら（朝〜午後3時くらいまで）

* Buongiorno
ブオンジョルノ

こんにちは／こんばんは／さようなら（午後3時くらいから）

Buona sera
ブオナセーラ

おやすみなさい

Buonanotte
ブオナノッテ

はじめまして　**Piacere**
ピア チェーレ

私の名前は
〜です　**Mi chiamo 〜**
ミ　キアーモ

→自己紹介 P⑳

あなたの
お名前は？　**Come si chiama ?**
コメ　スィ　キアーマ

やあ！／バイバイ
Ciao !
チャオ

友だちどうしの
言葉なので 親しく
なってから使う

どうも！
Salve !
サルヴェ
"Buon giorno" と "Ciao"
の中間。ちょっと親しく
なったら使える

お元気ですか？
Come sta ?
コメ　スタ

元気です　ありがとう
Sto bene grazie.
スト　ベーネ　グラツィエ

あなたは？
E Lei ?
エ　レイ

あいかわらずです
Non c'è male.
ノン　チェ　マーレ

---

* 会ったときも別れるときも同じ言葉でOK。お店に入るときも出るときも必ず言いましょう。

ありがとう
Grazie
グラーツィエ

おめでとう！
Auguri !
アウグーリ

どうも　ありがとう
Grazie mille
グラーツィエ　　ミッレ

どういたしまして **Prego**
＊＊　プレーゴ

あいさつ

ごめんなさい
Mi scusi
ミ　　スクーズィ

本当にごめんなさい
Mi scusi tanto
ミ　スクーズィ　タント

大丈夫！
（あやまられた
　　とき）
Non fa niente
ノン　ファ　ニエンテ

（くしゃみをした相手に）
お大事に！ **Salute!**
サルーテ

健康を祝して
乾杯！ **Salute!**
のときも　　サルーテ

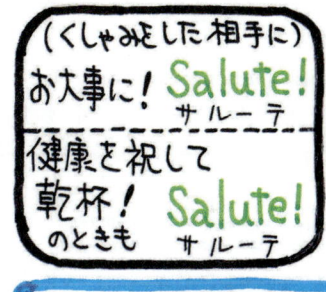

すみません
（人を呼ぶとき）

Scusi!
スクーズィ

すみません
（混雑した
ところで通して
ほしいとき）

Permesso!
ペルメッソ

また会いましょう
Ci vediamo
チ　　ヴェディアーモ

お会いできてよかったです
È stato un piacere.
エ　スタート　ウン　ピアチェーレ

おいとまします

Adesso devo andare
アデッソ　デーヴォ　アンダーレ

よい一日を（夕べを）

Buona giornata(serata)!
ブオーナ　ジョルナータ　（セラータ）

さようなら
Arrivederci!
アッリヴェデルチ

よい旅を
Buon viaggio!
ブオン　　ヴィアッジョ

あいさつ　観光　数字・買物　時間　食事　文化　ひと・家　トラブル　その他

＊＊ Grazieと言われたら必ず言いましょう。

呼びかけ cucina tipica
クチーナ ティピカ

あのー、ちょっと	ねえ、ちょっとー（ウエイターや店員などに）	（電話の）もしもし
Scusi	**Senta**	**Pronto?**
スクーズィ	センタ	プロント

おじさん	私	i○	あなた	**Lei**
Signore		イオ		レイ
スィニューレ				

おばさん
Signora
スィニョーラ

よっ、色男！
Ciao bello!
チャオ　ベッロ

おじょうさん（未婚の女性に）
Signorina
スィニョリーナ

やあ、かわいこちゃん
Ciao bella!
チャオ　ベッラ

Posso〜?　「私が〜できる？（していい？）」
ポッソ

あなたと少しお話していいですか？	入っていいですか？
Posso parlare un po' con Lei?	**Posso entrare?**
ポッソ　パルラーレ　ウン　ポ　コン　レイ	ポッソ　エントラーレ

Può〜?　「あなたが〜できる？（してくれる？）」
プオ

ゆっくり話してくれますか？	書いて下さい
Può parlare lentamente?	**Può scriverlo?**
プオ　パルラーレ　レンタメンテ	プオ　スクリーヴェルロ

どうぞ・どうか　**per favore**　ペル　ファヴォーレ

※お願いする動詞のあとにつける。**Può〜, per favore**
※「〜を下さい」のときは　**〜, per favore**

どうぞ　**prego**　プレーゴ

お礼のコトバや許可を求めるコトバに対して「どういたしまして」「どうぞ〜していいですよ」というニュアンスで使う

はい **Si** スィ	OKです **Va bene** ヴァ ベーネ	よろこんで **Volentieri** ヴォレンティエーリ
いいえ **No** ノー	いりません **No, grazie** ノー グラーツィエ	もう沢山です **Basta, grazie** バースタ グラーツィエ
わかりました **Ho capito** オ カピート	わかりません **Non capisco** ノン カピースコ	さっぱりわかりません **Non capisco niente** ノンカピースコ ニェンテ

イタリア語でなんて言うの？
Come si dice in italiano ?
コメ スィ ディーチェ イン イタリアーノ

待って！ **Aspetta !** アスペッタ

ちょっと待って下さい **Aspetti un momento** アスペッティ ウン モメント

こらー、なにするんだ！ **Ehi, cosa fai !** エイ コザ ファイ

やめて！ **Smettila !** ズメッティラ

→トラブル P86

写真を撮ってもいいですか？
Posso fotografare ?
ポッソ フォト グラファーレ

→観光 P24

写真を撮って下さい **Può scattarmi una foto ?** プオ スカッタルミ ウナ フォト

↳写真を送る P98

呼びかけ / あいさつ / 観光 / 数字買物 / 時間 / 食事 / 文化 / ひと・家 / トラブル / その他

自己紹介 presentazione
プレゼンタツィオーネ

私の名前は 〜 です
Mi chiamo 〜
ミ キァーモ

あなたの名前は なんですか？
Come si chiama Lei ?
コメ スィ キァーマ レイ

父	母
padre	madre
パードレ	マードレ
兄弟	姉妹
fratello	sorella
フラテッロ	ソレッラ
夫	妻
marito	moglie
マリート	モッリエ

→家族 P⑦⑧

何歳ですか？
Quanti anni ha ?
クアンティ アンニ ア

〜 歳です
Ho 〜 anni
オ アンニ

→数字 P㊳

仕事	観光	仕事は なんですか？
lavoro	turismo	Che lavoro fa ?
ラヴォーロ	トゥーリズモ	ケ ラヴォーロ ファ

**

巨匠
maestro
マエストロ
Federico Fellini

詩人
poeta
ポエータ
Dante Alighieri

画家
pittore
ピットーレ
Leonardo da vinci

音楽家
musicista
ムジチスタ

俳優
attore
アットーレ
Marcello Mastroianni

女優
attrice
アットリーチェ
Sofia Loren

→映画 P⑦②、有名人 P⑦⓪

建築家
architetto
アルキテット

コック
cuoco
クオーコ

ウェイター
cameriere
カメリエーレ

農夫
contadino
コンタディーノ

漁師
pescatore
ペスカトーレ

デザイナー
designer
デザイナー

カメラマン
fotografo
フォトグラフォ

ジプシー → zingaro ツィンガロ

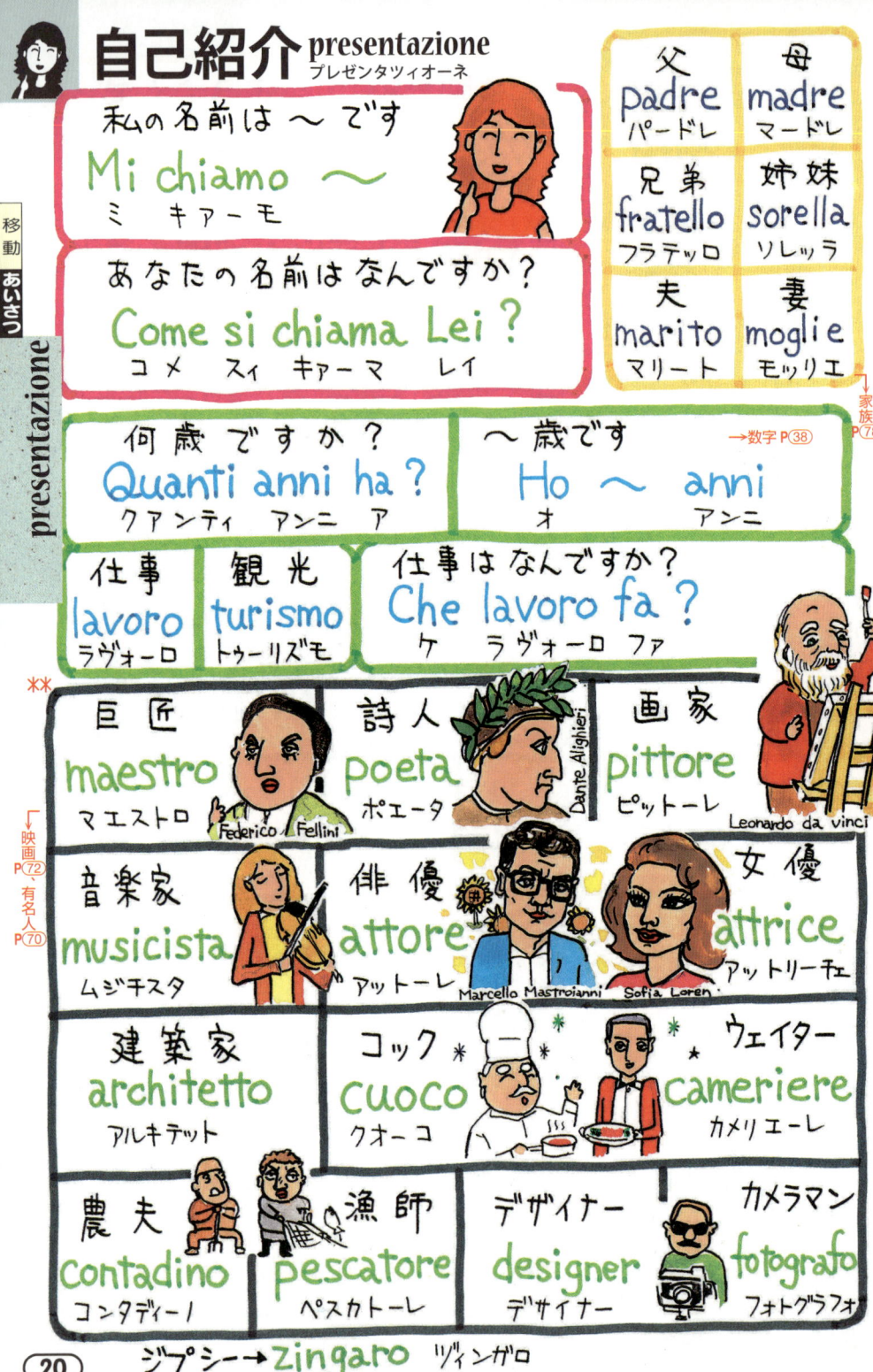

私は ～人です **Sono ～** ソーノ	イタリアの(男性) **italiano** イタリアーノ	日本 **Giappone** ジャッポーネ
～に行ったことがあります **Sono stato a～** ソーノ スタート ア	イタリアの(女性) **italiana** イタリアーナ	日本の (人) **giapponese** ジャッポネーゼ

初めてイタリアに来ました
Sono venuto in Italia per la prima volta.
ソーノ ヴェヌート イン イタリア ペル ラ プリマ ヴォルタ.

～回目です →序数 P.38
È delle～volte.
エ デッレ ヴォルテ

出身は どちらですか？ **Di dov'è?** ディ ドーヴェ	～出身です **Sono di ～** ソーノ ディ

**

学生 **studente** ストゥデンテ	バイト **lavoro occasionale** ラヴォーロ オッカズィオナーレ	医者 **medico** メーディコ	神父 **prete** プレーテ
自営業 **impresa indipendente** インプレーザ インディペンデンテ	技師 **ingegnere** インジェニエーレ	工員 **operaio** オペラーイオ	社長 **presidente** プレズィデンテ
憲兵 **carabiniere** カラビニエーレ	運転手 **autista** アウティスタ	会社員 **dipendente** ディペンデンテ	売り子（女性） **commessa** コンメッサ
求職中 **in cerca di lavoro** イン チェルカ ディ ラヴォーロ	年金生活者 **pensionato** ペンスィオナート	サラリーマン **impiegato** インピエガート	公務員 **pubblico funzionario** プッブリコ フンツィオナーリオ

結婚している ※女性が言うときは **sono sposato sposata** ソーノ スポザート スポザータ	息子がいる **Ho un figlio** オ ウン フィッリオ
まだ結婚していない ※ **Non sono ancora sposato** ノン ソーノ アンコーラ スポザート	娘がいる **Ho una figlia** オ ウナ フィッリア → 家族 P.78

やもめ → **scapolo** スカーポロ　※女性が言うときは末尾の音を **a** にする

** ウェブデザイナー、マーケティング、ファイナンスのような言葉は、日本と同じように通じると考えてよい。

ジェスチャー gesti
ジェスティ

顔だけでは区別のつかない
ラテン民族の中でも、イタリア人は
手ぶりが大きいので、遠くからでも
判別可能。映画にもよく登場
する代表的なジェスチャーをご紹介

移動
あいさつ

gesti

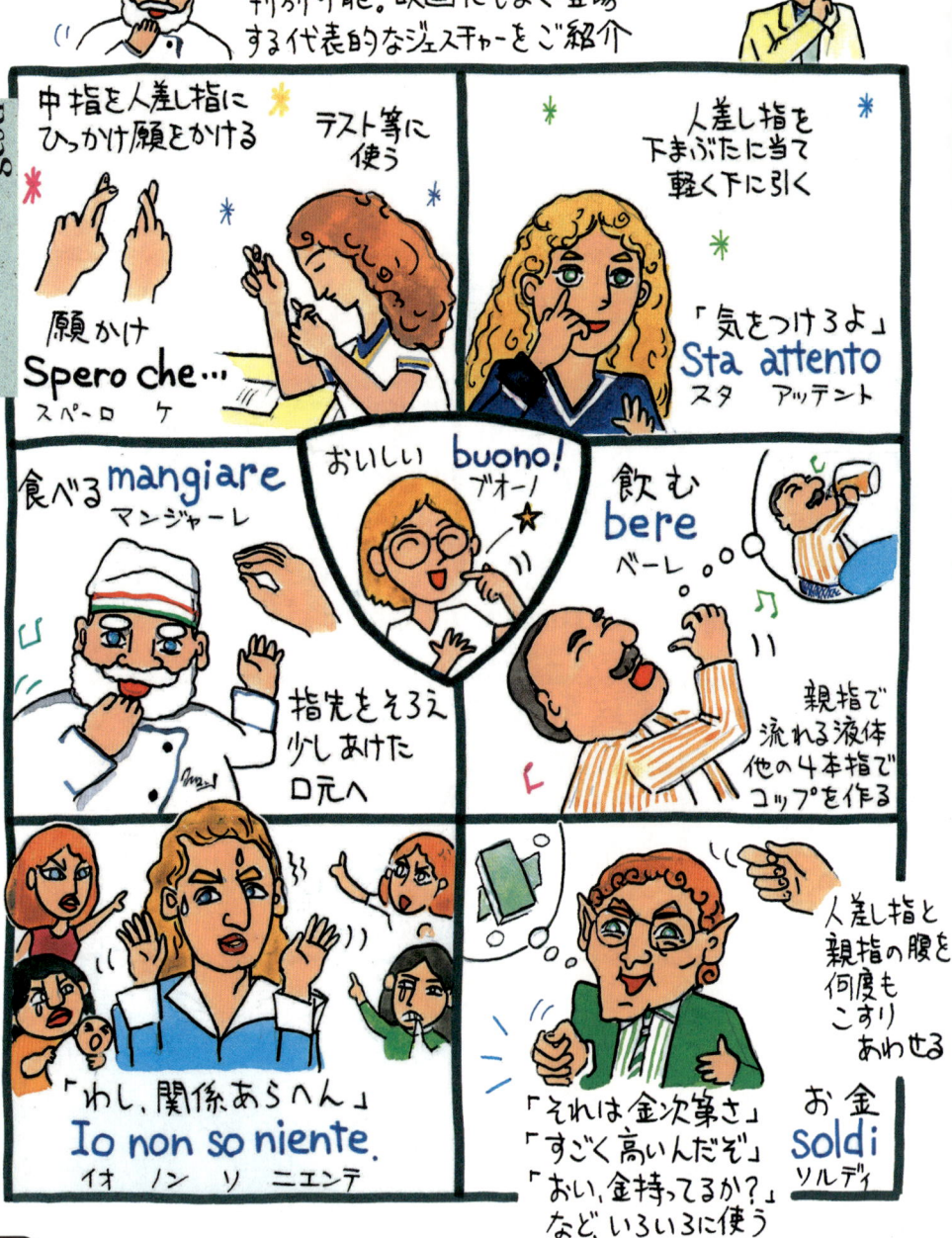

中指と人差し指に
ひっかけ願をかける

テスト等に使う

願かけ
Spero che…
スペーロ　ケ

人差し指を
下まぶたに当て
軽く下に引く

「気をつけるよ」
Sta attento
スタ　アッテント

食べる mangiare
マンジャーレ

おいしい buono!
ブオーノ

飲む bere
ベーレ

指先をそろえ
少しあけた
口元へ

親指で
流れる液体
他の4本指で
コップを作る

「わし、関係あらへん」
Io non so niente.
イオ　ノン　ソ　ニエンテ

人差し指と
親指の腹を
何度も
こすり
あわせる

「それは金次第さ」
「すごく高いんだぞ」
「おい、金持ってるか?」
など、いろいろに使う

お金
soldi
ソルディ

22

親指を耳から口にひく

「奴は抜け目ないぞ！」
È un dritto
エ ウン ドゥリット

手でアゴをさわり手前に動かす

「知ったこっちゃねーよ」
Non me ne importa.
ノン メ ネ インポルタ

指先をそろえて胸の前へ

「だからなんなんだよ」
Che vuoi?
ケ ヴオイ

おでこまで手を下げる

「アホちゃうか！」
Sei matto!
セイ マット

握りこぶしの人差し指関節をかむ

激しい怒り
rabbia
ラッビア

ゴッドファーザーにも出てきたジェスチャー

指から順に閉じる動作をくり返す

盗む
rubare
ルバーレ

小指だけ立てる

（小指みたいに）やせっぽち
magro così
マーグロ コズィ

ツノの形をつくる

浮気
corna
コルナ

ツノを地面に向けると「魔除け」になる

23

観光 turismo
トゥーリズモ

この町の見どころは 何ですか？
Quali sono i luoghi interessanti in questa città ?
クアーリ ソーノ イル オーギ インテレッサンティ イン クエスタ チッタ

入口・入場料	チケット	チケット売り場
ingresso	**biglietto**	**biglietteria**
イングレッソ	ビッリエット	ビッリエッテリア

大人2枚
due adulti
ドゥエ アドゥルティ

子供1枚
un bambino
ウン バンビーノ

通常料金	割引 *1	へだけ *2
intero	**ridotto**	**solo**
インテーロ	リドット	ソロ

音声ガイド
audioguida
アウディオグイーダ

〜を見せてください
Mi fa vedere〜?
ミ ファ ヴェデーレ

バウチャー
Voucher
ヴァウチャ

入場できません

ネット予約のみ
Riservato alle prenotazioni online
リゼルヴァート アッル プレノタツィオーニ オンライン

バーコード
Codice a barre
コーディチェア バッレ

QRコード
Codice QR
コーディチェ クエッル

満席 **Siamo completi**
スィアーモ コンプレーティ

教会 *3	大聖堂	礼拝堂	鐘楼
chiesa	**duomo**	**cappella**	**campa-nile**
キエーザ	ドゥオーモ	カッペッラ	カンパニーレ

博物館（美術館も）	美術館	絵画	彫像
museo	**galleria**	**pittura**	**statua**
ムゼオ	ガッレリーア	ピットゥーラ	スタートゥア

遺跡	宮殿	庭園	景色
rovine	**palazzo**	**giardino**	**panorama**
ロヴィーネ	パラッツォ	ジャルディーノ	パノラーマ

*1 学生や地元の人向けの場合が多い。 *2 チケット購入の際に、下にある項目と組み合わせて、「博物館だけ」「鐘楼だけ」「庭園だけ」のように

どうやってそこへ行けますか？
Come posso andarci ?
コメ　ポッソ　アンダルチ

今日は開いてますか？
È aperto oggi ?
エ　アペルト　オッジ

ここから遠いですか？
È lontano da qui ?
エ　ロンターノ　ダ　クイ

タクシーを呼んでください
Può chiamare un taxi ?
プオ　キアマーレ　ウン　タックスィ

公演
spettacolo
スペッターコロ

劇場
teatro
テアートロ

オペラ
opera lirica
オペラ　リーリカ

バレエ
balletto
バッレット ✴

映画館
cinema
チネマ

映画
film
フィルム

演奏会
concerto
コンチェルト

ディスコ
discoteca
ディスコテーカ

観光
数字・買物
時間
食事
文化
ひと・家
トラブル
その他

何時に始まりますか？
A che ora comincia ?
ア　ケ　オーラ　コミンチャ

写真を撮ってもいいですか？
Posso fotografare?
ポッソ　フォトグラファーレ

今日のプログラムは何ですか？
Qual'è il programma di oggi ?
クアーレ　イル　プロ　グランマ　ディ　オッジ

トイレはどこですか？
Dov'è il bagno?
ドーヴェ　イル　バーニョ

ミサ
messa
メッサ

ローマ法王
papa
パーパ

カジノ *4 ✴
casinò
カズィノ

チップ ✴
fiches
フィシュ

十字架 ✴
croce
クローチェ

修道士
frate
フラーテ

修道女
suora
スオーラ

サイコロ
dado
ダード

プレイする
giocare
ジョカーレ

使ってみてください。　※3 教会などには、ノースリーブと短パンでは入れません。中はひんやり寒いので、必ず長ズボンをはいて行きましょう。
※4 ヴェネツィア、サンレモ、コモ湖畔のカンピオーネ・サンヴァンサンに政府公認カジノがある。行くときは大人の服装で。

イタリア Italia
イタリア

移動 / あいさつ / 観光 / Italia

スイス
オーストリア
ハンガリー
スロベニア
クロアチア
ボスニア・ヘルツェゴビナ
フランス
アルジェリア
チュニジア

4 Trentino-Alto Adige
トレンティーノ アルト アディジェ

6 Friuli Venezia Giulia
フリウリ ヴェネツィア ジューリア

1 Aosta アオスタ
Valle d'Aosta
ヴァッレ ダオスタ

Trento トレント

5 Veneto ヴェネト

Trieste トリエステ

2 Torino トリーノ
Piemonte ピエモンテ

Milano ミラノ
3 Lombardia ロンバルディア

Venezia ヴェネツィア

Genova ジェノヴァ 7

Emilia Romagna
エミリア ロマーニャ 8

Bologna ボローニャ

San Marino
サンマリノ共和国

Liguria リグリア

Firenze フィレンツェ

Toscana トスカーナ 9

Ancona アンコーナ

Marche マルケ 10

Perugia ペルージア
11 Umbria ウンブリア

L'Aquila ラ クイラ 13

12

Abruzzo アブルッツォ

Vaticano ヴァチカン市国
Roma ローマ

Lazio ラツィオ

Molise モリーゼ 14
Campobasso カンポバッソ

Campania カンパーニア
Napoli ナポリ 15

Bari バーリ

Potenza ポテンツァ 17
Basilicata バズィリカータ

Puglia プーリア 16

Sardegna サルデーニャ 20

Cagliari カッリアリ

Calabria カラーブリア

Catanzaro カタンツァーロ 18

Palermo パレルモ
Sicilia シチリア 19

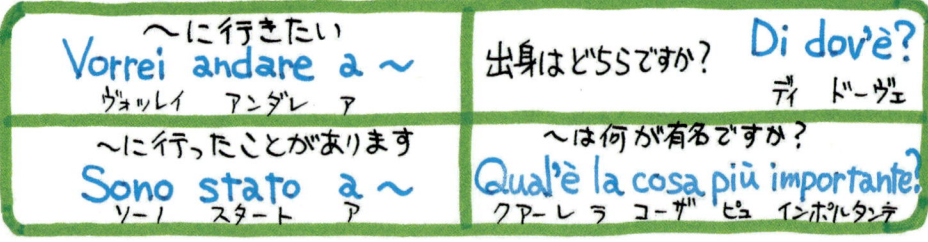

〜に行きたい
Vorrei andare a 〜
ヴォッレイ アンダレ ア

出身はどちらですか？
Di dov'è?
ディ ドーヴェ

〜に行ったことがあります
Sono stato a 〜
ソーノ スタート ア

〜は何が有名ですか？
Qual'è la cosa più importante?
クアーレラ コーザ ピュ インポルタンテ

1 ヴァッレ ダオスタ フォンティーナ チーズ **fontina** フォンティーナ	**7** リグリア ピザパン **focaccia** フォカッチャ	**14** モリーゼ 羊乳のチーズ **pecorino** ペコリーノ
2 ピエモンテ 白トリュフ **tartufo bianco** タルトゥーフォ ビアンコ	**8** エミリア ロマーニャ 生ハム **prosciutto crudo** プロシュット クルード	**15** カンパーニア モッツァレッラ チーズ **mozzarella** モッツァレッラ
3 ロンバルディア 仔牛骨付き脛煮込みと サフランのリゾット **ossobuco con risotto alla Milanese** オッソブーコ コン リゾット アッラ ミラネーゼ	**9** トスカーナ Tボーンステーキ **bistecca alla fiorentina** ビステッカ アッラ フィオレンティーナ	**16** プーリア ブロッコリーの耳たぶパスタ **orecchiette ai broccoli** オレキエッテ アイ ブロッコリ
	10 マルケ ロッシーニ風ステーキ **filetto alla Rossini** フィレット アッラ ロッシーニ	**17** バジリカータ 唐辛子 **peperoncino** ペペロンチーノ
4 トレンティーノ アルト アディジェ スパイスを効かせた生ハム **speck** スペック	**11** ウンブリア オリーブオイル **olio di oliva** オリオ ディ オリーヴァ	**18** カラーブリア 辛い柔らかソーセージ **nduja** ンドゥイア
5 ヴェネト イカ墨のリゾット **risotto nero di seppia** リゾット ネーロ ディ センピア	**12** ラツィオ 仔牛と生ハムのソテー **saltimbocca** サルティンボッカ	**19** シチリア リコッタチーズのお菓子 **cannoli** カンノーリ
6 フリウリ ヴェネツィア ジューリア サン ダニエーレの生ハム **prosciutto di San Daniele** プロシュット ディ サンダニエーレ	**13** アブルッツォ ギターという名のパスタ **spaghetti alla chitarra** スパゲッティ アッラ キタッラ	**20** サルデーニャ からすみ **bottarga** ボッタルガ

ローマ Roma
ローマ

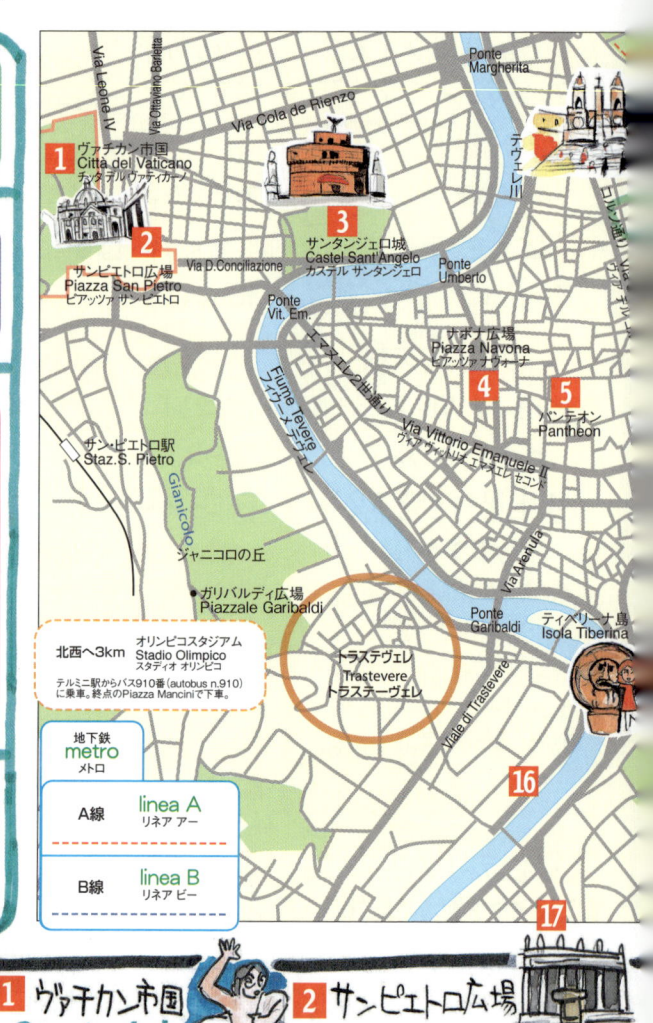

移動 あいさつ 観光 Roma

有名なブランドブティック街

コンドッティ通り周辺
Via dei Condotti
ヴィア デイ コンドッティ

スリ、置き引き多発地区

テルミニ駅周辺
Stazione Termini
スタツィオーネ テルミニ

映画の舞台

フォロロマーノ周辺
Colosseo コロッセオ
→ グラディエーター

Circo Massimo
チルコ マッスィモ
→ ベン・ハー

真実の口
Bocca della Verità
ボッカ デッラ ヴェリタ
→ ローマの休日

ローマの下町

トラステヴェレ周辺
Trastevere
トゥラステヴェレ *1

北西へ3km
オリンピコスタジアム
Stadio Olimpico
スタディオ オリンピコ
テルミニ駅からバス910番 (autobus n.910)
に乗車。終点のPiazza Manciniで下車。

地下鉄
metro
メトロ

| A線 | linea A リネア アー |
| B線 | linea B リネア ビー |

1 ヴァチカン市国 Città del Vaticano チッタ デル ヴァティカーノ
2 サンピエトロ広場 Piazza San Pietro ピアッツァ サン ピエトロ
3 サンタンジェロ城 Castel Sant'Angelo カステル サンタンジェロ
4 ナボナ広場 Piazza Navona ピアッツァ ナヴォーナ
5 パンテオン Pantheon

16
17

～に行きたい
Vorrei andare a～
ヴォッレイ アンダーレ ア～

1 ヴァチカン市国
Città del Vaticano
チッタ デル ヴァティカーノ

2 サンピエトロ広場
Piazza San Pietro
ピアッツァ サン ピエトゥロ

3 サンタンジェロ広場
Castel Sant'Angelo
カステル サンタンジェロ

4 ナボナ広場
Piazza Navona
ピアッツァ ナヴォナ

5 パンテオン
Pantheon
パンテオン

6 ボルゲーゼ公園
Villa Borghese
ヴィッラ ボルゲーゼ

7 スペイン広場
Piazza di Spagna
ピアッツァ ディ スパーニャ

8 トレヴィの泉
Fontana di Trevi
フォンターナ ディ トゥレヴィ

*1 気取らないトラットリアが多い。

ミラノ Milano
ミラノ

へに行きたい

イタリアファッションブランドの聖地

モンテナポレオーネ通り周辺

Via Monte Napoleone

ヴィア モンテ ナポレオーネ

ガッレリアやスカラ座を隣接する ミラノの中心地

大聖堂 周辺

Duomo e Galleria

ドゥオーモ エ ガッレリア

世界的セレクトショップや イタリア雑貨の穴場的エリア

コルソコモ 周辺

Corso Como

コルソ コモ

スリや置き引きの多い中央駅

中央駅 周辺

Stazione Centrale

スタツィオーネ チェントゥラーレ

チョイ悪セレクトショップ多し

コルソ・ヴェルチェッリ周辺

Corso Vercelli

コルソ・ヴェルチェッリ

アペリティーヴォとは？
aperitivo

ミラノ発祥の食前酒の習慣。夕方になるとバールにサンドウィッチやおつまみが並び、ドリンクを注文した人には食べ放題となる。これをつまんでレストランに行くまでのひと時を過ごす。

北西へ8km
サンシーロ(ジュゼッペ メアッツァ)スタジアム
Stadio di San Siro
スタディオ ディ サン スィーロ
(Stadio Giuseppe Meazza)
スタディオ ジュゼッペ メアッツァ

地下鉄1号線(linea rossa)のLotto駅下車。Lotto駅からは試合のある日はシャトルバスがある(または49番のバス)。同じく1号線の、De Angeli駅で下車し、24番の市電に乗り換えても行ける(終点のAxum下車)。

地下鉄 metro メトロ	通常の会話では色で呼ばれる
1号線	**linea rossa (linea 1)** リネア ロッサ(赤) リネア ウーノ
2号線	**linea verde (linea 2)** リネア ヴェルデ(緑) リネア ドゥーエ
3号線	**linea gialla (linea 3)** リネア ジャッラ(黄) リネア トレ
5号線	**linea lilla (linea 5)** リネア リッラ(紫) リネア チンクエ

へに行きたい
Vorrei andare a～
ヴォッレイ アンダーレ ア

1 センピオーネ松園
Parco Sempione
パルコ センピオーネ

2 スフォルツェスコ城
Castello Sforzesco
カステッロ スフォルツェスコ

3 『最後の晩餐』のある教会
Chiesa di Santa Maria delle Grazie
キエーザ ディ サンタ マリア デッレ グラツィエ

4 レオナルド・ダ・ヴィンチ博物館
Museo di Scienza e Tecnica
ムゼーオ ディ シェンツァ エ テクニカ

5 ナヴィリオ運河沿い
Alzaia Naviglio Grande
アルツァイア ナヴィリオ グランデ

6 ガリバルディ駅
Stazione Porta Garibaldi
スタツィオーネ ポルタ ガリバルディ

7 ## Eataly
イータリー
トリノ発祥のスローフードの
スーパーマーケット

共和国広場
Piazza della Repubblica

ミラノ中央駅
Stazione Centrale
スタツィオーネ チェントラーレ
Centrale F.S.

ポルタ・ガリバルディ駅
Stazione Porta Garibaldi

Isola
Gioia
Garibaldi FS

ウニクレディト タワー
La Torre UniCredit

Passante ferroviario

Repubblica

北東へ15km
モンツァサーキット
Autodromo Nazionale di Monza
アウトドローモ ナツィオナーレ ディ モンツァ

Moscova
Via della Moscova

日本総領事館
Consolato Generale del Giappone

20世紀美術館
Museo del Novecento

サンタンジェロ教会
S. Angelo

ブレラ絵画館
Pinacoteca Brera
ピナコテーカ ブレラ

Lanza

モンテナポレオーネ通り
Via Monte Napoleone
ヴィア モンテナポレオーネ

Monte Napoleone

ブッブリチ公園
Giardini Pubblici

市立自然史博物館
Museo Civico di Storia Naturale

Turati

P.ta Venezia

市立近代美術館
Civica Galleria d'Arte Moderna
Palestro

パレストロ通り
Via Palestro

リナーテ空港
Aeroporto Linate
アエロポルト リナーテ

スカラ座
Teatro alla Scala
テアトロ アッラ スカラ

Piazza Meda
メダ広場

セルベッローニ宮
Pal. Serbelloni

州政府庁舎
Amminist. Provinciale
県庁
Prefettura
San Babila

モンフォルテ通り
Corso Monforte

ガッレリア
Galleria

Duomo
ドゥオーモ
Duomo

アンブロジアーナ絵画館
Pinacoteca Ambrosiana
ピナコテーカ アンブロズィアーナ

裁判所
Pal. di Giustizia

ポルタ・ヴィットリア通り
Corso di Porta Vittoria

観光 / 数字 / 買物 / 時間 / 食事 / 文化 / ひと・家 / トラブル / その他

ミラノ

ミラノ風サフランのリゾット
risotto alla milanese
リゾット アッラ ミラネーゼ

牛骨髄の煮込み
Ossobuco
オッソブーコ

ミラノ風カツレツ
cotoletta alla milanese
コトレッタ アッラ ミラネーゼ

豚とキャベツの煮込み
Cassoeula
カッスーラ

---

8 共和国広場 **Piazza della Repubblica** ピアッツァ デッラ レプッブリカ	**9** ブッブリチ公園 **Giardini Pubblici** ジャルディーニ プッブリチ	**10** ブレラ絵画館 **Pinacoteca Brera** ピナユテカ ブレラ
11 ダンテ通り **Via Dante** ヴィア ダンテ	**12** スカラ座 **Teatro alla Scala** テアトゥロ アッラ スカーラ	**13** アンブロジアーナ絵画館 **Pinacoteca Ambrosiana** ピナコテカ アンブロズィアーナ
14 ペック **Peck** ペック ミラノの高級食材店	**15** ガッレリア **Galleria** ガッレリア	**16** サンバビラ駅 **San Babila** サン バビラ

31

フィレンツェ　Firenze
フィレンツェ

スリ、置き引きにご注意を！

フィレンツェ中央駅周辺

Stazione
Santa Maria Novella
スタツィオーネ サンタ マリア ノヴェッラ

昔ながらの職人の工房多数！

サント・スピリト教会周辺

Chiesa di
Santo Spirito
キエーザ ディ サント スピリト

ルネサンス文化が今も息づく中心部

ドゥオーモ周辺

Duomo
ドゥオーモ

金細工や革製品の店が立ち並ぶ

ポンテヴェッキオ周辺

Ponte Vecchio
ポンテ ヴェッキオ

土産物屋多数、フィレンツェの胃袋、中央市場もココ

サン・ロレンツォ周辺

San Lorenzo e
mercato centrale
サン ロレンツォ エ メルカート チェントラーレ

フェラガモ本店を中心にブランドブティック街

トルナブオーニ通り周辺

Via dè Tornabuoni
ヴィア デ トルナブオーニ

フィレンツェ中央駅 (S.M.N)
Stazione Centrale
Santa Maria Novella
スタツィオーネ チェントラーレ
サンタ マリア ノヴェッラ

サンタ・マリア教会 **2**
Chiesa di
S. Maria Novella

サンタマリア・ノヴェッラ広場
Piazza S. Maria Novella

ストロッツィ宮
Pal. Strozzi **3**

1 ヴィットリオ・ヴェネト広場
Piazza Vittorio Veneto

ヴィットリア橋
Ponte D. Vittoria

Via della
Vigna Nuova

Ponte Alla Carraia

Lungarno Guicciardini

Ponte S. Trinita

サント・スピリト教会
Chiesa di S.Spirito
キエーザ ディ サント スピリト

トッリジャーニ庭園
Giardino Torrigiani

4 ピッティ宮
Palazzo Pitti
パラッツォ ピッティ

ヴィラ・デッロンブレリーノ
Villa dell'Ombrellino

ボーボリ庭園
Giardino di Boboli

ポルタ・ロマーナ広場
Piazzale di Porta Romana

〜に行きたい
Vorrei andare a〜
ヴォッレイ アンダーレ ア〜

1 カッシーナ市場
Mercato
delle Cascine
メルカート デッル カシーネ

2 サンタ・マリア・ノヴェッラ教会
Chiesa di
Santa Maria Novella
キエーザ ディ サンタ マリア ノヴェッラ

3 ストロッツィ宮
Palazzo Strozzi
パラッツォ ストゥロッツィ

4 ピッティ宮
Palazzo Pitti
パラッツォ ピッティ

5 サン・マルコ博物館
Museo di San Marco
ムゼーオ ディ サン マルコ

6 アカデミア美術館
Galleria
dell'Accademia
ガッレリア デッラッカデミア

7 共和国広場
Piazza della
Repubblica
ピアッツァ デッラ レプッブリカ

フィレンツェ

マップラベル（地図）:
- サン・マルコ博物館 Museo di San Marco **5**
- フィレンツェ大学 Università
- ゲラルデスカ庭園 Giardino della Gherardesca
- ドナテッロ広場 Piazzale Donatello
- アカデミア美術館 Galleria dell'Accademia ガッリリア デッラッカデミア **6**
- イチ家礼拝堂 elle Medicee
- サン・ロレンツォ教会 Basilica di S. Lorenzo バジリカ ディ サン・ロレンツォ
- M.ダゼリオ広場 Piazza M.D'azeglio
- ドゥオーモ Duomo ドゥオーモ
- Via d. Oluolo
- 共和国広場 Piazza della Repubblica ピアッツァ デッラ レプブリカ **7**
- Borgo deglo Albizi
- Via Pietrapiana
- Borgo la Croce
- ヴェルディ劇場 Teatro Verdi V. de Agnolo
- サンタンブロージョ市場 Mercato S. Ambrogio **11**
- 国立文書館 Archivio di Stato
- Via Calimala
- **8**
- サンタ・クローチェ教会 Chiesa di S. Croce キエーザ ディ サンタクローチェ
- V. Ghibellina
- ウフィッツィ美術館 Galleria degli Uffizi ガッリリア デッラ ウフィツィ **9**
- **10** Corso d. Tintori
- キオ橋 e Vecchio テ ヴェッキオ Lung. Gen.Daz
- Lung. d. Grazie
- Ponte Alle Grazie
- アルノ川
- Lungao Serristori
- サン・ニッコロ橋 Ponte San Niccolo **13**
- Via di S. Niccolo
- ベルヴェデーレ要塞 Forte di Belvedere **12**
- Via di Belvedere
- ミケランジェロ広場 Piazzale Michelangelo ピアッツァーレ ミケランジェロ **14**
- 北東へ 2.5km アルテミオ・フランキ・スタジアム Stadio Artemio Franchi スタディオ アルテミオ フランキ

料理:
- Tボーンステーキ **bistecca alla fiorentina** ビステッカ アッラ フィオレンティーナ
- ハムとサラミの盛り合わせ **affettato misto** アッフェタート ミスト
- パン入りミネストローネ **ribollita** リボッリータ
- 牛モツのトマト煮込み **trippa alla fiorentina** トリッパ アッラ フィオレンティーナ

8 バルジェッロ博物館
Museo Nazionale del Bargello
ムゼーオ ナツィオナーレ デル バルジェッロ

9 ウフィッツィ美術館
Galleria degli Uffizi
ガッリリア デッリ ウッフィーツィ

ワインバーとは？
イタリアを代表する大衆ワイン、キャンティとイタリア最高級ワイン、ブルネッロを率いるトスカーナ州フィレンツェではワインバーがブーム。軽くすませたい夕食にもぴったり。

10 サンタ・クローチェ教会
Chiesa di Santa Croce
キエーザ ディ サンタ クローチェ

11 サンタンブロージョ市場
Mercato Sant'Ambrogio
メルカート サンタンブロージョ

12 ベルヴェデーレ要塞
Forte di Belvedere
フォルテ ディ ベルヴェデーレ

13 サン・ニッコロ橋
Ponte San Niccolo
ポンテ サン ニコロ

14 ミケランジェロ広場
Piazzale Michelangelo
ピアッツァーレ ミケランジェロ

観光 数字買物 時間 食事 文化 ひと・家 トラブル その他

ヴェネツィア

Venezia
ヴェネツィア

ヴェネツィアの中心地

サン・マルコ広場周辺
Piazza San Marco
ピアッツァ サン マルコ

魚市場、野菜市場もあり、美味しいお店も多い

リアルト橋周辺
Ponte di Rialto
ポンテ ディ リアルト

バーカロ (bacaro) に行ってみよう！

バーカロとはヴェネツィアの居酒屋のこと。おつまみ小皿料理のチケッティ (cichetti)をつまみながら、小さいグラスでワインを飲みながらはしごする。

～に行きたい
Vorrei andare a ～
ヴォッレイ アンダーレ ア ～

地図内ラベル

- カンナレージョ / Cannaregio
- サヴォルニャン館 / Pal. Savorgnan
- サン・ジェレミア広場 / Campo S. Geremia
- サンタ・ルチア駅 / Stazione Santa Lucia / スタンツィオーネ サンタ ルチア — **1**
- サンタ・クローチェ / Santa Croce
- 国立文書館 / Archivo di Stato
- リオ・ディ・ノアーレ / Rio d. Noale
- リオ・ディ・S・カテリー / Rio di S. Cateri
- カ・ドーロ(黄金の館) / Ca' d'Oro / カドーロ — **4**
- ローマ広場 / Piazzale Roma — **2**
- パパドーポリ庭園 / Giardino Papadopoli
- サンタ・マリア・グロリオーザ・ディ・フラーリ教会 / Basilica di Santa Maria Gloriosa dei Fra
- リアルト橋 / Ponte di Rialto / ポンテ ディ リアルト — **5**
- サン・ポーロ / San Polo
- サン・マルコ寺院 / Basilica di San Ma / バジリカ サン マル
- リオ・ヌォーヴォ / Rio Nuovo
- リオ・フォスカリ / Rio Foscari
- 大運河 / Canal Grande / カナル グランデ
- サンタ・マルゲリータ広場 / Campo S. Margherit — **3**
- デザイン学校 / 1st. Sup. d'Arte Applicate
- サン・マルコ / San Marco — **6**
- リオ・ディ・S・バルナバ / Rio di S. Barnaba
- ドルソドゥーロ / Dorsoduro
- G.B.ジュスティニアン病院 / Ospedale G.B. Giustinian
- リオ・オニシィニィ / Rio Ognissanti
- アカデミア美術館 / Galleria dell'Accademia / ガッレリア デッラッカデミア — **7**
- ペギー・グッゲンハイム美術館 / Collezione P. Guggenheim / コッレツィオーネ ペギーグッゲンハイム — **8**
- サンタ・マリア・デッラ・サルーテ教会 / Basilica di S. Maria della Salute — **9 10**
- リオ・ディ・フォンタチェ / Rio d. Fontace
- **11 12**
- ラ・ジュデッカ / La Giudecca
- リオ・デル・ポンテ・ロンゴ / Rio del Ponte Longo

---

1 サンタ・ルチア駅
Stazione Santa Lucia
スタツィオーネ サンタ ルチア

2 ローマ広場
Piazzale Roma
ピアッツァーレ ローマ

3 サンタ・マルゲリータ広場
Campo Santa Margherita
カンポ サンタ マルゲリータ

4 カ・ドーロ
Ca' d'Oro
カ・ドーロ

5 リアルト橋
Ponte di Rialto
ポンテ ディ リアルト

6 パラッツィオ・グラッシ美術展示場
Palazzo Grassi
パラッツィオ グラッスィ

7 アカデミア美術館
Galleria dell'Accademia
ガッレリア デッラッカデミア

8 グッゲンハイム美術館
Collezione P. Gugghenheim
コッレツィオーネ グッゲンハイム

9 サンタマリア・デッラ・サルーテ教会
Basilica di Santa Maria della Salute
バジリカ ディ サンタ マリア デッラ サルーテ

10 プンタ・デッラ・ドガーナ現代美術館 *
Punta della Dogana
プンタ デッラ ドガーナ

＊ 安藤忠雄がリノベーションを手がけた。

サン・ミケーレ島
Isola di San Michele
イーゾラ ディ サン ミケーレ

ヴェネツィアンガラス工房の集まる島

17 ムラノ島 **Murano** ムラーノ

ヴェネツィア映画祭の開催地

18 リド島 **Lído** リド

18→

15 市立病院
Ospedale Civile

Rio di S. Francesco

Darsena
Grande

14 カステッロ
Castello

● 船舶史博物館
Museo Navale

16 サン・ジョルジョ・マッジョーレ教会
Chiesa di San Giorgio Maggiore
キエーザ ディ サン ジョルジョ マッジョーレ

ピエルルイジ・ペンツォ・
スタジアム
Stadio Pierluigi Penzo
スターディオ ピエルルイジ ペンツォ

11 コッレール博物館
Museo Correr
ムゼオ コッレル

12 サン・マルコ寺院
Basilica di
San Marco
バズィリカ ディ
サン マルコ

13 ドゥカーレ宮殿
Palazzo
Ducale
パラッツォ ドゥカーレ

14 溜息の橋
Ponte
dei Sospiri
ポンテ デイ ソスピーリ

15 サンティッシマ・
ジョバンニ・エ・パオロ教会
Basilica di Santissima
Giovanni e Paolo
バズィリカ ディ サンティッシマ
ジョヴァンニ エ パオロ

16 サン・ジョルジョ・
マッジョーレ教会
Chiesa di
San Giorgio Maggiore
キエーザ ディ サン ジョルジョ マッジョーレ

イカスミのリゾット
risotto nero di seppia
リゾット ネーロ ディ セッピア

クモガニのサラダ
insalata di granseola
インサラータ ディ グランセオラ

アンチョビとタマネギの太麺パスタ
bigoli in salsa
ビーゴリ イン サルサ

干しダラのペースト
baccalà mantecato
バッカラ マンテカート

イワシの南蛮漬け
sarde in saor
サルデ イン サオール

市場
Mercato di Rialto
メルカート ディ リアルト

ヴェネツィア

観光 数字・買物 時間 食事 文化 ひと・家 トラブル その他

（35）

世界遺産 patrimonio mondiale
パトゥリモニオ　モンディアーレ

1 サクリ・モンティ
Sacri Monti

2 20世紀の工業都市イヴレア
Ivrea, Città industriale del Novecento

3 サヴォイア王家の王宮群
Residenze Sabaude

4 ピエモンテの葡萄畑景観：ランゲ・ロエロ・モンフェッラート
I paesaggi vitivinicoli del Piemonte

5 サン・ジョルジオ山
Monte San Giorgio

6 16-17世紀ヴェネツィア共和国の軍事防衛施設群：スタート・ダ・テッラー西部 スタート・ダ・マーレ
Opere di difesa veneziane del il XVI ed XVII secolo

7 レーティッシュ鉄道 アルブラ線／ベルニナ線
La Ferrovia Retica nel paesaggio dell'Albula e della Bernina
（イタリア・スイス共同登録）

8 ヴァル・カモニカの岩絵群
Arte Rupestre

9 「最後の晩餐」があるサンタ・マリア・デッル・グラツィエ教会
Santa Maria delle Grazie

10 クレスピ・ダッタ
Crespi d'Adda

11 アルプス山系の先史時代杭上住居跡群
Siti palafitticoli preistorici delle alpi

12 ドロミーティ 北イタリアの山群
Le Dolomiti

13 コネリアーノ・ヴァルドッビアーデネ・プロセッコの丘陵地
Le Colline del Prosecco di Conegliano e Valdobbiadene

14 ヴェローナ市
Città di Verona

15 ヴィチェンツァ市街とパッラーディオ様式の邸宅群
Vicenza, Città del Palladio

16 パドヴァの植物園
Padova, l'Orto botanico

17 ヴェネツィアとその潟
Venezia e la sua Laguna

18 マントヴァとサッビオネータ
Mantova e Sabbioneta

19 イタリアのロンゴバルド族：権勢の足跡（568-774年）
I Longobardi in Italia

20 アクイレイアの遺跡地域と総主教聖堂バジリカ
Zona Archeologica e Basilica Patriarcale di Aquileia

21 "レ・ストラーデ・ヌオーヴェ"と"パラッツィ・デイ・ロッリ"
Le Strade Nuove ed i Palazzi dei Rolli

22 ポルトヴェーネレ、チンクエテッレと小島群
Portovenere, Cinque Terre e Isole

23 モデナの大聖堂、トッレ・チヴィカとグランデ広場
Modena: Cattedrale, Torre Civica e Piazza Grande

24 フェッラーラ：ルネッサンス期の市街とポー川デルタ地帯
Centro storico di Ferrara

25 カルパティア山脈と欧州各地のブナ原生林
Antiche faggiate primordiali del Carpazi e di altre regioni d'Europa

26 ラヴェンナの初期キリスト教建築物群
Monumenti paleocristiani di Ravenna

27 サンマリノ歴史地区とティターノ山
Centro Storico e Monte Titano

28 ピサのドゥオモ広場
Pisa, Piazza del Duomo

57 スー・ヌラージ・ディ・バルーミニ
Villaggio Nuragico di Barumini

29 フィレンツェ歴史地区
Centro storico di Firenze

30 メディチ家の別荘と庭園群
Ville e Giardini Medicei

31 サン・ジミニャーノ歴史地区
Centro Storico
di San Gimignano

32 シエナ
歴史地区
Centro storico
di Siena

33 ピエンツァ市街の歴史地区
Centro storico di Pienza

34 ヴァル・ドルチャ(オルチャ渓谷)
Val d'Orcia

35 ウルビーノ歴史地区
Centro Storico di Urbino

36 アッシジ:聖フランチェスコ
聖堂と関連遺跡群
Assisi,La Basilica
di San Francesco

37 チェルヴェテリと
タルクィニアの
エトルリア古墳(ネクロポリ)
Necropoli Etrusche
di Cerveteri e Tarquinia

38 ヴァティカン市国
La Città del Vaticano

39 ローマ歴史地区・
教皇領とサン・
パオロ・フオーリ・
レ・ムーラ大聖堂
Centro Storico di Roma

40 ヴィラ・アドリアーナ
Villa Adriana

41 ティヴォリのヴィラ・デステ
(エステ家別荘)
Villa d'Este

42 カゼルタの18世紀の王宮と公園、
ヴァンヴィテッリの水道橋
Reggia di Caserta, il Parco,
l'acquedotto Vanvitelli

43 ナポリ
歴史地区
Centro Storico
di Napoli

44 ポンペイの遺跡地域
Aree archeologiche di Pompei

45 アマルフィ海岸
Costiera Amalfitana

46 チレント、ディアノ渓谷国立公園と
パドゥーラのカルトジオ修道院
Parco Nazionale del Cilento e
Vallo di Diano

47 カステル・デル・モンテ
Castel del Monte

48 マテーラの洞窟住居(サッシ)
I Sassi di Matera

49 アルベロベッロのトゥルッリ
Trulli di Alberobello

50 エオリエ諸島
Isole Eolie

51 アラブ-ノルマン様式の
パレルモおよび
チェファルとモンレアーレの
大聖堂
Palermo Arabo-Normanna
e le Cattedrali
di Cefalù e Monreale

52 アグリジェントの遺跡地域
Area Archeologica di
Agrigento

53 ヴィッラ・ロマーナ・デル・カサーレ
Enna. Piazza Armerina, La
Villa del casale

54 エトナ山
Monte Etna

55 シラクーサと
パンタリカ岩壁古墳
Siracusa e le necropoli
rupestri di Pantalica

56 ヴァル・ディ・ノートの
後期バロック様式の町々
Città Barocche del Val di
Noto

Roma
Napoli

世界遺産

観光 数字 買物 時間 食事 文化 ひと・家 トラブル その他

37

数字 numeri
ヌーメリ

0	**zero** ゼーロ	10	**dieci** ディエチ	20	**venti** ヴェンティ	
1	**uno** ウーノ	11	**undici** ウンディチ	30	**trenta** トゥレンタ	
2	**due** ドゥーエ	12	**dodici** ドディチ	40	**quaranta** クアランタ	
3	**tre** トゥレ	13	**tredici** トゥレディチ	50	**cinquanta** チンクアンタ	
4	**quattro** クアットロ	14	**quattordici** クアットルディチ	60	**sessanta** セッサンタ	
5	**cinque** チンクエ	15	**quindici** クインディチ	70	**settanta** セッタンタ	
6	**sei** セイ	16	**sedici** セディチ	80	**ottanta** オッタンタ	
7	**sette** セッテ	17	**diciasette** ディチャセッテ	90	**novanta** ノヴァンタ	
8	**otto** オット	18	**diciotto** ディチョット	(例) 21	**ventuno** ヴェントゥーノ	*
9	**nove** ノーヴェ	19	**diciannove** ディチャンノーヴェ	38	**trentotto** トゥレントット	*
				76	**settantasei** セッタンタセイ	

～百～ cento
チェント

100	**cento** チェント
116	**centosedici** チェントセディチ
400	**quattrocento** クアットロチェント
820	**ottocentoventi** オットチェントヴェンティ

序数詞
道や乗り物でよく使う

1番目の	**primo** プリーモ	3番目の	**terzo** テルツォ
2番目の	**secondo** セコンド	4番目の	**quarto** クアルト
		5番目の	**quinto** クイント

1/2 = **mezzo** メッツォ

* 1の位が「1」か「8」のときは10の位の末尾の母音が落ちる。例〉 venti + uno = ventuno

～千　～ mila ミーラ　2,000以上は mila になる

1,000	**mille** ミッレ	1000の場合のみ例外	5,900	**cinquemilanovecento** チンクェ ミーラ ノーヴェ チェント
2,000	**duemila** ドゥエミーラ		10,000	**dieci mila** ディエチ ミーラ

～百万　～ **milioni** ミリオーニ

1,000,000	**un milione** ウン ミリオーネ

いくつ？ **quanti (e)** ＋類別詞の複数形 ( )内

複数形が i で終わるときは **quanti** クアンティ
e で終わるときは **quante** クアンテ

(例) 何人？
quante persone?
クアンテ ペルソーネ

類別詞

～ 人 ～ **persona** (e) ペルソーナ (ネ)	～ 回 ～ **volta** (e) ヴォルタ (テ)	～ 個 ～ **pezzo** (i) ペッツォ (ツィ)	～ パーセント ～ **percento** ペルチェント
～ 分 ～ **minuto(i)** ミヌート (ティ) →時間 P⑧	～ 時間 ～ **ora** (e) オーラ (レ)	～ 日 ～ **giorno** (i) ジョルノ (ニ) →月日と年月 P⑨	～ 年 ～ **anno** (i) アンノ (ニ)
～ ユーロ ～ **euro** エウロ	～ 旧リラ ～ **in vecchie lire** イン ヴェッキエ リーレ	～ 円 ～ **yen** イエン	～ ドル ～ **dollaro** (i) ドッラロ (リ)

20セント **venti centesimi** ヴェンティ チェンテーズィミ 買い物の時にあると意外と便利	50セント **cinquanta centesimi** チンクアンタ チェンテーズィミ ちょっとしたチップにも使える	1ユーロ **un euro** ウン エウロ ホテルのチップに。エスプレッソも飲めます	2ユーロ **due euro** ドゥエ エウロ 朝のカプチーノが飲めます
5ユーロ **cinque euro** チンクェ エウロ 日本の500円玉の感覚で使えるお札	10ユーロ **dieci euro** ディエチ エウロ いちばん便利なお札。日本の千円札に相当		20ユーロ **venti euro** ヴェンティ エウロ 日本の二千円札より流通している。使いやすい
50ユーロ **cinquanta euro** チンクアンタ エウロ 高額紙幣ではいちばん流通している	100ユーロ **cento euro** チェント エウロ 日本の一万円札に相当。大きな買い物に便利		200ユーロ **duecento euro** ドゥエチェント エウロ 流通量が少ない。おつりをもらえないことも

数字買物　時間　食事　文化　ひと・家　トラブル　その他

買い物 shopping
ショッピング

こんにちは *1（午後3時〜は）↓
Buongiorno / Buonasera
ブオンジョルノ　　　ブオナセーラ

いらっしゃいませ
Posso aiutarla?
ポッソ　アイウタルラ

〜を探しています
Sto cercando 〜
スト　チェルカンド

〜はどこで買えますか？
Dove posso comprare〜?
ドーヴェ　ポッソ　コンプラーレ

〜を買いたいんですが
Vorrei comprare 〜
ヴォッレイ　コンプラーレ

ちょっと見てもいいですか？
Vorrei dare un'occhiata
ヴォッレイ　ダーレ　ウノッキアータ

店 **negozio**
ネゴーツィオ

営業中 **aperto**
アペルト

閉店中 **chiuso**
キウーゾ

バーゲン *2 **saldi**
サルディ

これ買います
Compro questo
コンプロ クエスト

これ買いません
Non lo compro, grazie.
ノン ロ コンプロ グラーツィエ

ディスカウントしてくれる？
Può farmi uno sconto?
プオ ファルミ ウノ スコント

支払いは *3 カードでいい？
Posso pagare con la carta di credito?
ポッソ　パガーレ　コン ラ　カルタ　ディ　クレーディト

タックスフリー お願いします
Tax free, per favore.
タックス フリー ペル ファヴォーレ

プレゼント用に包んで下さい
Può farmi una confezione regalo?
プオ ファルミ　ウナ　コンフェ ツィオーネ　レガーロ

別々に包んでください
Può farmi le confezioni separatamente?
プオ ファルミ レ コンフェツィオーニ セパラータメンテ

スーパーで

スーパーでハムやサラミを買う時

クラテッロ 100ｇお願いします *4
Un etto di Culatello, per favore
ウン エット ディ クラテッロ　　ペル ファヴォーレ

以上でよろしいですか？
Basta così?
バスタ コズィ

おいくらですか？
Quanto costa?
クアント コスタ

移動 あいさつ 観光 **数字買物**

shopping

*1 お店から出るときも必ず言いましょう。 *2 バーゲンのシーズン：夏は7月。冬は1〜2月。 *3 少額の支払いもクレジットカードやデビットカードの利用が増えている。端末を渡されたら、自分でカードを入れて暗証番号を打つ。 *4 クラテッロは幻の生ハムとして知られるが、実はスー

〜のブランドのものは扱っていますか？
Avete i prodotti di〜?
アヴェーテ イ プロドッティ ディ

これはありますか？
Avete questo?
アヴェーテ クエスト

他の店に在庫はありますか？
Avete lo stock agli altri negozi ?
アヴェーテ ロ ストック アッリ アルトゥリ ネゴーツィ

一点物
prodotto unico
プロドット ウーニコ

人気商品
articoli più venduti
アルティーコリ ピュ ヴェンドゥーティ

今シーズン限定
limitato a questa stagione
リミタート ア クエスタ スタジョーネ

新色
Colori nuovi
コローリ ヌオーヴィ

売り切れ
finito
フィニート

色
colore
コローレ

白
bianco
ビアンコ

黄
giallo
ジャッロ

オレンジ
arancio
アランチョ

ピンク
rosa
ローザ

赤
rosso
ロッソ

水色
celeste
チェレステ

青
azzurro
アッズッロ

紺
blu
ブルー

紫
viola
ヴィオラ

緑
verde
ヴェルデ

茶
marrone
マッローネ

こげ茶
testa di moro
テスタ ディ モーロ

グレー
grigio
グリージョ

黒
nero
ネーロ

他の色（デザイン）を見せてください
Può farmi vedere un altro colore? (modello)
プオ ファルミ ヴェデーレ ウン アルトロ コローレ （モデッロ）

（スーパー等の）割引カードをお持ちですか？
Ha la tessera ?
ア ラ テッセラ

買い物袋をください ＊6
Mi dà un sacchetto ?
ミ ダ ウン サッケット

小銭要りますか？
Vuole la moneta ?
ヴオーレ ラ モネータ

ありがとう、さようなら
Grazie, グラーツィエ
buongiorno! ブオン ジョルノ

＊5

バーでも買える。 ＊5 スーパーで野菜や果物を買うときは、置いてあるビニール手袋をし、ビニール袋にほしいものを入れる。それを計量器に載せ品番を押すとプライスシールが出てくるので袋に貼り、レジで会計する。 ＊6 日本で言うレジ袋は有料。自分で持っていこう。

洋服 abbigliamento
アッビッリアメント

移動 あいさつ 観光 数字買物 abbigliamento

これを見て
いいですか？ * **Posso vedere questo?**
ポッソ　ヴェデーレ　クエスト

もっと大きい（小さい）
ものはありますか？ **Avete una misura più grande(piccola)?**
アヴェーテ　ウナ　ミズーラ　ピュー　グランデ（ピッコラ）

〜サイズの○○を見たいのですが。
Sto cercando 〜di taglia ○○.
スト　チェルカンド　〜　ディ　タッリア　○○

もっとフォーマル
più formale
ピュ　フォルマーレ

もっとカジュアル
più sportivo
ピュ　スポルティーヴォ

ワンピース
abito intero
アービト　インテーロ

スプリングコート
soprabito
ソプラービト

試着していい？ **Posso provarlo?**
ポッソ　プロヴァルロ

丈を短かく
してください **Si può accorciare?**
スィ　プオ　アッコルチャーレ

ウエストを詰めてください
Può stringere il girovita ?
プオ　ストゥリンジェレイル　ジーロヴィータ

タンクトップ
canottiera
カノッティエーラ

シャツ
camicia
カミーチャ

大きい**
grande
グランデ

小さい**
piccolo
ピッコロ

ゆるい**
largo
ラルゴ

きつい**
stretto
ストレット

タートルネック
dolce vita
ドルチェ　ヴィータ

| ウエスト | **girovita** ジーロヴィータ | 長袖 | **manica lunga** マニカルンガ | スカーフ | **foulard** フーラール | ネクタイ | **cravatta** クラヴァッタ |
| ヒップ | **fianchi** フィアンキ | 半袖 | **manica corta** マニカ コルタ | ハンカチ | **fazzoletto** ファッツォレット | 帽子 | **cappello** カッペッロ |

* たたんである商品は特に、勝手に広げて見ないこと。** "少し○○"のときは、**un po'**（ウンポ）を先につける。

洋服のサイズ taglia タッリア		大きさ misura ミズーラ				
レディース da donna ダ ドンナ 日	5	7	9	11	13	15
イ	36	38	40	42	44	46
メンズ da uomo ダ ウオーモ 日	S		M		L	XL
イ	42	44	46	48	50	52

ジャケット
giacca
ジャカ

スーツ（婦人物）
tailleur
タイユール

スーツ（紳士物）
completo
コンプレート

コート
cappotto
カッポット

レインコート
impermeabile
インペルメアービレ

スカート
gonna
ゴンナ

キャミソール
camiciola
カミチョーラ

Tシャツ
maglietta
マッリエッタ

スウェット
felpa
フェルパ

ダウンジャケット
piumino
ピウミーノ

セーター
maglione
マッリオーネ

カーディガン
cardigan
カルディガン

ジーンズ
jeans
ジーンズ

ズボン
pantaloni
パンタローニ

無地
tinta unita
ティンタ ウニータ

ストライプ
sturiscia
ストウリシャ

洋服 / 数字買物 / 時間 / 食事 / 文化 / ひと・家 / トラブル / その他

素材
materiale
マテリアーレ

コットン
cotone
コトーネ

シルク
seta
セータ

布
tessuto
テッスート

ウール
lana
ラーナ

麻
lino
リーノ

ニット
maglia
マッリア

服飾・アクセサリー accessori
アッチェッソーリ

紳士
uomini
ウォーミニ

こんにちは
Buongiorno!
ブオンジョルノ

これはありますか？
Avete questo?
アヴェーテ クエスト

婦人
donne
ドンネ

他の色はありますか？
Avete altri colori?
アヴェーテ アルトゥリ コローリ

もっと
più
ピュ

カジュアル
sportivo
スポルティーヴォ

フォーマル
formare
フォルマーレ

他のサイズはありますか？
Avete altre misure?
アヴェーテ アルトゥレ ミズー

(見せてくれて)ありがとう。もう少し考えます。
Grazie,. ci penso un'attimo.
グラッツィエ, チ ペンソ ウナッティモ

皮革製品店
pelletteria
ペッレッテリーア

バッグ **borsa**
ボルサ

スーツケース **valigia**
ヴァリージア

ポーチ **porta-cosmetici**
ポルタコズメーティチ

リュック **zaino**
ザイノ

ボストンバッグ
borsa da viaggio
ボルサ ダ ヴィアッジョ

クラッチバッグ
clutch
クラッチ

肩掛けバッグ
borsa con tracolla
ボルサ コン トゥラコッラ

小銭入れ
portamonete
ポルタ モネーテ

財布 **portafoglio**
ポルタ フォッリオ

トートバッグ
tote bag
トートバッグ

ベルト **cintura**
チントゥーラ

手袋 **guanti**
グアンティ

傘 **ombrello**
オンブレッロ

皮革 **pelle**
ペッレ

仔牛 **vitello**
ヴィテッロ

仔羊 **agnello**
アニェッロ

仔ヤギ **capretto**
カプレット

ワニ **coccodrillo**
ユッコドリッロ

トカゲ **lucertola**
ルチェルトラ

スエード **camoscio**
カモーショ

エナメル **vernice**
ヴェルニーチェ

合皮 **pelle artificiale**
ペッレ アルティフィチャーレ

金細工屋 **oreficeria** オレフィチェリーア	指輪 **anello** アネッロ	ネックレス **collana** コッラーナ
	ピアス イヤリング **orecchini** オレッキーニ	ブレスレット **braccialetto** ブラッチャレット
ペンダント **ciondolo** チョンドロ	ブローチ **spilla** スピッラ	金* **oro** オーロ
ダイヤモンド **diamante** ディアマンテ	ルビー **rubino** ルビーノ	銀* **argento** アルジェント
サファイア **zaffiro** ザッフィロ	エメラルド **smeraldo** ズメラルド	プラチナ **platino** プラティノ

クツ屋 **negozio di calzature** ネゴーツィオ ディ カルツァトゥーレ	クツ **scarpe** スカルペ	サンダル **sandali** サンダリ
	革靴 **scarpe di pelle** スカルペ ディ ペッレ	ひも靴 **stringate** ストゥリンガーテ
ブーツ **stivali** スティヴァーリ	レザー スニーカー **sneaker di pelle** スニーケル ディ ペッレ	
ヒール **tacco** タッコ	高い **alto** アルト	低い **basso** バッソ

日	22	22.5	23	23.5	24	24.5	25
イ	35	35½	36	36½	37	37½	38
日	24.5	25	25.5	26	26.5	27	27.5
イ	39	40	41	42	43	44	45

クツのサイズ **misura** ミズーラ

ネクタイ **cravatta** クラヴァッタ	レジメンタルタイ **regimental** レジメンタル	ドット **a pois** ア ポワ
	ストライプ **striscia** ストゥリシャ	無地の **tinta unita** ティンタ ウニータ

服飾・アクセサリー

数字・買物 時間 食事 文化 ひと・家 トラブル その他

＊ 金色、銀色もそれぞれ、oro ／オーロ、argento ／アルジェントと言う。

(45)

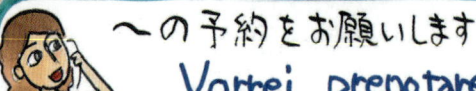

〜の予約をお願いします
Vorrei prenotare a
ヴォッレイ　プレノターレ　ア

体調はどうですか？
Come si sente?
コメ　スィ　センテ

わかりました
Ho capito
オ　カピート

わかりません
Non ho capito
ノン　オ　カピート

〜が気になります
c'è qualcosa che mi da fastidio
チェ　クアルコーザ　ケ　ミ　ダ　ファスティディオ

肩こりをとりたい
Vorrei sciogliere le spalle regide.
ヴォッレイ　ショリエレ　レ　スパッレ　リージデ

肌をきれいにしたい
Vorrei purificare le pelle
ヴォッレイ　プリフィカーレ　レ　ペッレ

やせたい
Vorrei dimagrire
ヴォッレイ　ディマグリーレ

にきび
brufolo
ブルーフォロ

くすみ
scuro
スクーロ

シミ
macchia
マッキア

しわ
grinza
グリンツァ

ストレス
stress
ストレス

老廃物
scoria
スコリア

副作用
effetti collaterali
エフェッティ　コッラテラーリ

温泉水
acqua termale
アックア　テルマーレ

海水
acqua marina
アックア　マリーナ

シャワー
doccia
ドッチャ

バス
bagno
バーニョ

フェイシャルトリートメント
trattamento al viso
トゥラッタメント　アル　ヴィーゾ

ピーリング
peeling
ピーリング

エステ
estetica
エステティカ

マッサージ
massaggio
マッサッジョ

泥パック
fanghi
ファンギ

メディカル チェック
medical check
メディカル　チェック

※別料金 **tariffa supplementare** タリッファ　スプレメンターレ

口紅
rossetto
ロセット

マスカラ
mascara
マスカラ

チークカラー
fard
ファル

アイライナー
eye-liner
アイライナー

アイシャドー
ombretto per gli occhi
オンブレット ペル リ オッキ

化粧下地
base per maquillage
バーゼ ペル マキアージュ

フェイスパウダー
polvere per il viso
ポルヴェレ ペルイル ヴィーゾ

コンシーラ
Correttore
コッレットーレ

ファンデーション
fondotina
フォンドティーナ

メイク落とし
struccate
ストゥルカンテ

洗顔料
crema detergente per il viso
クレーマ デルレルジェンテ ペル イル ヴィーゾ

化粧水
tonico
トニコ

美容液
siero
スイエーロ

乳液
latte
ラッテ

ボディーローション
tonico per il corpo
トニコ ペル イル コルポ

リップクリーム
balsamo per la labbra
バルサモ ペル ラ ラッブラ

ハンドクリーム
crema per le mani
クレーマ ペル レ マーニ

自然化粧品

アヴェダ
Aveda

化粧品ブランド

ランコム
Lancome

ヘレナルビンスタイン
Helena Rubinstein

ドクター ハウシュカ
Dr. Hauschka

シスレー
Sisley

ドゥ・ラ・メール
De La Mar

ロクシタン
L'occitane

ビオテルム
Biotherm

ラ・プレリー
La Prairie

キール
Kiehl's

時間 orario
オラーリオ

→数字 P38

いま何時ですか？
Che ore sono?
ケ オーレ ソーノ

～時です
Sono le ～
ソーノ レ

～時に起こしてください
Può svegliarmi alle ～?
プオ ズヴェッリアルミ アッレ

Si si! ～時に会いましょう
Ci vediamo alle ～
チ ヴェディアーモ アッレ

何時に出発（到着）しますか？
A che ora parte (arriva)?
ア ケ オーラ パルテ （アッリーヴァ）

何時に始まり（終わり）ますか？
A che ora comincia (finisce)?
ア ケ オーラ コミンチャ （フィニッシェ）

サマータイム＊
orario estivo
オラーリオ エスティーヴォ

時差
fuso orario
フーゾ オラーリオ

営業時間＊＊
orario di apertura
オラーリオ ディ アペルトゥーラ

銀行 **banca**
バンカ
8:30 ～ 13:30
14:30 ～ 16:00

店 **negozio**
ネゴーツィオ
10:00 ～ 13:30
15:30 ～ 19:00

何時間かかりますか？
Quante ore ci vogliono?
クアンテ オーレ チ ヴォッリオノ

～時間
～ ore
オーレ

何分間かかりますか？
Quanti minuti ci vogliono?
クアンティ ミヌーティ チ ヴォッリオノ

～分
～ minuti
ミヌーティ

→数字 P38

＊ 3月最終日曜日から10月最終土曜日まで時計の針を1時間進める。＊＊ 平均的な営業時間。最近は昼休みをとらない店も多い。

電車の時刻表
orario del treno
オラーリオ デル トレーノ

お昼寝
siesta
スィエスタ

時間

11 undici ウンディチ
12 dodici ドディチ
1 una ウーナ
due ドゥエ **2**
10 dieci ディエチ
undici
tre トゥレ **3**
quattro クアットロ
9 nove ノーヴェ
8 otto オット
cinque チンクエ
4
7 sette セッテ
Sei セイ **6**
5

〜時です
Sono le 〜
ソーノ レ

時計
orologio
オロロージョ

〜の
di 〜
ディ

午前（朝）	**mattina** マッティーナ	7時です	**Sono le sette** ソーノ レ セッテ
午後	**pomeriggio** ポメリッジョ	7時50分です	**Sono le sette e cinquanta** ソーノ レ セッテ エ チンクアンタ
夕方（晩）	**sera** セーラ	8時半です	**Sono le otto e mezza** ソーノ レ オット エ メッツァ
夜	**notte** ノッテ	午前8時	**otto di mattina** オット ディ マッティーナ
真夜中	**mezzanotte** メッザノッテ	午後8時	**otto di sera** オット ディ セーラ

| 10 ディエチ | 20 ヴェンティ | 30 トゥレンタ | 半 メッツァ | 40 クアランタ | 50 チンクアンタ |

時間 食事 文化 ひと・家 トラブル その他

49

月日と年月 giorni
ジョールニ

いつ？
Quando?
クアンド

何年？ **Che anno è ?**
ケ アンノ エ

〜年
anno 〜
アンノ

何日？ **Che giorno è ?**
ケ ジョルノ エ

◯月 △日
il △◯
イル

何曜日？ **Che giorno della settimana è ?**
ケ ジョルノ デッラ セッティマーナ エ

例：11月6日
il 6 novembre
イル セイ ノヴェンブレ

いつここに来ましたか？
Da quando è qui ?
ダ クアンド エ クイ

いつ日本へ帰りますか？
Quando torna in Giappone?
クアンド トルナ イン ジャッポーネ

どのくらいここに滞在しますか？
Per quanto tempo sta qui ?
ペル クアント テンポ スタ クイ

誕生日おめでとう
Buon compleanno!
ブオン コンプレアンノ

誕生日
compleanno
コンプレアンノ

どのくらい？
Quanto tempo?
クアント テンポ

何年間？ **quanti anni?**
クアンティ アンニ

〜年間
〜 anni
アンニ

何ヶ月間？ **quanti mesi?**
クアンティ メーズィ

〜ヶ月間
〜 mesi
メーズィ

何週間？ **quante settimane?**
クアンテ セッティマーネ

〜週間
〜 settimane
セッティマーネ

何日間？ **quanti giorni ?**
クアンテ ジョルニ

〜日間
〜 giorni
ジョルニ

1	2	3	4	5	6	7	8	9	10	11	12
ウーノ	ドゥーエ	トゥレ	クアットロ	チンクエ	セイ	セッテ	オット	ノーヴェ	ディエチ	ウンディチ	ドディチ

数字 P38

1月 gennaio ジェンナイオ	月 lunedì ルネディ	～日前 ～giorni fa ジョルニ ファ
2月 febbraio フェッブライオ	火 martedì マルテディ	おととい l'altro ieri ラルトロ イエーリ
3月 marzo マルツォ	水 mercoledì メルコレディ	きのう ieri イエーリ
4月 aprile アプリーレ	木 giovedì ジョヴェディ	きょう oggi オッジ
5月 maggio マッジョ	金 venerdì ヴェネルディ	あす domani ドマーニ
6月 giugno ジューニョ	土 sabato サーバト	あさって dopodomani ドーポ ドマーニ
7月 luglio ルッリオ	日 domenica ドメーニカ	～日後 ～giorni dopo ジョルニ ドーポ
8月 agosto アゴスト	定休日 chiuso キウーゾ	
9月 settembre セッテンブレ	休日祝日 festivo フェスティーヴォ	週末 fine settimana フィーネ セッティマーナ
10月 ottobre オットーブレ	～ケ月前 ～mesi fa メーズィ ファ	～年前 ～anni fa アンニ ファ
11月 novembre ノヴェンブレ	先月 il mese scorso イルメーゼ スコルソ	去年 l'anno scorso ランノ スコルソ
12月 dicembre ディチェンブレ	今月 questo mese クエスト メーゼ	今年 quest'anno クエスタンノ
	来月 il mese prossimo イルメーゼ プロッスィモ	来年 l'anno prossimo ランノ プロッスィモ
	～ケ月後 ～mesi dopo メーズィ ドーポ	～年後 ～anni dopo アンニ ドーポ

一年と天気　*calendario e tempo*
カレンダリオ　エ　テンポ

移動
あいさつ
観光
数字/買物
時間

calendario e tempo

2月中旬〜3月中旬
（復活祭の40日前）

謝肉祭
Carnevale
カルネヴァーレ

おしゃべりという
意味のお菓子
chiacchiere
キアッキエッレ

ハトの形のお菓子
colomba
コロンバ

3月末〜4月初
春分後の最初の
満月後の日曜日

チョコレートの玉子
uovo di Pasqua
ウオーヴォ ディ
パスクア

復活祭
Pasqua
パスクア

3月
marzo
マルツオ

レンズ豆
lenticchie
レンティッキエ

仮面
maschera
マスケラ

2月
febbraio
フェッブライオ

冬
inverno
インヴェルノ

豚の足
zampone
ザンポーネ

1月
gennaio
ジェンナイオ

1
un
ウン

花火
fuochi artificiali
フォーキ アルティフィチャーリ

1月1日 元旦
Capodanno
カポダンノ

12月
dicembre
ディチェンブレ

秋
autunno
アウトゥンノ

クリスマスツリー
albero natalizio
アルベロ　ナタリーツィオ

クリスマス
Natale ＊
ナターレ

11月
novembre
ノヴェンブレ

10月
ottobre
オットーブレ

プレゼント
regalo
レガーロ

パネトーネ（フルーツケーキ）
Panettone
パネットーネ

11月1日
万聖節
Ognissanti
オンニサンティ

お墓参りなどをする

死者 のパン
pane dei morti
パーネ デイ モルティ

presepio プレゼピオ

12月8日
聖母受胎の日
Immacolata Concezione
インマコラータ　コンチェツィオーネ

菊
crisantemo
クリサンテーモ

キリストの
生誕場面
の模型

暑い（あたたかい）	涼しい	寒い
caldo	**fresco**	**freddo**
カルド	フレスコ	フレッド

ミニチュア

ポルチーニ茸
funghi porcini
フンギ　ポルチーニ

＊サンタクロースは、Babbo Natale(バッボ ナターレ／ Babboはパパのこと)。

天気のことば	晴れ sereno セレーノ	くもり nuvoloso ヌヴォローゾ	雨 pioggia ピオッジャ	雪 neve ネーヴェ

パルチザンがファシストに勝利した日

4月25日 イタリア解放記念日
Anniversario della Liberazione
アンニヴェルサーリオ デッラ リベラツィオーネ

天気がよい Fa bel tempo ファ ベル テンポ

天気がわるい Fa brutto tempo ファ ブルット テンポ

霧 nebbia ネッビア

嵐 tempesta テンペスタ

5月1日 メーデー
Festa del Lavoro
フェスタ デル ラヴォーロ

ゆり giglio ジッリオ

6月24日 フィレンツェ 古式サッカー
calcio storico カルチョ ストーリコ
→フィレンツェ P32

手も使ってよいというルール

7月2日 & 8月16日 シエナで中世の服装で行なう競馬

Palio di Siena パリオ ディ スィエナ

ヴァカンス vacanza ヴァカンツァ

約1ヶ月の夏休み

海 mare マーレ

山 montagna モンターニャ

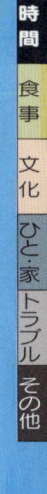

4月 aprile アプリーレ
5月 maggio マッジョ
6月 giugno ジューニョ
7月 luglio ルッリオ
8月 agosto アゴスト
9月 settembre セッテンブレ

春 primavera プリマヴェーラ
年 anno アンノ
夏 estate エスターテ

新学期 始まる

ブドウの収穫 vendemmia ヴェンデンミア

8月15日 聖母被昇天祭 Ferragosto フェッラゴスト

キャンプ campeggio カンペッジョ
旅行 viaggio ヴィアッジョ

（お店も会社も 8月は閉まっているところが多い）

食事 **pasto** パスト

朝食	prima colazione プリマ コラツィオーネ	昼食	pranzo プランツォ

イタリア料理 cucina italiana クチーナ イタリアーナ
中華料理 cucina cinese クチーナ チネーゼ
cucina 和食 giapponese クチーナ ジャッポネーゼ

おやつ	merenda メレンダ 	夕食	cena チェーナ

この近くにおいしいレストランはありますか？

C'è un buon ristorante qui vicino?
チェ ウン ブォン リストランテ クイ ヴィチーノ

この店おいしい？（店の前で通行人をつかまえて聞く）

Si mangia bene in questo ristorante?
スィ マンジャ ベーネ イン クエスト リストランテ

食堂の種類	（ゆりとちゃんとした）レストラン ristorante リストランテ	（ややカジュアル） trattoria トラットリア	大衆食堂 Osteria オステリア	軽食堂 tavola calda ターヴォラ カルダ

予約 prenota-zione プレノタツィオーネ	今夜（明日）〜時に予約したいのですが **Vorrei prenotare un tavolo per le 〜 di stasera (domani)** ヴォッレイ プレノターレ ウン ターヴォロ ペル レ〜ディ スタセーラ（ドマーニ）

人数は〜名です **Siamo in 〜** スィアーモ イン

料理の順序（全部食べる必要はありません）

食前酒 aperitivo アペリティーヴォ	前菜 →P58 antipasto アンティパスト	スープ・パスタ・リゾット →P59 primo piatto プリモ ピアット	魚・肉 →P60 secondo piatto セコンド ピアット

 代表的な食前酒

カンパリソーダ **campari soda** カンパーリソーダ	マルティニ **martini** マルティーニ	生ビール **birra alla spina** ビッラ アッラ スピーナ	スパークリングワイン **spumante** スプマンテ

すみません！
Senta!
センタ

何名様ですか？	In quanti siete? イン クアンティ スィエーテ	～人です Siamo in ～ スィアーモ イン

メニュー menù メヌー	カバーチャージ coperto コペルト	ウェイター cameriere カメリエーレ	料理人 cuoco クオーコ	厨房 cucina クチーナ

これは何ですか？	Che cosa è? ケ コーザ エ	おすすめは何ですか？ Che cosa mi consiglia? ケ コーザ ミ コンスィッリア

土地の名物料理は何ですか？ **Qual'è la specialità del locale?** クアーレ ラ スペチャリタ デル ロカーレ

あれと同じものお願いします **Il piatto di quella persona, per favore.** イル ピアット ディ クエッラ ペルソーナ ペル ファヴォーレ

飲みもの bevanda ベヴァンダ	ミネラルウォーター acqua minerale アックア ミネラーレ	ガス入りの水 acqua gassata アックア ガッサータ	ガスなしの水 acqua naturale アックア ナトゥラーレ
赤ワイン vino rosso ヴィーノ ロッソ	白ワイン vino bianco ヴィーノ ビアンコ	ハウスワイン vino della casa ヴィーノ デッラ カーザ	ビール birra ビッラ
グラス1杯の un bicchiere di ウン ビッキエーレ ディ	ボトル(1本) una bottiglia ウナ ボッティッリア	0.5リットル mezzo litro メッツォ リートロ	その店オリジナルの食前酒 aperitivo della casa アペリティーヴォ デッラ カーザ

野菜 → P58 contorno コントルノ	チーズ → P61 formaggio フォルマッジョ	フルーツ・お菓子 → P62 frutta dolce フルッタ ドルチェ	コーヒー・食後酒 caffè digestivo カッフェ ディジェスティーヴォ

ベリーニ bellini ベッリーニ	アルコールなし analcolico アナルコリコ	代表的なノンアルコールの食前酒① crodino ／クロディーノ	代表的なノンアルコールの食前酒② sanbittèr ／サンビッテル

レストラン ristorante
リストランテ

ナプキン tovagliolo トヴァッリオーロ	スプーン cucchiaio クッキアイオ	フォーク forchetta フォルケッタ	ナイフ coltello コルテッロ

お皿 piatto ピアット	グラス bicchiere ビッキエレ	塩 sale サーレ	こしょう pepe ペペ

~をもってきて下さい Può portarmi ~ プオ ポルタルミ	オリーブオイル olio オリオ	ワインビネガー aceto アチェート

どうぞ 召し上がれ
Buon appetito
ブオン アッペティート

ありがとう、あなたもどうぞ
Grazie, altrettanto
グラーツィエ アルトレッタント

おいしい buono ブオーノ	とってもおいしい ottimo オッティモ	甘い dolce ドルチェ
苦い amaro アマーロ	しょっぱい salato サラート	* からい piccante * ピッカンテ
熱い caldo カルド	ナマの crudo クルード	多い tanto タント
冷たい freddo フレッド	火を通した cotto コット	少ない poco ポーコ

~です è ~ エ
少し~ è un po' ~ エ ウン ポ
とっても~ è molto ~ エ モルト
~すぎる è troppo ~ エ トロッポ
~じゃない non è ~ ノーネ

     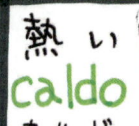 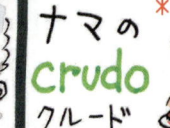      

大きい grande グランデ	小さい piccolo ピッコロ	まずい cattivo カッティーヴォ

ristorante

* ステーキのレアは「al sangue ／アル サングエ」。

半人前ができますか？
Puo fare metà porzione?
プオ　ファーレ　メタ　ポルツィオーネ

メニュー
menu
メヌ

もう充分です
Basta così, grazie
バスタ　コズィー　グラーツィエ

トイレはどこですか？
Dov'è il bagno?
ドーヴェ　イル　バーニョ

お勘定おねがいします
Il conto, per favore
イル　コント　ペル　ファヴォーレ

釣りはとっといて
Tenga il resto
テン　ガ　イル　レスト

チップ
mancia
マンチャ

ピザ屋
pizzeria
ピッツェリア

トマトソースなしのピザ
pizza bianca
ピッツァ　ビアンカ

ビール
birra
ビッラ

生ビール
birra alla spina
ビッラ　アッラ　スピーナ

モッツァレッラ・バジリコ
margherita
マルゲリータ

ナポリ風
モッツァレッラ・アンチョビ
napoletana
ナポレターナ

水夫風
オレガノ・オリーブ
marinara
マリナーラ

4種類のチーズ
quattro formaggi
クアットロ　フォルマッジ

気まぐれピザ
いろんな具がのってる
capricciosa
カプリッチョーザ

四季
（4つの味）
quattro stagioni
クアットロ　スタジョーニ

爆弾型
ふくらんだ生地に生ハム
bomba
ボンバ

特大ギョーザ型包み焼き
生ハム・モッツァレッラ
ゆで玉子等
calzone
カルツォーネ

ピザ生地のパン
focaccia
フォカッチャ

切り売りピザ　**pizza al taglio**　ピッツァ　アル　タッリオ

前菜 antipasto （パスタなど）
アンティパスト

～を食べます **Prendo～** プレンド	～はいりません（入れないでね） **Senza～, per favore** センツァ　　ペル　ファヴォーレ

前菜 **antipasto** アンティパスト	前菜盛り合わせ **antipasto misto** アンティパスト ミスト	生ハム （とメロン） **prosciutto crudo (e melone)** プロッシュット クルード（エ メローネ）
玉子焼 **frittata** フリッタータ	ラタトゥイユ **caponata** カポナータ	サラミ **salame** サラーメ	スモークサーモン **salmone affumicato** サルモーネ アッフミカート
ガーリックトースト＋トマト＋オリーブオイル **bruschetta** ブルスケッタ	レバーペーストなどをのせたカナッペ **crostini** クロスティーニ
生の牛肉（魚もある） **carpaccio** カルパッチョ	海の幸 **frutti di mare** フルッティ ディ マーレ	モッツァレラ **mozzarella** モッツァレッラ

野菜 **Verdura** ヴェルドゥーラ	カボチャの花 **fiori di zucca** フィオーリ ディ ズッカ	（並んでる前菜を）自分で取ってきていい？ **Posso prendere da me ?** ポッソ プレンデレ ダ メ
ナス **melanzane** メランザーネ	ピーマン **peperoni** ペペローニ	ズッキーニ **zucchine** ズッキーネ	アーティチョーク **carciofi** カルチョーフィ
オリーブ **olive** オリーヴェ	お米のサラダ **insalata di riso** インサラータ ディリーゾ	フェンネル＊ **finocchio** フィノッキオ	キャベツ＊＊ **cavolo** カーヴォロ

＊「オカマ」の意味もある。 ＊＊「バカ」の意味もある。

野菜スープ	リゾット	ジャガイモの団子	ラザニア
minestrone	risotto	gnocchi	lasagne
ミネストローネ	リゾット	ニョッキ	ラザーニェ

パスタ pasta

pappardelle	ペンネ penne	トマトソース pomodoro	唐辛子入りトマトソース arrabbiata
パッパルデッレ 1cmくらい	ペンネ	ポモドーロ	アッラッビアータ
fettuccine フェットゥッチーネ 6〜7mm	ファルファッレ farfalle ファルファッレ	バジリコペースト pesto genovese ペスト ジェノヴェーゼ	イカスミ nero di seppia ネーロ ディ セッピア
tagliolini タッリオリーニ 2mmくらい	ラビオリ ravioli ラヴィオリ	魚介の pescatora ペスカトーラ	アサリ vongole ヴォンゴレ
Spaghetti スパゲッティ 1.6〜2.2mm	フジッリ fusilli フズィッリ	ミートソース ragù ラグー	トマト・パンチェッタ タマネギ amatriciana アマトリチャーナ
Capellini カペッリーニ 0.9mm	春巻風ラザニア cannelloni カンネッローニ	手打ちパスタ pasta fresca パスタ フレスカ	トマト・アンチョビ ケッパー・オリーブ puttanesca プッタネスカ

ニンニク aglio アッリオ	唐辛子 peperon-cino ペペロンチーノ	バジリコ basilico バズィリコ	ポレンタ*** polenta ポレンタ
キノコ funghi フンギ	トリュフ tartufo タルトゥーフォ	タマネギ cipolla チポッラ	ニンジン carota カローラ

*** トウモロコシの粉を
溶いて煮て練りあげた料理。

前菜

メインディッシュ portata principale
ポルタータ プリンチパーレ

魚 **pesce**
ペッシェ

マグロ **tonno**
トンノ

メカジキ **pesce spada**
ペッシェ スパーダ

ヒラメ **soglida**
ソッリオラ

スズキ **spigola**
スピーゴラ

マス **trota**
トロータ

アンチョビ **acciuga**
アッチウガ

ヤリイカ **calamaro**
カラマーロ

モンゴウイカ **seppia**
セッピア

カニ **granchio**
グランキオ

伊勢エビ **aragosta**
アラゴスタ

アカザエビ **scampo**
スカンポ

車エビ **gambero**
ガンベロ

タコ **polpo**
ポルポ

カキ **ostrica**
オストリカ

ムール貝 **cozze**
コッツェ

ウニ **riccio di mare**
リッチョ ディ マーレ

イタリア風煮魚 **acqua pazza**
アックア パッツァ

魚介スープ **zuppa di pesce**
ズッパ ディ ペッシェ

紙包み焼き **al cartoccio**
アル カルトッチョ

岩塩包み焼き **al sale**
アル サーレ

料理法

くんせい **affumicato**
アッフミカート

マリネ **marinato**
マリナート

フライ **fritto**
フリット

かまど焼き **al forno**
アル フォルノ

網焼き **alla griglia**
アッラ グリッリア

グリーンサラダ **insalata verde**
インサラータ ヴェルデ

ミックスサラダ **insalata mista**
インサラータ ミスタ

ルッコラ **rucola**
ルーコラ

トマト **pomodoro**
ポモドーロ

ジャガイモ **patate**
パターテ

アスパラガス **asparagi**
アスパラジ

グリーンピース **piselli**
ピセッリ

ホウレンソウ **spinaci**
スピナチ

いんげん豆 **fagiolini** ファジョリーニ

レモン **limone** リモーネ

玉子 **uovo** ウォーヴォ

移動 あいさつ 観光 数字・買物 時間 食事

portata principale

肉 carne カルネ

カツレツ cotoletta コトレッタ

仔牛肉 vitello ヴィテッロ	牛肉 manzo マンツォ	豚肉 maiale マイアーレ	鶏肉 pollo ポッロ
仔羊肉 agnello アニェッロ	羊肉 abbacchio アッバッキオ	イノシシ cinghiale チンギャーレ	アヒル anatra アーナトラ
ヒレ filetto フィレット	サーロイン lombata ロンバータ	レバー fegato フェーガット	脳みそ cervella チェルヴェッラ
仔牛の胃袋 trippa トリッパ	生ソーセージ salsiccia サルスィッチャ	生ベーコン pancetta パンチェッタ	猟師風鶏肉トマト煮 pollo alla cacciatora ポッロ アッラ カッチャトーラ
ビーフステーキ bistecca ビステッカ	薄切り牛肉ロースト tagliata タッリアータ	仔豚の丸焼き porchetta ポルケッタ	仔牛肉の ワイン風味ソテー scaloppine スカロッピーネ

メインディッシュ

ロースト arrosto アッローースト	煮込み in umido イン ウーミド	ゆでた bollito ボッリート	蒸し物 a vapore ア ヴァポーレ	お好みで a piacere ア ピアチェーレ

食事 文化 ひと・家 トラブル その他

チーズ formaggio フォルマッジョ	パルメザン parmigiano reggiano パルミジャーノ レッジャーノ	羊のしょっぱいチーズ pecorino ペコリーノ	球型チーズ scamorza スカモルツァ
食後酒 digestivo ディジェスティーヴォ	透明な grappa ブランデー グラッパ		薬用酒 amaro アマーロ
アニスの リキュール* sambuca サンブーカ	レモン リキュール limoncello リモンチェッロ		アーモンド リキュール amaretto アマレット
ミント味 branca menta ブランカ メンタ	カントゥッチと 飲むデザートワイン vin santo ヴィン サント		干しブドウ のワイン passito パッスィート

*コーヒー豆を浮かべて、火をつけて飲む。

お菓子＆果物 dolce & frutta
ドルチェ エ フルッタ

アイスクリーム **gelato** ジェラート	シャーベット **sorbetto** ソルベット	果物入り アイスクリーム **cassata** カッサータ
アイスクリームのコーヒーかけ **affogato al caffè** アッフォガート アル カッフェ	プリン **creme caramel** クレーム カラメル	チョコ シュークリーム **profiterole** プロフィテロール
リコッタチーズのタルト **torta di ricotta** トルタ ディ リコッタ	フルーツ ポンチ **macedonia** マチェドーニア	リキュール漬け スポンジケーキ **zuppa inglese** ズッパ イングレーゼ
ティラミス **tiramisù** ティラミス	パンナコッタ **panna cotta** パンナ コッタ	マルサラ酒と 卵黄のクリーム **zabaione** ザバイオーネ
アップルパイ **torta di mele** トルタ ディ メーレ	リコッタチーズ入り 筒型菓子 **cannolo** カンノーロ	渦巻きアップルパイ **strudel** ストゥルーデル
ドライフルーツ入り クリスマスケーキ **panettone** パネットーネ	クリスマスケーキ **pandoro** パンドーロ	ヌガー **torrone** トッローネ
やわらかい ジェラート **semifreddo** セミフレッド	ピエモンテ州の ビスケット **brutti ma buoni** ブルッティ マ ブオーニ	ラム酒漬けの スポンジケーキ **babà** ババ

移動 あいさつ 観光 数字 買物 時間 食事

dolce & frutta

→ジェラテリア P⑥⑤

くだもの **frutta** フルッタ	オレンジ **arancia** アランチャ	ブラッドオレンジ **arancia rossa** アランチャ ロッサ	グレープフルーツ **pompelmo** ポンペルモ
スイカ ＊ **anguria** アングーリア	アンズ **albicocca** アルビコッカ	イチゴ **fragola** フラーゴラ	ベリーミックス **frutti di bosco** フルッティ ディ ボスコ
洋ナシ **pera** ペーラ	リンゴ **mela** メーラ	モモ **pesca** ペスカ	ブドウ **uva** ウーヴァ
イチジク **fico** フィーコ	ブラックベリー **mora** モーラ	ラズベリー **lampone** ランポーネ	キイチゴ **fragolina** フラゴリーナ
ザクロ **melagrana** メラグラーナ	ネクタリン **pesca noce** ペスカ ノーチェ	サクランボ **ciliegia** チリエージア	メロン **melone** メローネ
ミカン **mandarino** マンダリーノ	クルミ **noce** ノーチェ	ココナッツ **cocco** コッコ	梅 **prugna** プルーニャ
サボテンの実 **ficodindia** フィーコ ディンディア	パイナップル **ananas** アナナス	バナナ **banana** バナナ	柿 ＊＊ **cachi** カキ

お菓子＆果物

食事 文化 ひと・家 トラブル その他

＊トスカーナ地方ではcocomero（ココーメロ）と呼ぶ。 ＊＊ 日本の「柿」から。単数形はcaco（カコ）。

バール・ジェラテリア bar, gerateria
バール　ジェラテリア

ホット caldo カルド	アイス freddo フレッド	ミルク latte ラッテ
カウンター **al banco** アルバンコ カップ tazza タッツァ	グラス bicchiere ビッキエーレ	氷 ghiaccio ギアッチョ

砂糖 zucchero ズッケロ	生クリーム panna パンナ	〜入り(付き)で con 〜 コン	へのおかわりください Un altro 〜, per favore ウナルトロ 〜ペル ファヴォーレ

朝のバール
伝統のマンネリ朝ごはん。それはカプ(チーノ)&ブリ(オッシュ)

エスプレッソ caffè カッフェ	カプチーノ cappuccino カップッチーノ	ミルクコーヒー caffelatte カフェラッテ
ほんの少しミルクの入ったエスプレッソ caffè macchiato カッフェ マッキアート	ほんの少しエスプレッソの入ったミルク latte macchiato ラッテ マッキアート	カフェイン抜き decaffeinato デカフェイナート
ブリオッシュ(クロワッサン) brioche ブリオシュ	プレーン vuota ヴオータ	チョコレート入り al cioccolato アル チョコラート
		ジャム入り con marmellata コン マルメッラータ

昼のバール
困ったときのトイレ休憩 & ちょっと血糖値アップ！

テーブル席

絞りたて オレンジジュース(グレープフルーツ) spremuta di arancia (pompelmo) スプレムータ ディ アランチャ (ポンペルモ)	シェイクしたエスプレッソ(甘い) caffè shakerato カッフェ シェケラート
イタリアンサンドイッチ panino パニーノ	三角サンドイッチ tramezzino トゥラメッツィーノ

al tavolino アル タヴォリーノ

アイスコーヒー caffè freddo カッフェ フレッド	紅茶 tè テ	ピーチティー tè alla pesca テ アッラ ペスカ	レモンティー tè al limone テ アル リモーネ
アイス ティー tè freddo テ フレッド	ココア cioccolata チョッコラータ	炭酸入りオレンジジュース aranciata アランチャータ	ネクター succo スッコ

小さなペットボトルの水 piccola bottiglia d'acqua
ピッコラ　ボッティリア　ダックア

	小 **piccolo** ピッコロ	中 **medio** メディオ	大 **grande** グランデ
アイスクリーム **gelato** ジェラート	コーン **cono** コーノ	カップ **coppetta** コッペッタ	自家製 **produzione propria** プロドゥツィオーネ プロプリーア

イチジク **fico** フィーコ	イチゴ **fragola** フラゴーラ	ミックスベリー **frutti di bosco** フルティ ディ ボスコ	ラズベリー **lampone** ランポーネ
レモン **limone** リモーネ	ミカン **mandarino** マンダリーノ	リンゴ **mela** メーラ	洋ナシ **pera** ペーラ
チェリーソース **amarena** アマレーナ	キスチョコ **bacio** バーチョ		チョコレート **cioccolato** チョッコラート
バニラ **crema** クレーマ	ヘーゼルナッツのチョコ **gianduia** ジャンドゥイア		アーモンド **mandorla** マンドルラ
ミント **menta** メンタ		ラム **rhum** ルム	お米 **riso** リーゾ
シャーベット **sorbetto** ソルベット		カキ氷 **granita** グラニータ	シェイク **frullato** フルッラート

バール・ジェラテリア

食事　文化　ひと・家　トラブル　その他

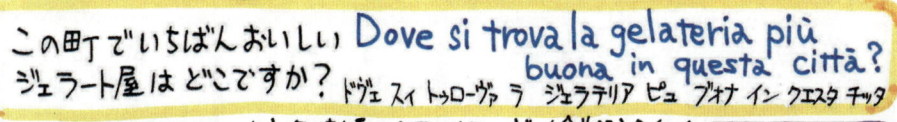

この町でいちばんおいしい　**Dove si trova la gelateria più**
ジェラート屋は どこですか？　**buona in questa città?**
ドヴェ スィ トゥローヴァ ラ ジェラテリア ピュ ブオナ イン クエスタ チッタ

夕方のバール
夕方5時頃からアペリティーヴォ（食前酒）タイム！
つまみも豊富

当店の食前酒 **aperitivo della casa** アペリティーヴォ デッラ カーサ	スパークリングワイン **spumante** スプマンテ	ビール **birra** ビッラ
おつまみ **stuzzichini** ストゥッツィキーニ	一口パイ **salatini** サラティーニ	カナッペ **crostini** クロスティーニ

持ち帰ります

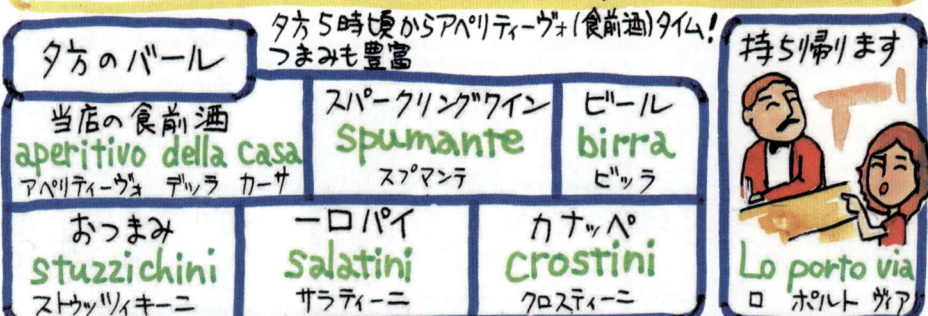

Lo porto via
ロ ポルト ヴィア

サッカー calcio
カルチョ

→有名人 P⑦⓪

calcio

スタジアム
stadio スタディオ

ゴール裏
curva クルヴァ

○ vs △
○ **contro** △
コントロ

ゴール
GOAL ゴール

メイン・バックスタンド
tribuna トゥリブーナ

熱狂的なファン
tifoso ティフォーゾ

がんばれ！
Forza！ フォルツァ

うまいぞ！
Bravo！ ブラーヴォ

なんてこった！
Porca miseria ポルカ ミゼーリア

ホーム＆アウェイ **andata e ritorno** アンダータ エ リトルノ	ホームチーム **squadra ospitante** スクアドラ オスピタンテ	
アウェイチーム **squadra ospite** スクアドラ オスピテ	売り切れ **tutto esaurito** トゥット エザウリート	ダフ屋 **bagarino** バガリーノ

チケット売場 **biglietteria** ビリエッテリア （ユベントス戦やダービーマッチ以外は ほぼ 当日の会場でチケットは入手できる）

フォワード **attaccante** アッタッカンテ	トップ下 **trequartista** トゥレクアルティスタ	ミッドフィルダー **Centrocampista** チェントロ カンピスタ
ディフェンス **difensore** ディフェンソーレ	ゴールキーパー **portiere** ポルティエーレ	監督 **allenatore** アッレナトーレ

得点者 **marcatore** マルカトーレ	選手 **giocatore** ジョカトーレ	チーム **squadra** スクアードラ	試合 **partita** パルティータ

ＰＫ **rigori** リゴーリ	コーナーキック **calcio d'angolo** カルチョ ダンゴロ	オフサイド **fuori gioco** フォーリ ジョーコ
ファウル **fallo** ファッロ	退場 **espulsione** エスプルスィオーネ	トトカルチョ **totocalcio** トト カルチョ

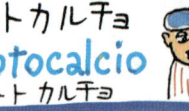

セリエA **serie A** セーリエ アー	セリエA優勝チーム **scudetto** スクデット	チャンピオンズリーグ **champion's League** チャンピオンズ リーグ	UEFA カップ **coppa UEFA** コッパ ウエファ

サッカーチームとファンの呼び名

Juventus
ユヴェントゥス  **juventino**
ユヴェンティーノ

Inter
インテル  **interista**
インテリスタ

Milan
ミラン  **milanista**
ミラニスタ

Lazio
ラツィオ  **laziale**
ラツィアーレ

Roma
ローマ  **romanista**
ロマニスタ

Catania
カターニア  **catanesi**
カタネーズィ

Parma
パルマ 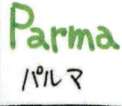 **parmense**
パルメンセ

Fiorentina
フィオレンティーナ  **viola**
ヴィオラ

Perugia
ペルージア  **grifone**
グリフォーネ

Reggina
レッジーナ  **reggino**
レッジーノ

Bologna
ボローニャ **rossoblu**
ロッソブルー

どっちが勝ったの？
chi ha vinto?
キ ア ヴィント

どのチームが好きですか？
Per quale squadra tiene?
ペル クアーレ スクアードラ ティエーネ

ワールドカップ
coppa del mondo
コッパ デル モンド

イタリア代表チーム
gli azzurri
リ アッズーリ

代表監督
CT
チーティー

中田英寿 **Hidetoshi Nakata** イデトシ ナカタ — Perugia, Parma, AS Roma, Fiorentina

長友佑都 **Yuto Nagatomo** イウト ナガトーモ — Inter Milano

本田圭佑 **Keisuke Honda** ケイスーケ オンダ — AC Milan

スポーツ sport
スポルト

どのスポーツが好きですか?
Quale sport Le piace?
クアーレ スポルト レ ピアーチェ

私は〜をします
Faccio〜
ファッチョ

〜を観るのが好きです
Mi piace guardare〜
ミ ピアーチェ グアルダーレ

イタリア（日本）は〜が強いよ
L'Italia（Il Giappone）è forte per〜
リターリア（イル ジャッポーネ）エ フォルテ ペル

水泳 **nuoto** ヌオート	スキー **sci** シー	スノーボード **snowboard** ズノウボルドゥ	テニス **tennis** テニス
バレーボール **pallavolo** パッラヴォーロ	バスケットボール **basket** バスケット	ラグビー **rugby** ルグビー	野球 **baseball** ベースボール
体操 **ginnastica** ジンナスティカ	ボクシング **pugilato** プジラート	柔道 **judo** ジュード	ペタンク（鉄球投げ）**bocce** ボッチェ
ヨット **vela** ヴェーラ	トライアスロン **triathlon** トゥリアトロン	フェンシング **scherma** スケルマ	ホッケー **hockey** オケイ
マラソン **maratona** マラトーナ	ジョギング **jogging** ジョッギング	ゴルフ **golf** ゴルフ	スキューバダイビング **pesca subacquea** ペスカ スバックエア
登山 **alpinismo** アルピニズモ	陸上 **atletica** アトゥレーティカ	卓球 **ping-pong** ピンポン	バドミントン **badminton** バドゥミントン

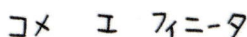

結果はどうでしたか？ **Come è finita?**
コメ エ フィニータ

だれ（どっち）が勝ちましたか？ **Chi ha vinto?**
キ ア ヴィント

F 1 **Formula 1** フォルムラ ウーノ	レース **corsa** コルサ	レーサー **pilota** ピロータ	サーキット **autodromo** アウトドローモ
周 **giro** ジーロ	クルマ **macchina** マッキナ	エンジン **motore** モトーレ	タイヤ **gomma** ゴンマ
バイク **moto** モート	グランプリ **G.P.** ジーピー	ミレミリア **millemiglia** ミッレミリア	コンストラクター **costruttore** コストゥルットーレ
モータースポーツ **moto-ciclismo** モト チクリズモ	サイクルスポーツ **ciclismo** チクリズモ	モトGP **moto GP** モト ジピ	GP 125 ジピ チェント ヴェンティ チンクエ
自転車 **bicicletta** ビチ クレッタ	イタリア一周レース **Giro d'Italia** ジーロ ディターリア	レーストップの選手が 着るユニフォーム **maglia rosa** マッリア ローザ	速い！ **veloce!** ヴェ ローチェ

タイムはどれくらいですか？
Che tempo ha fatto?
ケ テンポ ア ファット

行け！
ALLEZ!
アレ！

移動
あいさつ
観光
数字買物
時間
食事
文化

歌手
mina
ミーナ

イタリアの美空ひばり

歌手
Renato Zero
レナート・ゼロ

イタリアの美川憲一

Laura Pausini
Laura Pausini
ラウラ・パウジーニ

歌手

歌手
Zucchero
ズッケロ

イタリアの紅白歌合戦
Festival di Sanremo
フェスティヴァル
ディ サンレモ

SANREMO

歌手
Jovanotti
ジョヴァノッティ

オペラ歌手
Luciano Pavarotti
ルチアーノ・
パヴァロッティ

2007年に亡くなった、テノール

オペラ歌手
Andrea Bocelli
アンドレア・ボチェッリ

サッカー選手
Roberto Baggio
ロベルト・バッジョ

サッカー選手
Alessandro Del Piero
アレッサンドロ・デル・ピエロ

サッカー選手
Francesco Totti
フランチェスコ・トッティ

サッカー選手
Fabio Cannavaro
ファビオ・カンナヴァーロ

スキー選手
Alberto Tomba
アルベルト・トンバ

バイクレーサー
Valentino Rossi
ヴァレンティーノ・ロッシ

FIAT

歌手
Pino Daniele
ピーノ・ダニエーレ

TVキャラ
Veline
ヴェリーネ
人気番組"STRISCIA la notizia"の踊り子さん

Nek
歌手
ネック

TV女優
Sabrina Ferilli
サブリナ・
フェリッリ

歌手
Eros Ramazzotti
エロス・ラマゾッティ

TVキャラ
Gabibbo
ガビッボ
人気番組"STRISCIA la notizia"の赤いぬいぐるみ

映画俳優
Sofia Loren
ソフィア・ローレン

映画俳優
Marcello Mastroianni
マルチェロ・マストロヤンニ

映画 P.72

映画俳優
Monica Bellucci
モニカ・ベルッチ

画家
Amedeo Modigliani
アメデオ・モディリアーニ

政治家
Silvio Berlusconi
シルヴィオ・ベルルスコーニ

フェラーリ創業者
Enzo Ferrari
エンツォ・フェッラーリ

企業家
Luca di Montezemolo
ルカ・ディ・モンテゼーモロ
フィアットの会長

企業家
Giovanni Agnelli
ジョヴァンニ・アニェッリ
フィアットの元会長（ジャンニは通称）

有名人

文化

ひと・家　トラブル　その他

→ P66

旅行する **Viaggiare** ヴィアッジャーレ	釣り **pesca** ペスカ	スポーツ *1 **sport** スポルトゥ	サッカー観戦 **andare allo stadio** アンダーレ アッロ スタディオ
狩猟 **caccia** カッチャ	日曜大工 **bricolage** ブリコラージュ	スポーツ ジム に行く **andare in palestra** アンダーレ イン パレストゥラ	キャンピング **campeggio** カンペッジョ
音楽 **musica** ムーズィカ	楽器演奏 **esecuzione musicale** エセクツィオーネ ムズィカーレ	ドライブ **viaggio in macchina** ヴィアッジョ イン マッキナ	乗馬 **equita- zione** エクイタ ツィオーネ
映画 **andare al cinema** アンダーレ アル チネマ	読書 **leggere** レッジェレ	チェス **scacchi** スカッキ	ダンス **danza** ダンツァ

あなたの好きなイタリア映画は？ **Quale film italiano Le piace ?** クアーレ フィルム イタリアーノ レ ピアーチェ	オススメの映画は？ **Quale film italiano? mi consiglia ?** クアーレ フィルム イタリアーノ ミ コンスィリア

男優 **attore** アットーレ Giancarlo Giannini	女優 **attrice** アットゥリーチェ Claudia Cardinale	監督 **regista** レジスタ Federico Fellini

おもしろかった **È stato divertente** エッ スタート ディヴェルテンテ	つまらなかった **Non è stato divertente.** ノネ スタート ディヴェルテンテ	シリアス **serio** セリオ	コメディ **Commedia** コンメディア
まあまあ **Così così.** コズィ コズィ	とても気に入った **Mi è piaciuto molto.** ミ エ ピアチュート モルト	アクション **d'azione** ダッツィオーネ	ホラー **orrore** オッローレ

*1「ランニング／ correre ／コッレレ」「自転車／ bici ／ビーチ」

左側縦タブ：移動／あいさつ／観光／数字／買物／時間／食事／文化

hobby e cinema

写真
fotografia
フォトグラフィーア

ガーデニング
giardinaggio
ジャルディナッジオ

観劇
andare a teatro
アンダーレ ア テアートゥロ

絵
dipingere
ディピンジェレ

家族と過ごす
passare il tempo con la famiglia
パッサーレ イル テンポ コン ラ ファミッリア

おしゃべりする
chiacchierare
キアックキェラーレ

ショッピング
shopping
ショッピング

ペットと遊ぶ
giocare con gli animali domestici
ジョッカーレ コン リ アニマーリ ドメスティチ

食べ歩き *2
andare in vari ristoranti
アンダーレ イン ヴァーリ リストランティ

カラオケ
karaoke
カラオーケ

テレビゲーム
video gioco
ヴィデオジオーコ

ナンパする
fare la corte
ファーレ ラ コルテ

ソファーの上でゴロゴロしながら サッカー観戦
sdraiarsi sul divano e guardare la partita di calcio
ズドゥライアルスィ スル ディヴァーノ エ グアルダーレ ラ パルティータ ディ カルチョ

代表的な映画とその監督

自転車泥棒 (1948年)
Ladri di biciclette
ヴィットリオ・デ・シーカ
Vittorio De Sica

甘い生活 (1959年)
la dolce vita
フェデリコ・フェリーニ
Federico Fellini

山猫 (1963年)
il gattopardo
ルキノ・ヴィスコンティ
Luchino Visconti

ラストエンペラー (1987年)
l'Ultimo imperatore
ベルナルド・ベルトルッチ
Bernardo Bertolucci

ニューシネマパラダイス (1989年)
nuovo cinema paradiso
ジュゼッペ・トルナトーレ
Giuseppe Tornatore

ライフ イズ ビューティフル (1998年)
La vita è bella
ロベルト・ベニーニ
Roberto Benigni

息子の部屋 (2001年)
la stanza del figlio
ナンニ・モレッティ
Nanni Moretti

ぼくは怖くない (2003年)
Io non ho paura
ガブリエーレ・サルヴァトーレス
Gabriele Salvatores

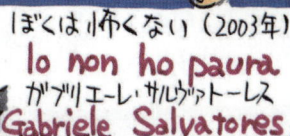

デザイン disegno
ディゼーニョ

→家具は「家 P⑦⑥」にあります

家具
Cassina
カッシーナ

家具
Driade
ドリアデ
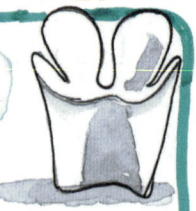

家具
Kartell
カルテル

プロダクト デザイン 雑誌
Domus
ドームス

照明
Artemide
アルテミデ

ミラノ中を巻き込んだ家具見本市
Salone del Mobile
サローネ　デル
モビーレ

プロダクト デザイナー
Enzo Mari
エンツォ　マリ

キッチンウェア
Alessi
アレッスィ

プロダクト デザイナー
Ettore Sottosass
エットレ ソットサス

絵本作家
Bruno Munari
ブルーノ ムナーリ

オートバイ
Moto Guzzi
モト・グッツィ

自動車
Ferrari
フェッラーリ

オートバイ
Ducati
ドゥカーティ

自動車
Lamborghini
ランボルギーニ

ファッション
Giorgio Armani
ジョルジォ アルマーニ

どこで買うことができますか？
Dove si può comprare ?
ドヴェ スィ プオ コンプラーレ ？

買い物 P40

ファッション
Prada
プラダ

ファッション
Gucci
グッチ

ファッション
Bulgari
ブルガリ

時計
Panerai
パネライ

ファッション
Fendi
フェンディ

ファッション
Emilio Pucci
エミリオ プッチ

ファッション
Dolce & Gabbana
ドルチェ エ ガッバーナ

ファッション
Tods
トッズ

自動車
Alfaromeo
アルファロメオ

カーデザイン
Giugiaro
ジウジアーロ

自動車
Lancia
ランチャ

カーデザイン
Pininfarina
ピニンファリーナ

デザイン

文化

ひと・家　トラブル　その他

家 casa
カーサ

① ドア　porta
ポルタ

② 本棚　libreria
リブレリーア

③ テーブル　tavolo
ターヴォロ

④ イス　sedia
セディア

⑤ オーヴン　forno
フォルノ

⑥ ガスレンジ　fornelli
フォルネッリ

⑦ 冷蔵庫　frigorifero
フリゴリーフェロ

これはなんていうの？
Come si dice questo?
コメ スィ ディーチェ クエスト

⑧ 長イス ソファ　divano
ディヴァーノ

⑨ じゅうたん　tappeto
タッペート

⑩ リモコン　tele-comando
テレコマンド

⑪ テレビ　televisione
テレヴィズィオーネ

⑫ 換気口 **aspiratore** アスピラトーレ

⑬ 窓 **finestra** フィネストラ

⑭ 蛇口 **rubinetto** ルビネット

⑮ バスタブ **vasca da bagno** ヴァスカ ダ バーニョ

⑯ ビデ **bidé** ビデ

⑰ 便器 **water** ヴァーテル

⑱ 鏡 **specchio** スペッキオ

⑲ 洗面台 **lavabo** ラヴァーボ

1階 **piano terra** ピアノ テッラ

2階 **primo piano** プリモ ピアーノ

2階以降 **序数詞＋piano** ピアーノ ＊ ↰ P 38 参照

⑳ ひじかけソファ **poltrona** ポルトローナ

㉑ ベッド **letto** レット

㉒ ナイトテーブル **comodino** コモディーノ

㉓ まくら **cuscino** クッシーノ

㉔ たんす **armadio** アルマディオ

家

ひと・家 トラブル その他

いる（私は持っている）	～に住んでいる	～である（同一）
ho	abito a～	e～
オ	アービト ア	エ

この人 questa persona クエスタ ペルソーナ	男性 uomo ウオーモ	はい si スィ
あの人 quella persona クエッラ ペルソーナ	女性 donna ドンナ	いいえ No ノー

わたし io イオ	君 tu トゥ	あなた Lei レイ	彼 lui ルイ	彼女 lei レイ
わたしたち noi ノイ	あなたたち voi ヴォイ		彼ら loro ローロ	

愛している amare アマーレ	恋人（男）ragazzo ラガッツォ	恋人（女）ragazza ラガッツァ
愛し合う amarsi アマルスィ	婚約者（男）fidanzato フィダンザート	婚約者（女）fidanzata フィダンザータ
結婚する sposarsi スポザルスィ 	離婚する divorziare ディヴォルツィアーレ	不倫の恋 amore immorale アモーレ インモラーレ
～と気が合う andare d'accordo con アンダーレ ダッコルド コン	～とけんかする litigare con～ リティガーレ コン	～と同居する abitare con～ アビターレ コン

家族 famiglia ファミッリア	父 padre パードレ	母 madre マードレ
兄弟 fratello フラテッロ	姉妹 sorella ソレッラ	おじいさん nonno ノンノ	おばあさん nonna ノンナ
兄 fratello maggiore フラテッロ マージョーレ	姉 sorella maggiore ソレッラ マッジョーレ	おじさん zio ズィーオ	おばさん zia ズィーア
弟 fratello minore フラテッロ ミノーレ	妹 sorella minore ソレッラ ミノーレ	おい(男の孫)※ nipote ニポーテ	めい(女の孫)※ nipote ニポーテ
夫 marito マリート	妻 moglie モーリエ	しゅうと suocero スオーチェロ	しゅうとめ suocera スオーチェラ
息子 figlio フィッリオ	娘 figlia フィッリア	いとこ(男) cugino クジーノ	いとこ(女) cugina クジーナ
男の子 bambino バンビーノ	女の子 bambina バンビーナ	名付け親(ゴッドファーザー) padrino パドリーノ	親戚 parente パレンテ

家族

ひと・家 トラブル その他

友だち(男) amico アミーコ	友だち(女) amica アミーカ	親友(女) migliore amica ミッリオーレ アミーカ	親友(男) miglior amico ミッリオーラ ミーコ
同僚 collega コッレーガ	同郷3人 compaesano コンパエザーノ	異邦人 straniero ストラニエーロ	隣人 vicino ヴィチーノ

都会 città チッタ	いなか campagna カンパーニャ	愛人 amante アマンテ

※ 孫も男女とも nipote ニポーテ (79)

ひとの性格 caratteri
カラッテリ

→形容詞 P94 も参照

私は〜です **Sono 〜** ソーノ 	君は〜です **Sei 〜** セイ 

とても〜 **molto 〜** モルト	少し〜 **un po' 〜** ウン ポ	あまりにも〜すぎる **troppo 〜** トゥロッポ

かっこいい **bello** ベッロ	男らしい **macho** マーチョ	超いい女（その1） **strafiga** ストゥラフィーガ
ブサイク **brutto** ブルット	女の子っぽい **femminuccia** フェンミヌッチャ	超いい女 （その2） **bella gnocca** ベッラ　ニョッカ
大酒飲み **ubriacone** ウブリアクーネ	豪気な **coraggioso** コラッジョーゾ	上品な **elegante** エレガンテ
下戸 **astemio** アステミオ	臆病な **timido** ティミド	下品な **trasandato** トゥラザンダート
洗練された **raffinato** ラフィナート	けちな **avaro** アヴァーロ	食いしん坊 **goloso** ゴローゾ 

移動　あいさつ　観光　数字・買物　時間　食事　文化　ひと・家

caratteri

愛称	太っちょ ciccio チッチョ 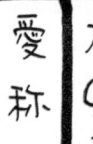	宝物 tesoro テゾーロ	いとしい人 amore アモーレ	喜び gioia ジョイア 

信心深い religioso レリジョーゾ	幸せな felice フェリーチェ	ラッキーな fortunato フォルトゥナート
無宗教の ateo アーテオ	不幸な infelice インフェリーチェ	アンラッキーな sfortunato スフォルトゥナート
単純な semplice センプリチェ	行儀のよい educato エドゥカート	頭の切れる sveglio スヴェッリオ
気難しい schizzinoso スキッツィノーゾ	行儀の悪い maleducato マレドゥカート	不器用な imbranato インブラナート
ユーモアのある spiritoso スピリトーゾ	やる気のない apatico アパーティコ	女たらし donnaiolo ドンナイオーロ
真面目な serio セリオ	情熱的な appassionato アッパッスィオナート	えっちな pervertito ペルヴェルティート
田舎モノ(悪い意味) cafone カフォーネ 	ばかな stupido ストゥピド 	ろくでなし disgraziato ディスグラッツィアート

ひとの性格

体と病気 corpo e malattia
コルポ エ マラッティア

※主語は「私」として表記しています。

具合がわるい	カゼをひいた	熱がある
Mi sento male	Ho preso il raffreddore	Ho la febbre
ミ セント マーレ	オ プレーゾイル ラッフレッドーレ	オ ラ フェッブレ

食欲がない	吐き気がする	下痢している
Non ho appetito	Ho la nausea	Ho la diarrea
ノン オ アッペティート	オ ラ ナウゼア	オ ラ ディアッレア

貧血だ	めまいがする	疲れた
Ho l'anemia	Mi gira la testa	Sono stanco
オ ラ ネ ミー ア	ミ ジーラ ラ テスタ	ソーノ スタンコ

咳	くしゃみ	ハナ水	悪寒
tosse	Starnuto	moccio	brivido
トッセ	スタルヌート	モッチョ	ブリーヴィド

ハチに刺された	かゆい	発疹	じんましん
Mi ha punto una vespa	prurito	eruzione	orticaria
ミ ア プント ウナ ヴェスパ	プルリート	エルツィオーネ	オルティカーリア

ケガをした	ねんざ	骨が折れた
Mi sono ferito	storta	Mi sono rotto l'osso
ミ ソーノ フェリート	ストルタ	ミ ソーノ ロット ロッソ

ヤケドした	出血	息苦しい	生理痛
Mi sono bruciato	emorragia	soffoco	dolori mestruali
ミ ソーノ ブルチャート	エモッラジーア	ソッフォコ	ドローリ メストゥルアーリ

病院に行きます →P84	耳なりがする
Vado all'ospedale	Mi fischiano le orecchie
ヴァード アッロスペダーレ	ミ フィスキアノ レ オレッキエ

医者を呼んでください	救急車を呼んでください
Può chiamare un medico?	Può chiamare l'ambulanza?
プオ キアマーレ ウン メディコ	プオ キアマーレ ランブランツァ

＊汗 Sudore ＊体温計 termometro ＊失神 svenimento
スドーレ テルモーメトロ スヴェニメント

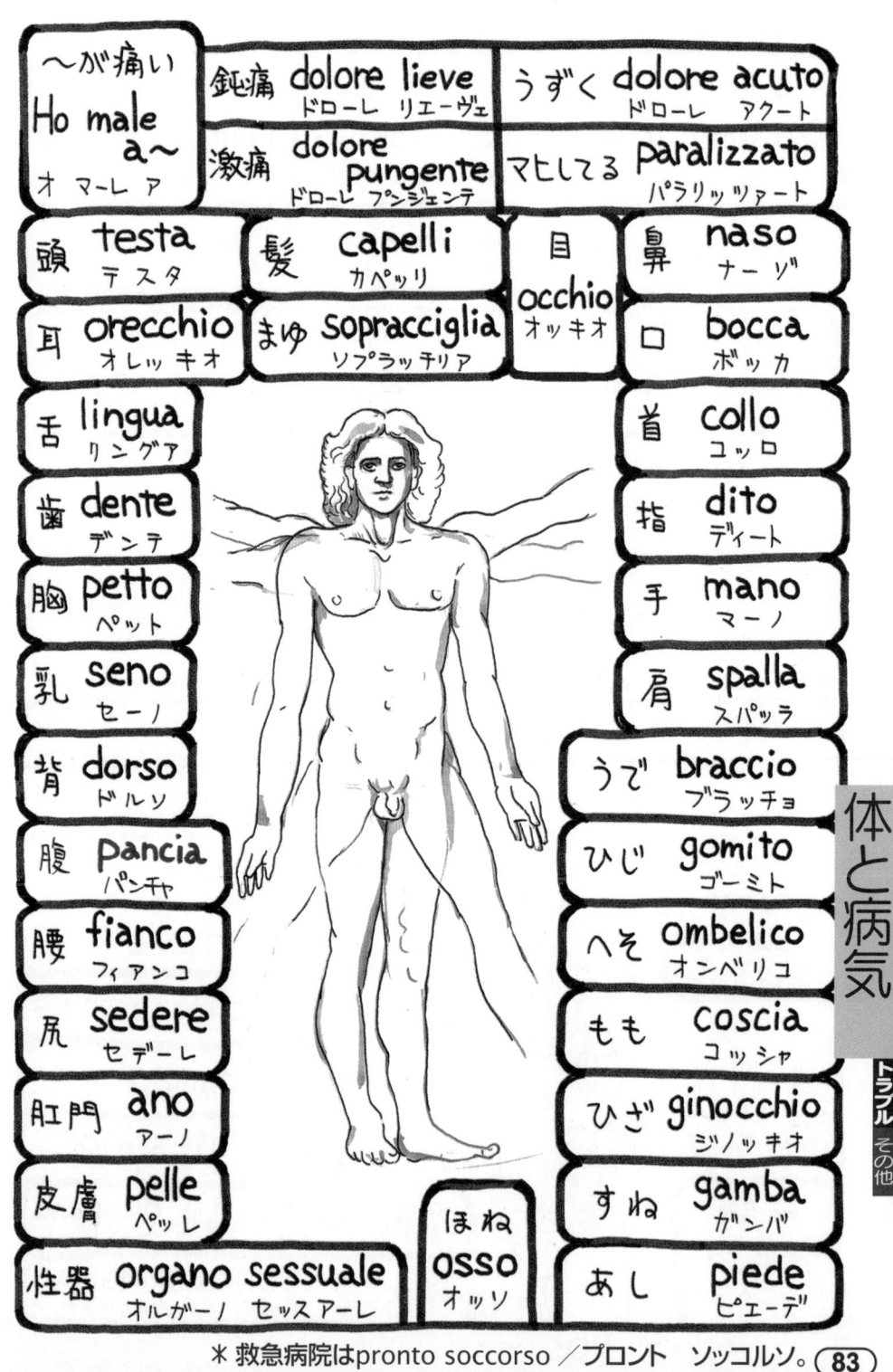

日本語	イタリア語		日本語	イタリア語

〜が痛い **Ho male a〜** オ マーレ ア

鈍痛 **dolore lieve** ドローレ リエーヴェ

うずく **dolore acuto** ドローレ アクート

激痛 **dolore pungente** ドローレ プンジェンテ

マヒしてる **paralizzato** パラリッツァート

頭 **testa** テスタ

髪 **capelli** カペッリ

目 **occhio** オッキオ

鼻 **naso** ナーゾ

耳 **orecchio** オレッキオ

まゆ **sopracciglia** ソプラッチリア

口 **bocca** ボッカ

舌 **lingua** リングァ

歯 **dente** デンテ

胸 **petto** ペット

乳 **seno** セーノ

背 **dorso** ドルソ

腹 **pancia** パンチャ

腰 **fianco** フィアンコ

尻 **sedere** セデーレ

肛門 **ano** アーノ

皮膚 **pelle** ペッレ

性器 **organo sessuale** オルガーノ セッスアーレ

ほね **osso** オッソ

首 **collo** コッロ

指 **dito** ディート

手 **mano** マーノ

肩 **spalla** スパッラ

うで **braccio** ブラッチョ

ひじ **gomito** ゴーミト

へそ **ombelico** オンベリコ

もも **coscia** コッシャ

ひざ **ginocchio** ジノッキオ

すね **gamba** ガンバ

あし **piede** ピエーデ

体と病気

トラブル その他

＊ 救急病院はpronto soccorso ／プロント　ソッコルソ。 (83)

左側縦書き: 移動 あいさつ 観光 数字・買物 時間 食事 文化 ひと・家 **トラブル**

左側縦書き: malattia e ospedale

具合がわるい
Mi sento male.
ミ セント マーレ

たいしたことありません
Nulla di grave.
ヌッラ ディ グラーヴェ

あなたはすぐ治りますよ
Guarisce subito.
グアリッシェ スービト

日本語は通じますか？
Si può comunicare in giapponese ?
スィ プオ コムニカーレ イン ジャッポネーゼ

どのくらいで治りますか？
Quando guarisco ?
クアンド グアリスコ

旅行を続けていいですか？
Posso continuare il viaggio?
ポッソ コンティヌアーレ イル ヴィアッジョ

気分が良くなりました
Mi sento meglio.
ミ セント メッリオ

具合がもっと悪くなりました
Mi sento peggio.
ミ セント ペッジョ

帰っていいです
Può andare via.
プオ アンダーレ ヴィーア

安静にしてください
Stia a riposo.
スティア ア リポーゾ

アレルギー体質です
Sono allergico
ソーノ アッレルジコ

妊娠しています
Sono incinta
ソーノ インチンタ

保険に入っています
Sono assicurato
ソーノ アッスィクラート

血液型
gruppo Sanguigno
グルッポ サングイーニョ

盲腸
appendice
アッペンディーチェ

肝臓
fegato
フェーガト

のど **gola** ゴーラ

心臓 **cuore** クオーレ

肺 **polmone** ポルモーネ

胃 **stomaco** ストーマコ

腸 **intestino** インテスティーノ

じん臓 **rene** レーネ

十二指腸 **duodeno** ドゥオデーノ

ぼうこう **vescica urinaria** ヴェシカ ウリナーリア

※ エイズ **AIDS** アイズ

注射 iniezione イニエツィオーネ	点滴 flebo フレーボ	肺炎 polmonite ポルモニーテ	結核 tubercolosi トゥベルコローズィ
入院 ricovero in ospedale リコーヴェロ イン オスペターレ		かいよう ulcera ウールチェラ	食べすぎ indigestione インディジェスティオーネ
手術 operazione オペラツィオーネ		ぜんそく asma アズマ	日射病(熱射病) colpo di sole コルポ ディ ソーレ

～の検査 esame di ～ エザーメ ディ

血 sangue サングェ	便 feci フェーチ	尿 urina ウリーナ

盲腸 appendicite アッペンディチーテ	糖尿病 diabete ディアベーテ
高血圧 pressione alta プレッシィオーネ アルタ	低血圧 pressione bassa プレッシィオーネ バッサ
ぼうこう炎 cistite チスティーテ	たん石 calcolosi カルコローズィ

薬局はどこですか？
Dov'è la farmacia?
ドーヴェ ラ ファルマチーア

このマークが目印

薬局 farmacia ファルマチーア

医薬分業が徹底しているイタリアでは、医者から処方箋をもらい、薬局で薬を購入します。

～をください Posso avere ポッソ アヴェーレ	処方箋 ricetta リチェッタ
診断書 certificato di medico チェルティフィカート ディ メディコ	領収書 ricevuta リチェヴータ

～薬 medicina per～ メディチーナ ペル	カゼ raffreddore ラッフレッドーレ	解熱剤 aspirina アスピリーナ	抗生物質 antibiotico アンティビオーティコ
うがい薬 colluttorio コッルットーリオ	腹痛 mal di pancia マール ディ パンチャ	下痢止め antidiarroico アンティディアッロイコ	鎮痛剤 sedativo セダティーヴォ

一日～回 ～volte al giorno ヴォルテ アル ジョルノ	1回～錠 ～pastiglia alla volta パスティリア アッラ ヴォルタ
毎食後 飲みなさい La prenda dopo ogni pasto ラ プレンダ ドーポ オンニ パスト	食後 dopo i pasti ドポ イ パスティ	食前 prima dei pasti プリマ デイ パスティ

トラブル disguido
ディスクイード

→ホテル P⑩

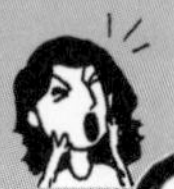

水（お湯）が出ない	Non esce l'acqua (l'acqua calda)	ノン エッシェ ラックア （ラックア・カルダ）
電気（テレビ）がつかない	Non si accende la luce (TV)	ノン スィ アッチェンデ ラ ルーチェ（ティーヴー）
エアコンの調子が悪い	Non funziona l'aria condizionata	ノン フンツィオーナ ラリア コンディツィオナータ
WiFiがつながらない	Non prende WiFi	ノン プレンデ ワイファイ
充電が切れた	Scaricata la batteria	スカリカータ ラ バッテリーア
電話がかけられない	Non riesco a telefonare	ノン リエスコ ア テレフォナーレ
ドアがあかない（しまらない）	Non riesco ad aprire (a chiudere) la porta	ノン リエスコ アド アプリーレ（ア キウデーレ） ラ ポルタ
カギを部屋に忘れてしまった	Ho lasciato la chiave in camera	オ ラッシャート ラ キアーヴェ イン カーメラ
トイレットペーパーがない	Non c'è la carta igienica	ノン チェ ラ カルタ イジェーニカ
もう一枚毛布をください	Può portare un'altra coperta?	プオ ポルターレ ウナルトラ コペルタ
そうじをしておいてくれますか？	Può finire la pulizia?	プオ フィニーレ ラ プリツィーア
おカネをなくした	Ho perso i miei soldi	オ ペルソ イ ミエイ ソルディ
ここに電話してください *1	Può telefonare a questo numero?	プオ テレフォナーレ ア クエスト ヌーメロ

→ホテル P⑪も参照

*1「通訳の人を呼んでください／ Può chiamare un interprete. ／プオ キアマーレ ウン インテルプレテ」

移動 あいさつ 観光 数字買物 時間 食事 文化 ひと・家 トラブル disguido

やめてください！
smettila！
ズメッティラ

いらないよ
Non lo voglio
ノン ロ ヴォッリオ

失せやがれ！
Vattene！
ヴァッテネ

早く！
Sbrigati！
ズブリガーティ

助けて！
Aiuto！
アイウート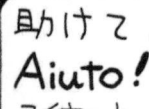

 ドロボー！
Al ladro！
アル ラードロ

スリ **borseggio**
ボルセッジョ

交通事故 **incidente stradale**
インチデンテ ストゥラダーレ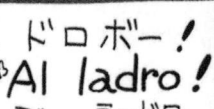

忘れ物をしました
Ho lasciato 〜
オ ラッシャート

〜を盗まれた
Mi hanno rubato 〜
ミ アンノ ルバート

おかね
soldi
ソルディ

財布
portafoglio
ポルタ フォッリオ

パスポート
passaporto
パッサポルト

クレジットカード
carta di credito
カルタ ディ クレディト

バッグ
borsa
ボルサ

携帯電話
cellulare
チェッルラーレ

航空券
biglietto d'aereo
ビッリエット ダエーレオ

＊再発行をお願いします **Il rilascio, per favore.**
イル リラッショ ペル ファヴォーレ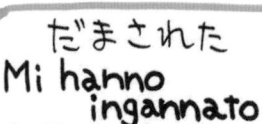

だまされた
Mi hanno ingannato
ミ アンノ インガンナート

なぐられた
Mi hanno colpito
ミ アンノ コルピート

金は払った ＊2
Ho già pagato
オ ジャー パガート

警察 ＊3
polizia
ポリツィーア

盗難証明書
denuncia di furto
デヌンチャ ディ フルト

日本大使館
Ambasciata del Giappone
アンバッシャータ デル ジャッポーネ

紛失証明書がほしいです
Vorrei fare la denuncia di smarrimento.
ヴォッレイ ファーレ ラ デヌンチャ ディ ズマッリメント

〜で被害にあいました
Sono stato vittima a
ソノ スタート ヴィッティマ ア

おちついて！
Calmati！
カールマティ

心配しないで
Non si preoccupi
ノン スィ プレオックピ

仕方ありません **Pazienza** パツィ エンツァ

＊2「料金が違います／Il prezzo è diverso.／イル プレッツォ エ ディヴェルソ」
＊3「警察を呼んでください／Può chiamare la polizia?／プオ キアマーレ ラ ポリツィーア」

日本の文化

culture giapponesi
クルトゥーレ ジャッポネーズィ

~について知っていますか
Sa cosa è ~?
サ コザ エ

少し
un po'
ウン ポ

知りません
Non lo so.
ノン ロ ソ

日本人の有名人を知っていますか？
Conosce un personaggio giapponese?
コノッシェウン ペルソナッジョ ジャッポネーゼ

~を食べたことありますか？
Ha mai mangiato ~?
ア マイ マンジャート

あなたの名前を日本語で書きましょう
Le scrivo il suo nome in Giapponese.
レ スクリーヴォ イルス スオ
ノーメ イン ジャッポネーゼ

大好き
Mi piace molto
ミ ピアーチェ モルト

嫌い
Non mi piace
ノン ミ ピアーチェ

マンガ
manga
マンガ

アニメ
cartoni animati
カルトーニ アニマーティ

キャプテン翼
Holly e Benji
オーリー エ ベンジ

ポケットモンスター
pokemon
ポケモン

北斗の拳
Ken il guerriero
イル グエッリエーロ

釣リキチ三平
Pescatore Sanpei
ペスカトーレ サンペイ

セーラームーン
sailor moon
セイラームーン

ナルト
Naruto
ナルト

ルパン三世
Lupin terzo
ルピンテルツォ

タイガーマスク
uomo tigre
ウオーモ ティグレ

小澤征爾
Seiji Ozawa
direttore d'orchestra

村上春樹
Haruki Murakami
scrittore

風雲たけし城
Takeshi's castle
タケシズ キャッスル

吉本ばなな
Banana Yoshimoto
scrittrice

安藤忠雄
Tadao Ando
Architetto

盆栽
bonsai
ボンサイ

移動 / あいさつ / 観光 / 数字・買物 / 時間 / 食事 / 文化 / ひと・家 / トラブル / その他

culture giapponesi

着物
kimono キモノ
vestito tradizionale di seta

生け花
ikebana イケバナ
arte di disporre i fiori

茶道
cerimonia del te' チェリモニア デル テ
rito sociale e spirituale del te'

芸者
geisha ゲイシャ
tradizionale artista e intrattenitrice

花見
Hanami ハナミ
mangiano e bevono ammirando i fiori di ciliegi

武道
arti marziali アルティ マルツィアーリ

柔道
judo ジュド
tecnica di lotta per la difesa personale

空手
karate カラテ

相撲
sumo スモ

日本料理
cucina giapponese クチーナ ジャッポネーゼ

スシ
sushi スシ

サシミ
sashimi サシミ

てんぷら
tempura テンプラ

すき焼き
sukiyaki スキヤキ

ラーメン
ramen ラメン

酒
sake サケ

豆腐
tofu トフ

ハロー キティ
hello Kitty エッロー キッティ

ウオシュレット
Washlet WC puo' lavare con spruzzo di acqua calda

宮崎駿
Hayao Miyazaki Regista

北野武
Takeshi Kitano Regista e Comico

渡辺謙
Ken Watanabe Attore

黒澤明
Akira Kurosawa Regista

日本の文化
その他

89

日用品 oggetti di uso correnti
オッジェッティ ディ ウーゾ コッレンティ

シャンプー shampoo シャンポー	リンス balsamo バルサモ	メガネ occhiali オッキアーリ	マスク mascherina マスケリーナ
石けん sapone サポーネ	カミソリ rasoio ラゾーイオ	コンタクトレンズ lenti a contatto レンテア コンタット	爪切り taglia- unghie タッリアウンギエ
ブラシ spazzola スパッツォラ	ドライヤー fon フォン	ハブラシ spazzolino da denti スパッツォリーノ ダ デンティ	ハミガキ粉 dentifricio デンティフリーチョ
生理ナプキン assorbente igienico アッソルベンテ イジェーニコ	タンポン assorbente interno アッソルベンテ インテルノ	コンドーム preser- vativo プレゼルヴァティーヴォ	タオル asciu- gamano アッシュガマーノ
下着 intimi インティミ	パンツ（紳士） mutande ムタンデ	パンツ（婦人） mutandine ムタンディーネ	ブラジャー reggiseno レッジセーノ
くつ下 calze カルツェ	エプロン grem- biule グレンビウーレ	陶器 ceramica チェラーミカ	ガラス製品 vetreria ヴェトレリーア
キッチンタイマー conta- minuti コンタミヌーティ	調味料入れ porta- condimenti ポルタコンディメンティ	カトラリー posate ポザーテ	コーヒーメーカー caffet- tiera カッフェッティエーラ
栓抜き apribottiglia アプリボッティッリア	ソムリエ ナイフ cavatappi カヴァタッピ	ランプ lampada ランパダ	キーホルダー portachiave ポルタキアーヴェ

電話 telefono テレーフォノ	携帯電話 cellulare チェッルラーレ	テレビ televisione テレヴィズィオーネ	充電器 *1 ricaricatrice リカリカトリーチェ
デジカメ macchina fotografica digitale マッキナ フォトグラースィカ ディジターレ	USBメモリ chiavetta キアヴェッタ	LAN ケーブル cable カーブル	DVD DVD ディヴィディ / CD CD チーディー
パソコン computer コンピューテル	自動車 macchina マッキナ	オートバイ moto モート	自転車 bici ビーチ
文房具屋 cartoleria カルトレリーア	鉛筆 matita マティータ	ボールペン biro ビーロ	ノート quaderno クアデルノ
はさみ forbici フォールビチ	のり colla コッラ	手帳 agenda アジェンダ	封筒 busta ブスタ / ハガキ cartolina カルトリーナ
タバコ屋 *2 tabacchi タバッキ	タバコ sigarette スィガレッテ / ライター accendino アッチェンディーノ	電子タバコ vape ヴェイプ	切手 francobollo フランコボッロ
新聞 giornale ジョルナーレ	雑誌 rivista リヴィスタ	本 libro リーブロ	切符 →P⑮ biglietto ビッリエット
写真立て portafoto ポルタフォート	カレンダー calendario カレンダーリオ	人形 bambola バンボラ	おもちゃ giocattolo ジョカットロ

日用品

その他

*1 コンセントの変換プラグは「spina dell'adattatore ／スピーナ デッラダッタトーレ」。*2 タバコのほか、印紙、バスの切符なども売っている。

生き物 animali
アニマーリ

日本にいます	沢山います	かわいい
C'è in Giappone	**Ci sono tanti...**	**carino**
チェ イン ジャッポーネ	チ ソーノ タンティ	カリーノ

イタリアにいますか？	あまりいません	こわい
C'è in Italia ?	**Ci sono pochi...**	**pauroso**
チェ イン イターリア	チ ソーノ ポーキ	パウローゾ

ネコ	イヌ	ネズミ	ウサギ
gatto	**cane**	**topo**	**coniglio**
ガット	カーネ	トーポ	コニッリオ

キツネ	オオカミ	ウマ	ロバ
volpe	**lupo**	**cavallo**	**asino**
ヴォルペ	ルーポ	カヴァッロ	アースィノ

ウシ	水牛	ブタ	イノシシ
bue	**bufalo**	**maiale**	**cinghiale**
ブーエ	ブッファロ	マイアーレ	チンギアーレ

ヒツジ	ヤギ	鳥	スズメ
pecora	**capra**	**uccello**	**passero**
ペーコラ	カプラ	ウッチェッロ	パッセロ

ハト	ニワトリ	アヒル	トカゲ
piccione	**gallo**	**anatra**	**lucertola**
ピッチョーネ	ガッロ	アーナトラ	ルチェルトラ

ヘビ	カエル	イルカ	クジラ
serpente	**rana**	**delfino**	**balena**
セルペンテ	ラーナ	デルフィーノ	バレーナ

これを見たこと ありますか？	これを 食べますか？
Ha visto questo? ア ヴィスト クエスト	**Si mangia questo?** スィ マンジャ クエスト
これは なんて いうの？	これは 食べません
Come si chiama questo? コメ スィ キャーマ クエスト	**Non si mangia questo** ノン スィ マンジャ クエスト

魚 **pesce** ペッシェ	マグロ **tonno** トンノ	イワシ **sardina** サルディーナ	ウナギ **anguilla** アングィッラ
昆虫 **insetto** インセット	這う虫 **verme** ヴェルメ	チョウ **farfalla** ファルファッラ	ハチ **vespa** ヴェスパ
ハエ **mosca** モスカ	蚊 **zanzara** ザンザーラ	ゴキブリ **scara-faggio** スカラ ファッ ジョ	キノコ **funghi** フンギ
花 **fiore** フィオーレ	木 **albero** アルベロ	草 **erba** エルバ	葉 **foglia** フォッリア	海草＊ **alga marina** アルガ マリーナ
ひまわり **girasole** ジラ ソーレ	森 **bosco** ボスコ	松 **pino** ピーノ	糸杉 **cipresso** チプレッソ
畑 **campo** カンポ	ぶどう畑 **vigna** ヴィーニャ	オリーブの木 **olivo** オリーヴォ	小麦 **grano** グラーノ

生き物

その他

＊ イタリア人は普通は食べない。

形容詞 aggettivi
アッジェッティーヴィ

→ひとの性格 P⑧⓪

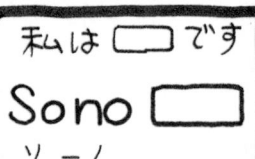

私は □ です
Sono □
ソーノ

男性	私は 美しい	Sono bello
		ソーノ ベッロ

女性	私は 美しい	Sono bella *
		ソーノ ベッラ

移動 あいさつ 観光 数字 買物 時間 食事 文化 ひと・家 トラブル その他

aggettivi

~でない
non è~
ノネ～

~ですね
è~,no?
エ～ ノー

少し～
un po'~
ウン ポ～

とっても～
molto~
モルト～

～すぎる
troppo~
トロッポ～

あまり～ない
non è tanto~
ノネ タント～

全然～ない
non è~ per niente
ノネ～ペルニエンテ

美しい　みにくい
bella ↔ brutto
ベッラ　　ブルット

よい　わるい
buono ↔ cattivo
ブオーノ　カッティーヴォ

大きい　小さい
grande ↔ piccolo
グランデ　ピッコロ

多い　少ない
tanto ↔ poco
タント　ポーコ

(値段)
高い　　安い
caro ↔ economico
カーロ　エコノーミコ

(背)
高い　低い
alto ↔ basso
アルト　バッソ

軽い　重い
leggero pesante
レッジェーロ　ペザンテ

やせて いる　太って いる
magro ↔ grasso
マーグロ　グラッソ

短かい　長い
corto ↔ lungo
コルト　ルンゴ

近い　遠い
vicino ↔ lontano
ヴィチーノ　ロンターノ

寒い(冷たい)　涼しい　暑い(熱い)
freddo >fresco> caldo
フレッド　フレスコ　カルド

＊ この例のように、主語が女性の場合、形容詞の語尾は〈-o〉から〈-a〉に変わる。第2部の文法も参照のこと。

新しい	古い	若い	年寄り	親切な
nuovo↔vecchio		giovane↔anziano		gentile
ヌオーヴォ　ヴェッキオ		ジョーヴァネ　アンツィアーノ		ジェンティーレ

速い	遅い	簡単な	むずかしい	むかつく
veloce ↔ lento		facile↔difficile		schifoso
ヴェローチェ　レント		ファーチレ　ディフィーチレ		スキフォーゾ

正しい	まちがった	本当の	うその	おしゃべり
giusto↔sbagliato		vero ↔ falso		chiacchie-rone
ジュスト　ズバッリアート		ヴェーロ　ファルソ		キアッキエローネ

明るい	暗い	ひまな	忙しい	わがまま
chiaro↔scuro		libero↔occupato		capric-cioso
キアーロ　スクーロ		リーベロ　オックパート		カプリッチョーゾ

おもしろい	たいくつな	かんじいい	やなかんじ	いかれてる
interes-sante ↔ noioso		sim-patico ↔ anti-patico		pazzo
インテレッサンテ　ノイオーゾ		スィンパーティコ　アンティパーティコ		パッツォ

金持ち	貧乏	あたまいい	あたまわるい	マフィアっぽい
ricco↔povero		intelli-gente ↔ scemo		mafioso
リッコ　ポーヴェロ		インテリジェンテ　シェーモ		マフィオーゾ

形容詞

その他

◎は△ですか？	□より○○です	ゲイ
è　△　◎ ？	è più○○di □	finocchio
エ　形容詞　名詞	エ ピュー 形容詞 ディ 名詞	フィノッキオ

動詞・疑問詞 verbi & interrogativi
ヴェールビ インテルロガティーヴィ

なに che cosa ケ コーザ	いつ →月日と年月 P⑤⓪ quando クアンド	誰が chi キ	どうやって come コメ	さっき poco fa ポコ ファ
				今 adesso アデッソ
なぜ perché ペルケ	どこへ・どこで dove ドーヴェ	どこから da dove ダ ドーヴェ	どこまで fin dove フィンドーヴェ	あとで dopo ドーポ

～できる potere ポテーレ	私は～できる posso～ ポッソ	私は～できない non posso～ ノン ポッソ	(私)～していい? posso～? ポッソ
～したい volere ヴォレーレ	私は～したい vorrei～ ヴォッレイ	私は～したくない non voglio ノン ヴォッリオ	～しましょう facciamo～ ファッチャーモ
～しなくては ならない dovere ドヴェーレ	私は～しなくては ならない devo～ デーヴォ	私は～しては いけない non devo～ ノン デーヴォ	～したほうがよい è meglio～ エ メッリオ
もう～した già finito di～ ジャ フィニート ディ	まだ～してない non ho ancora～ ノノ アンユーラ	～したことがない mai～ マイ	～しないほうがよい sarebbe meglio non～ サレッペ メッリオ ノン

ある c'è チェ	別れる separarsi セパラルスィ	尋ねる chiedere キエーデレ	探す cercare チェルカーレ	教える indicare インディカーレ
勉強する studiare ストゥディアーレ	覚えている ricordarsi リコルダルスィ	忘れる dimenti- carsi ディメンティカルスィ	入る entrare エントラーレ	出る uscire ウッシーレ

私 io イオ	君 tu トゥ	あなた Lei レイ	彼 lui ルイ	彼女 lei レイ
始まる cominciare コミンチャーレ	歩く  camminare カンミナーレ	走る  correre コッレレ	帰る tornare トルナーレ	来る venire ヴェニーレ
終わる finire フィニーレ	笑う ridere リーデレ	送る mandare マンダーレ	受け取る ricevere リチェーヴェレ	読む  leggere レッジェレ
見る vedere ヴェデーレ	書く  scrivere スクリーヴェレ	話す parlare パルラーレ	聞く ascoltare アスコルターレ	理解する capire カピーレ
知る  conoscere コノッシェレ	 思う pensare ペンサーレ	気をつける fare attenzione ファーレアッテンツィオーネ	眠る  dormire ドルミーレ	起きる alzarsi アルツァルスィ
開く aprire アプリーレ	閉じる chiudere キウーデレ	～になる diventare ディヴェンターレ	～をする・作る fare ファーレ	とどまる rimanere リマネーレ
買う comprare コンプラーレ	売る vendere ヴェンデレ	生きる vivere ヴィーヴェレ	立つ  alzarsi アルツァルスィ	座る  sedersi セデルスィ
切る 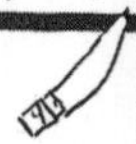 tagliare タッリアーレ	使う usare ウザーレ	働く lavorare ラヴォラーレ	約束する promettere プロメッテレ	好き piacere ピアチェーレ

動詞・疑問詞

その他

(97)

住所を尋ねる Chiedere l'indirizzo
キエーデレ リンディリッツォ

～を教えてください　Mi può dare ～?
ミ　プオ　ダーレ

名前	住所	電話番号	メールアドレス
nome	indirizzo	numero di telefono	E-mail
ノーメ	インディリッツォ	ヌーメロ ディ テレーフォノ	イーメイル
Facebook	twitter	Instagram	WhatsApp
Facebook	twitter	Instagram	WhatsApp *
フェイスブック	トゥイッテル	インスタグラム	ワッツアップ

あなたに ～ を送ります　Le (Ti) mando ～
（君に）　　　　　　　　　レ（ティ）マンド

Eメール	手紙	写真
E-mail	lettera	foto
イーメイル	レッテラ	フォト

ここに書いてください

Può scrivere qui ?
プオ スクリーヴェレ クイ

住所を尋ねる

＊イタリアでいちばん使われているメッセージングアプリ（日本でいえばLINE）。

第2部

イタリアで楽しく
会話するために

"第2部"は、超初心者向けに文法や

コミュニケーションのコツを解説しています。

話す力も、話す内容の幅も確実にワンランクアップできます。

イタリア語の基礎

超文法でふれあう指先

まさか、この本を読んでイタリア語をマスターしようという人はいませんよね。ここから先は、普通の観光客が決して越えることのない、越えてはいけない最後の一線を踏み外したい人のために書かれています。また、機内でお連れが早々と熟睡してしまい、機内食もちっちゃなフォークで食べ終わり、いくら経っても始まらない映画を待ちくたびれた人が読む、ちょっと眠くなるページにもなっています。

本書には、楽しいイタリアでの旅の思い出を作りたい人のために、見開きシートが使いやすく用意されています。しかし、本当に楽しい「一生の思い出」を残すには、さらにここからの具体的実践文法が必要になります。

ミラノのモンテ・ナポレオーネやローマのスペイン広場での、クレジットカード限度額いっぱいの買い物、確かに安いです。「ダル・ペスカトーレ」のナマズのリゾットや「エノテカ・ピンキオーリ」の一粒 50 ユーロのラヴィオリ、きっとおいしいです。だがしかし！ 楽しみはそれだけで終わりません。

指を差しつつ知り合ったイタリア人と、明かりの消えた部屋で二人きり。そんな時、どうしてこの本が役に立つでしょう？ その時あなたを助けてくれるのは、何気なくあなたが開いた、この「超文法」なのです。

というわけで、もしあなたが二人きりの世界に想像をたくましくすれば、このページは大変役に立つものとなり、旅への興奮から寝つけず何の気なしにこのページ開けば、ややこしい文法がほどよい睡眠薬となることでしょう。

手乗り文鳥でもしゃべれる３分間発音講座

イタリア語の発音ですが、思い切り日本語風に読めばいいのです、ローマ字っていうくらいですから、そのまんま。例外はもちろんありますが、３分で覚えられます。

ローマ数字について

イタリアの街を歩くと、(その場所に住んでいた) 歴史に名を残した人の (ことを記す) 記念碑のようなものを見ることがある。たいてい、ローマ数字で年号が書かれているがこれがよくわからない。ここに記すのがローマ数字の表。これをもとに解読に挑戦してください。いつごろの人かわかります。

I 1. II 2. III 3. IV 4. V 5. VI 6. VII 7. VIII 8. IX 9. X 10. XI 11. XII 12. XIII 13. XIV 14. XV 15 XVI 16. XVII 17. XVIII 18. XIX 19. XX 20. XXVI 26. XXX 30. XXXI 31. XL 40. L 50. LX 60. LXII 62. LXX 70. LXXX 80. XC 90. C 100. CD 400. D 500. DC 600. M 1000. MMII 2002.

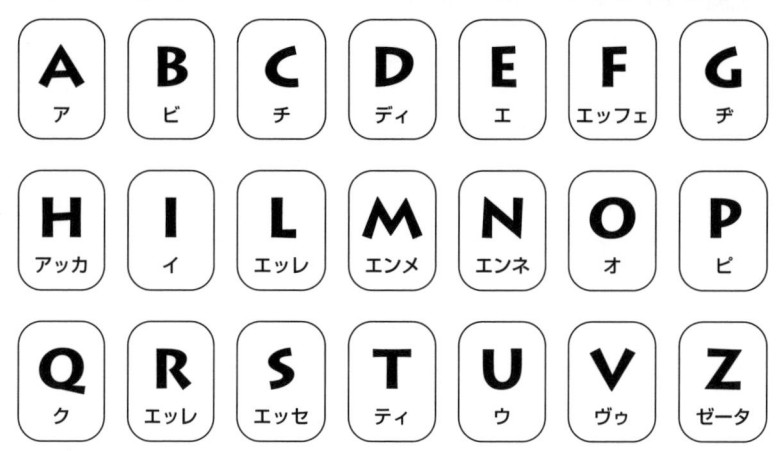

でもその前にイタリア語のアルファベート（アルファベットって読むよりそれっぽいでしょ！）21 文字の読み方をみてみましょう。

「アルファベットは 26 文字だろっ！」とツッコミが入るでしょうが、チッ、チッ、チッ、"アルファベート" では下の残りの 5 文字はほとんど外来語（イタリアにだって外来語はあるんです）やふるーいイタリア語にしか使いません。

でも急に「カッパ！ カッパ！」とイタリア人に言われて、「河童、どこ？どこ？」なんてキョロキョロしないですむように紹介しておきました（こじつけてみましたが、そんな人はいないでしょう）。

注意すべき発音の規則

さて、ローマ字読みとは異なる読み方を、今から 3 分間でやりましょう。この発音の解説を書いていると、「本当にイタリア語でよかった」と思います。言語によっては日本語読みしたら通じないし、アクセントの方法で意味が変わってしまいます。

しかしイタリア語はそのまま読めばいいのです。絶対通じます。そして通じればいいのです。

イントネーションは相手の話し方を真似すれば OK。

①基本的には、アクセントは記号がついていなければ、母音の後ろから二番目にくる。

    例：Italiano ／イタリアーノ（イタリア人、イタリア語）

      ：Giapponese ／ジャポネーゼ（日本人、日本語）

②ローマ字や英語と異なり、アクセント記号のついた母音がある。

  アクセントの向きは perché や caffè のように二種類あるけど、発音の違いよりもその単語のアクセントの位置を示す役割の方が大きい。

例：città ／チッタ（都市、町）

　　：caffè ／カッフェ（コーヒー）＊

　　：giù ／ジュ（下に）

　＊イタリアで caffè と言えば、もちろんエスプレッソコーヒーが勝手に出てきます。

③母音［u］は口をすぼめて突き出すとそれっぽい。

　中学生がポスターにキスする時の口です（僕はキョンキョンでした）。

④［h］は発音しない。

　イタリアでの日本人の名声を最も高めたサッカー選手、スィニョール・ナカタ（中田英寿：Hidetoshi Nakata）もイタリアでは「イデトーシ！　ナカータ‼」なのです（イデトシとならずイデトーシとなる点については①参照）。

⑤［ci］は「チ」と発音する。

　例：cinema ／チネマ（映画館）

⑥［chi］は「キ」と発音する。

　例：chiesa ／キエーザ（教会）

⑦［gi］は「ジ」と発音する。

　例：Giappone ／ジャッポーネ（日本）

　　　J は通常使わないので Jappone ではない。

⑧［ghi］は「ギ」と発音する。

　例：ghiaccio ／ギアッチョ（氷）

⑨［l］は日本語の［ラ］に近い。

　舌先を上あごにつけて発音する。

⑩［r］は江戸っ子の［ラ］に近い。

　巻き舌になる。しかし巻きすぎ注意。「ル、ル、ル、ローマ！」なんてならないように！

⑪［gli］は「グリ」ではなく、「リ」に近い。

　舌先を上あごに押しつけて「リ」と発音。例：biglietto ／ビリエット（切符）

⑫［gn］は「グン」ではなく、「ニュ」。

　例：bagno ／バーニョ（トイレ）　magnum ／マーニュム（マグナムボトル）

イタリア語の超文法

男性形と女性形

　ここではイタリア語の文法の特徴を解説します。イタリアにはマリオとマリアがいます。Mario は男の子の名前で、Maria は女の子の名前なのは、いつのまにか知っていましたよね。イタリア語の名詞も一緒で、通常男性名詞は「-o」で終わり、女性名詞は「-a」で終わります。しかし、libro（本）とか pizza（ピッツァ）のように男の子か女の子かわからないよう

な単語でも「-o」で終わる名詞は男性名詞、「-a」で終わる名詞は女性名詞となります。

　さらに fiore(花：どう考えても女性っぽいけど男性名詞)、stazione(駅：女性名詞) と「-e」で終わる名詞も多く、こうなると男か女かわかりませんが、オカマちゃんがいても困るので男の子か女の子に決められています。でも、きれいなオカマちゃんと一緒で、見た目にはわかりません。

パンツを下ろすかわりに定冠詞

　英語の the にあたるもの。これも名詞の性により異なります。基本的に男性名詞には、il（複数形が i）、女性名詞には la （複数形が le）がつきます。これがついていると男の子か女の子かがわかります。

　いってみればオチン○○。⇒イタリア語では、cazzo（カッツォ）といいます。怒った時の罵声にもよく使いますが、よい子のみなさんは使わないでください。さらに教えちゃうと、南イタリアでは minchia（ミンキア）といい、これも必須単語ですが決して使わないように！タマは palle、ケツは culo それぞれ「Che palle! ／なんてこった！」とか「Che culo! ／お前はツイているぞ！」みたいな使い方をします（ちょっと脱線しました）。

　一方、英語の a にあたる不定冠詞の「或る」は男性名詞が un、女性名詞は una が基本。買い物で、特にこれだって、決まっていないような時に使えます。

　　例：Un panino, per favore.（パニーノを一つください）

知らなくてもそんなに困らない、名詞の数による変化

　男性名詞である「本」も一冊なら「il libro」ですが、二冊からは複数なので「i libri」。女性名詞「ピッツァ」も一枚なら「la pizza」ですが、二枚だと複数なので「le pizze」となります。つまり男性名詞「-o」は「-i」になり、女性名詞「-a」は「-e」になる。でも最初に数を言って、それから名詞を言えば、例え単数形でも通じます。

特に説明を必要としない語順

ほとんど英語と一緒。基本は主語—動詞—目的語、の順番。しかし主語は省略が多い。

　　例：私はピッツァを食べる

Io	**mangio**	**la pizza**
（私は）	（食べる）	（ピッツァを）
主語	動詞 mangiare の 一人称単数形	目的語

　　例2：彼はすばらしい

Lui	**è**	**bravo**
（彼は）	（です）	（すばらしい）
主語	動詞 essere の 三人称単数形	補語

基本的に名詞の後に形容詞が置かれるのも、イタリア語のお・や・く・そ・く・♡

例：アイスティー　　　　　　　　　空席

tè　　**freddo**　　　　**posto**　　**libero**
（紅茶）　（冷たい）　　　　（席）　　（空の）

わかりやすい、便利な、役に立つ、楽しい、形容詞

名詞の性と数に一致する。形容詞の基本的な形は「-o」で終わるが、女性名詞を形容する場合「-a」に変化する。また複数なら「-i」（男性名詞の複数に対して）や「-e」（女性名詞の複数に対して）に変化する。

例：それらの本は高いです

I libri　　**sono**　　　**cari**
（それらの本は）　（です）　　（高い）

主語　　　動詞 essere の　　形容詞
　　　　　三人称複数形

例2：それらのピッツァはおいしいです。

Le pizze　　**sono**　　　**buone**
（それらのピッツァは）　（です）　　（おいしい）

主語　　　動詞 essere の　　形容詞
　　　　　三人称複数形

また、辞書には載っていないコトバに、figo/figa というのがある。これも、男性形は語尾が「-o」の figo、女性形は語尾が「-a」の figa で、意味合いが違う。

クールでカッコイイ男のことは figo。感嘆詞の che（なんて〜なんだ！）をつけて Che figo! と言ったりする。

一方でイイ女、それも男から見てムラムラとこみ上げてくるような女性は figa（フィーガと読む。フィーカになるとま〜ったく別の意味）。

一番やりたくない動詞

動詞の活用はまじめに覚えるしかありません。しかしそれではイタリア語を勉強する気がなくなりますので、避けて通ることにして、活用させなくてもコミュニケーションをとれるようにしましょう。動詞の原形で話しても意味は通じるのです。まずは、お互いわかりゃあいいんです、わかりゃあ。

一応寝つけない人のために説明すると、イタリア語の動詞は人称、数により6つに変化する。これは英語と一緒。

そこで、最も重要な動詞、英語の be 動詞にあたる「essere ／いる、ある」と have 動詞にあたる「avere ／持っている」この二つを例に人称と数による活用を見てみましょう。

	essere の活用 (be 動詞)	avere の活用 (have 動詞)
私 Io	sono	ho
君 Tu	sei	hai
あなた Lei 彼 Lui 彼女 Lei	è	ha
私達 Noi	siamo	abbiamo
あなた方 Voi	siete	avete
彼・彼女ら Loro	sono	hanno

（イタリア語では、二人称単数 Tu は「君は」という親しい人に対する呼び方。ちょっと仲良くなってきたら年上の人にも使えます。ただ目上の人やちゃんとした人には「あなたは」を意味する Lei を使う方がベターです）

このように、主語により全て活用が異なるため、主語を省略しても動詞の活用により判断できます。essere の sono は「私」と「彼ら」の二つともありますが、その後に続く補語（名詞や形容詞）が単数か複数かにより判別できるのです。

　　例1：Sono bello.（=Io sono bello.）→わたしはかっこいい
　　例2：Sono belli.（=Loro sono belli.）→彼らはかっこいい

一方 avere につく目的語は、主語によって変化することはありません。

　　例1：Ho due libri.（=Io ho due libri.）→私は2冊本を持っている
　　例2：Avete un libro?（=Voi Avete un libro?）→あなた方は1冊の本を持っていますか？

他の動詞「食べる」や「買う」も同じように活用しますが、いちいち主語に合わせて6つも活用を覚えていたら「食べ」ても美味しくないし、「買っ」ても楽しくないので、次は活用を覚えなくていいとっておきの方法を伝授しましょう。

従属動詞（助動詞みたいなモン）を使った、楽勝動詞

助動詞は動詞の前につき、続く動詞は全て原形になります。この利点を活かし、美味しいイタリア語を作りましょう。

よく使うのは volere（want to：したい）と potere（can：できる）。

これもそれぞれ人称、数により6つに変化しますが、とりあえず必要なのは主語「私は」の活用だけ。volere は Vorrei、potere は Posso だけを使います。volere の一人称単数は本来 voglio（こ難しく言うと直接法現在）ですが、voglio は"直接的、わがままお嬢様的表現"なので、婉曲的な"私は〜したいのですが"の Vorrei（条件法）を使うのが一般的です。

しかし potere（can：できる）は Posso（直接法現在）のままでも "できるモン" という "お坊ちゃま何様のつもり？" 的意味にはならず "してもよいですか" というニュアンスがありますのでご安心を。後はその後ろにそれぞれ単語集に載っている動詞の原形をそのままくっつけるだけ。

例1：これを買いたいのですが。

Vorrei **comprare** **questo.**
（したいのですが）　（買う）　（これを）

例2：中心街に行きたいのですが。

Vorrei **andare** **in centro.**
（したいのですが）　（行く）　（中心街に）

例3：たばこを吸ってもいいですか？

Posso **fumare ?**
（してもいいですか）　（たばこを吸う）

例4：これを試着してもいいですか？

Posso **provare** **questo ?**
（してもいいですか）　（試す）　（これを）

カンタン否定形

否定形は簡単です。non ／ノンをつけるだけ。

例1：(Io) Non sono cinese, ma giapponese.（私は中国人ではなく、日本人です）

例2：(Io) Non ho il biglietto.（私は切符を持っていない）

イタリアでのコミュニケーション

ラテンラヴァーをたずねて三千里

「イタリア語の基礎」で、チャラチャラと書いてきたのは、文法の説明がその内容からあまりにもかたくるしくなるからである。しかしながらそのままの気分で彼らとコミュニケーションをとろうとすることは、思わぬ誤解を生むことになりかねない。

実はイタリア人は、決して云われているような「情熱的で陽気なラテン・ラヴァー」ではない。むしろ非常に「大人の国」である。つまりは「人生に対する高い意識」を持った人々である。

イタリアが観光地として人気あるのは、「歴史的遺産、美術品」が多くあり、ファッションを中心とした「買い物」ができ、さらには美味しい「食べ物」があるからではないだろうか。僕たちが旅行先を選ぶのに、これだけの楽しみがあれば十分だ。しかし、これらはすべて彼らの「人

生に対する高い意識」が、長い時間をかけて堆積し、「文化」となった一部にすぎない。

　僕たちがイタリアに対して興味を抱くあらゆるもの、歴史、建築、絵画、料理、オペラ、自動車、ファッション、インテリア等々、それらは彼らの「人生に対する高い意識」によって生み出されたのである。

　生活をより良いものとするために、まず「愛する人」がそばにいて、「シンプルであっても、その土地の新鮮な材料の」料理が求められ、「美しく、心に残る」芸術が求められ、「自らを最も美しく見せる」ファッションが、いつの時代にも求められてきた。これらの側面を強調して捉えると、「エピキュリアン（快楽主義者）」と云われるのも納得できる。

　メンタルな部分でも彼らは「人生に対する高い意識」に基いて生活している。日本よりも北に位置するイタリアは、決して気楽に暮らしていける南国パラダイスなのではなく、彼らの物事や生活のあらゆる面について自分の好みや主張、快不快に徹底してこだわる「意識」の結果が、はたからみて、そんなイメージを持ちたくなるような生活を生み出しているだけなのである。そして、さらに北に位置するヨーロッパ人から「陽気」で、「情熱的」な「快楽主義者」としてのイタリア人像が作り出されたのだ。

　こんな文法よりも堅苦しい話をするのは、正しいコミュニケーションには、相手に対するリスペクトや柔軟な理解が不可欠だからである。

　美術館巡りや買い物を満喫してくるだけでも、イタリアは十分に楽しませてくれる。しかしせっかくイタリアまで行って、彼らのメンタリティに触れることができないのはもったいない。その中にこそ、イタリアを訪れたいと思わせる「魅力」を生み出した秘密が隠されているのだから。それに、彼らときちんとしたコミュニケーションをとることで、「イタリア」をもっとディープに楽しむことができるであろう。

カンパニリズモとクリエンテリズモ

　紀元前8世紀、大叔父に捨てられ、メスの狼に育てられた双子がローマを建国する。ここからローマの歴史が始まる。

　長い歴史に彩られてきたイタリアだが、この半島にあったいくつもの小さな国が一つになり、統一国家としてイタリア王国が成立したのはついこの間、1861年である。その後1946年になり、現在の共和国制になった。

「イタリアにイタリア料理は存在しない、あるのは各地方料理だけだ」といわれる。確かに丘陵地帯のフィレンツェで魚介類を食べることは少ないし、シチリアでバターを使う習慣がないのも、かわいそうだからというわけではない。

　これは料理だけに限ったことではなく、彼らの郷土愛主義（カンパニリズモ）を表わしている。カンパニーレ（鐘塔）は街のシンボルであり、その街にいる限り、常に鐘の音を耳にしていることから、カンパニリズモといわれる。

　彼らにいわせれば、「イタリアにイタリア人は存在しない、いるのは各地元民だけ」なのだ。

　世界中のスター選手が集まっているミラノのチームがあっても、パルマの人はサッカーを観るときは必ずパルマのチームを応援する。仕事を探すにしても、ほとんどの人たちが地元での就職を

希望し、僕たちが東京に抱くような憧れをミラノやローマに抱くよりも、"やむなく仕事を求めて"大都市を目指してくる。結婚するにしても、地元の幼なじみと長くつき合って一緒になることが多い。彼らにとって自分たちの街は、最大範囲のアイデンティティのよりどころであり、イタリア国民であるということよりはるかに重要なことなのである。

コミュニケーションをとる上でこのカンパニリズモをくすぐると、地元民しか知らないガイドブックにない穴場を教えてもらえ、一味違う旅になるかもしれない。

さらに大切になるのが家族である。とくに「イタリア男はマザコン」というのは、日本人の感覚からすると当たっている。たとえば、他の街の大学に通う学生たちが、週末になると洗濯物をカバン一杯に詰めて何百キロも離れた実家に帰り、洗ってもらうなんて、日本でやっていたら異様であるが、彼らにとっては普通のことなのだ。「マンマがやってくれるときは、全部やってもらうよ。どうしていけないの?」と悪びれる風もない。イタリア語の辞書にはしっかり、「マンミズモ（母親崇拝、と訳されている）」なる言葉が載っているくらいだ。

マンミズモは別としても、ヴァカンツァを家族と過ごしたり、家族経営のお店や工場が多いことでも、より強い家族の絆を感じさせられる。

その延長線上だろうが、イタリアには「クリエンテリズモ」というものもある。縁故主義、コネ主義の意味である。まともにやっていたらいつまで経ってもおりないお役所の許可が、知り合いのコネを使うとすぐにおりたり、盗まれた車が見つかったり、ホテルのオヤジが街のカオだと観光にすごく融通が利いたりということが、当たり前のように起こる。彼らにとって、家族の次に大事な「知り合い」という枠に入る人を、他人と差別して優遇するのは当然のことなのだ。これもマンマの時と同じで、「知り合いなのだから、何だって優遇するよ。どうしていけないの?」ということになる。

このような、政治経済の世界では汚職の温床となっている彼らの考え方を知っていると、コミュニケーションをとる上では大変役に立つ。

イタリア人だからといって特別なコミュニケーションの方法があるわけではない。しかしここに書いたことを知った上で彼らと話をするほうが、誤解が少なく済み、より深くイタリアを知ることができるのではないかと思い、あえて堅苦しく書いてきた。

とはいえ、彼らは大のおしゃべり好きである。若者たちがお酒を飲みに行くと称しては、ビール一杯で何時間でも話し、おじいさんは、昨日のサッカーの試合での監督の采配に杖振りかざして、バールのお兄ちゃんと議論を戦わしている姿が、街中で見られる。

イタリア人の中には、イタリアを「大人の国」なんて書いた自分を後悔してしまいそうな人もいるが、一つの国はいくつもの側面を持ち、どこに着目するかで印象が異なることを考えると、「大人の国」であるという側面を意識して見るとイタリアを訪れる楽しみも広がるだろう。

日本語→イタリア語 単語集

"第3部" では 2600 以上の単語を収録しています。

旅行者にとって必要度の高い言葉、深い内容を

話すための言葉を厳選しています。

索引ページ番号について
第1部に掲載されている単語に、該当するページ番号を
ふっています。また、その単語に関連する表現が集まっ
ているページ番号も併記しているので、会話の幅が広が
ります。なお、第1部では組み合わせるフレーズに応じ
て名詞や形容詞が変化するため、単語集の表記と必ず
しも一致しない場合があります。

あ行

愛 p78	秋 p52	汗	あなたたちの	あるいは	生きる
amore	autunno	sudore	vostro	oppure	vivere
アモーレ	アウトゥンノ	スドーレ	ヴォストゥロ	オップーレ	ヴィーヴェレ

愛 p78	あきらめる	あそこ	あの	あるく p12	行く p12,14
amore	rinunciare	là	quello	camminare	andare
アモーレ	リヌンチャーレ	ラ	クエッロ	カンミナーレ	アンダーレ

愛国心	飽きる	遊ぶ p72	あの頃	あれ	いくつ p39
patriottismo	stufarsi	giocare	in quei tempi	quello	quanti
パトリオッティズモ	ストゥファルスィ	ジョカーレ	イン クエイ テンピ	クエッロ	クアンティ

愛妻家 p78	アクセサリー p44	遊びに行く p13	あの人	アレルギー p84	いくつかの
marito devoto	accessori	andare a giocare	quella persona	allergia	alcuni
マリート デヴォート	アッチェッソーリ	アンダーレ ア ジョカーレ	クエッラ ペルソーナ	アッレルジーア	アルクーニ

愛称 p81	悪魔	暖かい p52	兄 p79	暗証番号	いくら p39,40
appellativo	diavolo	caldo	fratello maggiore	codice	quanto costa?
アッペッラティーヴォ	ディアーヴォロ	カルド	フラテッロ マッジョーレ	コーディチェ	クアント コスタ

愛人	開ける p97	あだ名 p81	姉 p79	安心・安全	池
amante	aprire	soprannome	sorella maggiore	sicurezza	stagno
アマンテ	アプリーレ	ソプランノーメ	ソレッラ マッジョーレ	スィクレッツァ	スターニョ

愛する p78	上げる (上に)	頭 p83	アパート p76	アンティーク	意見
amare	alzare	testa	appartamento	antichità	opinione
アマーレ	アルツァーレ	テスタ	アッパルタメント	アンティキタ	オピニオーネ

相変わらず	あげる (人に)	頭がいい p95	アヒル p61	案内する	石
sempre	dare	intelligente	anatra	accompagnare	pietra
センプレ	ダーレ	インテッリジェンテ	アナトゥラ	アッコンパニャーレ	ピエトゥラ

あいさつ p16	揚げる (フライ) p60	新しい p95	アフガニスタン	胃 p84	維持する
saluti	friggere	nuovo	Afghanistan	stomaco	mantenere
サルーティ	フリッジェレ	ヌオーヴォ	アフガニスタン	ストーマコ	マンテネーレ

アイスコーヒー p64	揚げる (かかげる)	あたり前	あぶない p87	いい	医者 p84
caffè freddo	issare	comune	pericoloso	buono	medico
カッフェ フレッド	イッサーレ	コムーネ	ペリコローゾ	ブオーノ	メディコ

アイデア	あこがれる	厚い	油 p56	いいかげん p95	移住
idea	aspirare	spesso	olio	poco serio	immigrazione
イデーア	アスピラーレ	スペッソ	オリオ	ポーコ セリオ	インミグラツィオーネ

空いている	朝 p49	暑い p52	あまい p56	いいえ p19	異常
libero	mattina	caldo	dolce	no	straordinario
リーベロ	マッティーナ	カルド	ドルチェ	ノ	ストゥラオルディナリオ

アイロン	あさって p51	集める	雨 p53	Eメール p11,98	イスラエル
ferro da stiro	dopodomani	raccogliere	pioggia	e-mail	Israele
フェッロ ダ スティーロ	ドーポドマーニ	ラッコーリエレ	ピオッジャ	イーメイル	イスラエーレ

会う	足 p83	集まる	雨が降る p53	Eメールアドレス p11,98	イスラム教
incontrare	gamba	riunirsi	piovere	indirizzo e-mail	Islam
インコントゥラーレ	ガンバ	リウニルスィ	ピオーヴェレ	インディリッツォ イーメイル	イスラム

合う	足裏マッサージ p46	当てる	網	言う	イスラム教徒
andare bene	massaggio plantare	indovinare	rete	dire	islamita
アンダーレ ベーネ	マッサッジョ プランターレ	インドヴィナーレ	レーテ	ディーレ	イスラミータ

青い p41	味 p56	あとで	あやしい	家 p76	遺跡 p36
azzurro	sapore	dopo	strano	casa	rovine
アッズーロ	サポーレ	ドーポ	ストゥラーノ	カーザ	ロヴィーネ

赤い p41	味見する p56	穴	謝る p17	～以外	移籍する
rosso	assaggiare	buco	scusarsi	salvo	trasferirsi
ロッソ	アッサッジャーレ	ブーコ	スクザルスィ	サルヴォ	トゥラスフェリルスィ

あかちゃん p79	アジア p21	あなた p18,97	洗う	～行き p14	いそがしい p95
neonato	Asia	Lei	lavare	per ～	occupato
ネオナート	アズィア	レイ	ラヴァーレ	ペル	オックパート

明るい	明日 p51	あなたの	現れる	イギリス p21	いそぐ p9
chiaro	domani	Suo	apparire	Inghilterra	affrettarsi
キアーロ	ドマーニ	スーオ	アッパリーレ	インギルテッラ	アッフレッタルスィ

明るい (性格) P95	あずける	あなたたち	ありがとう p17	イギリス人・英語 p21	いたい p83
allegro	depositare	voi	grazie	inglese	doloroso
アッレグロ	デポズィターレ	ヴォイ	グラッツィエ	イングレーゼ	ドローロゾ

偉大 enorme エノールメ	いっぱい tanto タント	イライラする p95 irritarsi イッリタルスィ	インフレ inflazione インフィラツィオーネ	打つ battere バッテレ	運 fortuna フォルトゥーナ
いたずら scherzo スケルツォ	一般的 generale ジェネラーレ	イラク Iraq イラーク	インポテンツ p83 impotenza インポテンツァ	うつくしい p80,94 bello ベッロ	運がいい fortunato フォルトゥナート
炒める p60 saltare サルターレ	一方的 unilaterale ウニラテラーレ	いらない p19,40 non necessario ノン ネッチェッサーリオ	飲料水 p55,64 acqua potabile アックア ポタービレ	移す trasferire トゥラスフェリーレ	運が悪い sfortunato スフォルトゥナート
1月 p51,52 gennaio ジェンナイオ	いつ p50 quando クアンド	入り口 p15,25 entrata エントゥラータ	ウール p43 lana ラーナ	訴える p87 denunciare デヌンチャーレ	うんざりする stancarsi スタンカルスィ
1日 p50 un giorno ウン ジョルノ	いつも sempre センプレ	要る necessario ネチェッサーリオ	飢え fame ファーメ	ウマ（馬）p92 cavallo カヴァッロ	うんちをする fare la cacca ファーレ ラ カッカ
1日おき p51 ogni due giorni オンニ ドゥエ ジョルニ	遺伝 eredità エレディタ	居る stare スターレ	上 p13 su ス	上手い bravo ブラーヴォ	運賃 p15 costo di trasporto コスト ディ トゥラスポルト
イチゴ p63 fragola フラーゴラ	糸 p43 filo フィーロ	イレズミ tatuaggio タトゥアッジョ	上に p13 sopra ソープラ	生まれる p84 nascere ナッシェレ	運転する guidare グイダーレ
市場 mercato メルカート	いなか p79 provincia プロヴィンチャ	入れる（人を） far entrare ファル エントラーレ	ウエイター p20,55 cameriere カメリエーレ	海 p13 mare マーレ	運転手 p9,14,21 autista アウティスタ
いちばん〜 più 〜 ピュ	犬 p92 cane カーネ	入れる（物を） mettere メッテレ	浮く galleggiare ガッレッジャーレ	産む p84 partorire パルトリーレ	運転免許証 patente di guida パテンテ ディ グイーダ
一番いい migliore ミリオーレ	稲 p93 riso リーゾ	色 p41 colore コローレ	受付 p10,46 ricevimento リチェヴィメント	裏 p13 retro レトゥロ	運動する p68 fare sport ファーレ スポルトゥ
一部分 una parte ウナ パルテ	命 vita ヴィータ	いろいろ vari ヴァーリ	受け取る ricevere リチェーヴェレ	裏切る tradire トゥラディーレ	運命 destino デスティーノ
胃腸薬 p85 medicina per lo stomaco メディチーナ ペル ロ ストーマコ	いのる pregare プレガーレ	いわう p17 celebrare チェレブラーレ	ウシ（牛）p61,92 bue ブエ	うらむ avere risentimento アヴェーレ リセンティメント	絵 quadro クアードゥロ
1回 p39 una volta ウナ ヴォルタ	いばる essere superbo エッセレ スーペルボ	印鑑 timbro ティンブロ	うしなう p87 perdere ペルデレ	うらやましい invidiabile インヴィディアービレ	絵をかく p73 dipingere ディピンジェレ
1階 p77 pianterreno ピアンテッレーノ	違反 p87 violazione ヴィオラツィオーネ	印刷する stampare スタンパーレ	後ろ p13 dietro ディエトゥロ	売り切れる p41 esaurito エザウリート	エアコン p10 aria condizionata アリア コンディツィオナータ
1週間 p50 una settimana ウナ セッティマーナ	いびき russare ルッサーレ	印象 impressione インプレッスィオーネ	うすい p42 sottile ソッティーレ	得る ottenere オッテネーレ	映画 p72 film フィルム
いっしょ insieme インスィエーメ	今 p48 adesso アデッソ	インスタント istantaneo イスタンターネオ	うそ p95 bugia ブジーア	売る p40 vendere ヴェンデレ	映画館 p13,25 cinema チーネマ
一生 tutta la vita トゥッタ ラ ヴィータ	居間 p76 salotto サロット	インターネット internet インテルネット	歌 p25,70 canzone カンツォーネ	うるさい rumoroso ルモローゾ	永久 permanenza ペルマネンツァ
一生懸命 con molto impegno コン モルト インペーニョ	意味 significato スィニフィカティーヴォ	インターネットカフェ p12 internet cafè インテルネット カフェ	歌う cantare カンターレ	うれしい contento コンテント	影響 influenza インフルエンツァ
一等 p15 il primo イル プリーモ	妹 p79 sorella minore ソレッラ ミノーレ	引退する ritirare リティラーレ	疑う dubitare ドゥビターレ	浮気する p78 fare le corna ファーレ レ コルナ	営業職 p20 lavoro di commercio ラヴォーロ ディ コンメルチョ
	嫌になる p95 stufarsi ストゥファルスィ	インド india インディア	宇宙 cosmo コズモ	噂 rumore ルモーレ	英語 inglese イングレーゼ

エイズ *p84* aids アイディーエッセ	エンジン *p69* motore モトーレ	おカネ *p39* soldi ソルディ	おちんちん *p83* cazzo カッツォ	オナニー masturbazione マストゥルバツィオーネ	泳ぐ *p68* nuotare ヌオターレ
衛生的 sanitario サニタリオ	演奏する *p72* suonare スオナーレ	おがむ pregare プレガーレ	夫 *p79* marito マリート	おば *p79* zia ズィーア	およそ〜 circa 〜 チルカ
英雄 *p70* eroe エローエ	延長する allungare アッルンガーレ	起きる *p48* alzarsi アルツァルスィ	おつり *p39,57* resto レスト	オバケ fantasma ファンタズマ	織物 *p42* tessuto テッスート
栄養 nutrizione ヌトゥリツィオーネ	エンピツ *p91* matita マティータ	置く mettere メッテレ	音 suono スオーノ	覚えている ricordarsi リコルダルスィ	降りる *p9,15* scendere シェンデレ
ATM *p39* bancomat バンコマットゥ	遠慮する fare complimenti ファーレ コンプリメンティ	奥様 *p18,79* signora スィニョーラ	弟 *p79* fratello minore フラテッロ ミノーレ	おまえ tu トゥ	オリンピック *p68* olimpiade オリンピーアデ
笑顔 viso sorridente ヴィーゾ ソッリデンテ	遠慮しないで senza complimenti センツァ コンプリメンティ	送る *p97* spedire スペディーレ	男 uomo ウオーモ	お守り portafortuna ポルタフォルトゥーナ	折る（紙を） piegare ピエガーレ
駅 *p14* stazione スタツィオーネ	おいしい *p56* buono ブオーノ	贈る *p40* regalare レガラーレ	男の子 bambino バンビーノ	おみくじ oracolo scritto オラコロ スクリット	折る（骨・枝を） spezzare スペッツァーレ
エキストラベッド *p10* letto aggiuntivo レット アッジュンティーヴォ	王様 re レ	遅れる *p15* ritardare リタルダーレ	落とす far cadere ファル カデーレ	おめでとう *p17* auguri アウグーリ	オレンジ *p63* arancia アランチャ
エステ *p46* estetista エステティスタ	追う inseguire インセグイーレ	起こす *p48* alzare アルツァーレ	落とし物 *p87* oggetto smarrito オッジェット ズマッリート	重い *p94* pesante ペザンテ	オレンジ色 *p41* arancio アランチョ
絵はがき *p91* cartolina カルトリーナ	横断歩道 *p13* attraversamento pedonale アットゥラヴェルサメントゥ ペドナーレ	おこなう fare ファーレ	訪れる visitare ヴィズィターレ	重さ peso ペーゾ	終わる *p48,97* finire フィニーレ
えらい grande，bravo グランデ、ブラーヴォ	往復 *p14* andata e ritorno アンダータ エ リトルノ	怒る *p19* arrabbiarsi アッラッビアルスィ	おととい *p51* l'altro ieri ラルトゥロ イエーリ	思う *p97* pensare ペンサーレ	終わり fine フィーネ
選ぶ scegliere シェッリエレ	往復切符 *p14* biglietto di andata e ritorno ビリィエット ディ アンダータ エ リトルノ	おじ *p79* zio ズィーオ	おとな adulto アドゥルト	思い出す ricordarsi リコルダルスィ	恩 obbligo オッブリゴ
エリ（襟）*p42* collo コッロ		惜しい è peccato エ ペッカート	おとなしい *p80* silenzioso スィレンツィオーゾ	思い出 ricordo リコルド	恩知らず ingrato イングラート
エレベーター ascensore アシェンソーレ	多い *p94* tanto タント	教える insegnare インセニャーレ	踊る ballare バッラーレ	おもしろい *p95* interessante インテレッサンテ	恩人 benefattore ベネファットーレ
得る ottenere オッテネーレ	大きい *p94* grande グランデ	おしっこ pipì ピピ	踊り ballo バッロ	おもちゃ giocattolo ジョカットロ	音楽 *p72* musica ムーズィカ
宴会 banchetto バンケット	大きさ misura ミズーラ	オシャレ *p44,75* alla moda アッラ モーダ	おどろく sorprendersi ソルプレンデルスィ	表 esterno エステルノ	音楽家 *p70* musicista ムズィチスタ
延期する *p50* rimandare リマンダーレ	おおげさな esagerato エサジェラート	押す spingere スピンジェレ	お腹がいっぱい *p57* sazio サツィオ	主な principale プリンチパーレ	温泉 *p46* terme テルメ
エンジニア *p21* ingegnere インジェニエーレ	オートバイ *p69* moto モート	オス *p92* maschio マスキオ	お腹がすく avere fame アヴェーレ ファーメ	親 *p79* genitori ジェニトーリ	温度 temperatura テンペラトゥーラ
援助する assistere アッシステレ	丘 collina コッリーナ	おそい tardi タルディ	同じ uguale, stesso ウグアーレ、ステッソ	親孝行 devoto ai genitori デヴォート アイ ジェニトーリ	女 donna ドンナ
炎症 *p82* infiammazione インフィアンマツィオーネ		落ちる cadere カデーレ	おなら scoreggia スコレッジャ	おやすみなさい *p16* buona notte ブウォナ ノッテ	女の子 bambina バンビーナ

か行

蚊 *p93*
zanzara
ザンザーラ

カーテン
tenda
テンダ

カード
carta
カルタ

貝 *p60*
conchiglie
コンキッリエ

〜階 *p77*
〜 piano
ピアーノ

〜回 *p39*
〜 volta
ヴォルタ

会員
socio
ソーチョ

会員証
tessera
テッセラ

外貨 *p39*
valuta estera
ヴァルータ エステラ

海外
estero
エステロ

海岸 *p13*
spiaggia
スピアッジャ

会議
riunione
リウニオーネ

海軍
marina
マリーナ

会計 *p57*
conto
コント

解決する
risolvere
リソルヴェレ

外交
diplomazia
ディプロマツィア

外国
estero
エステロ

外国人 *p8*
straniero
ストゥラニエーロ

会社
ditta
ディッタ

会社員 *p21*
impiegato
インピエガート

階段 *p77*
scala
スカーラ

怪談
storia di fantasmi
ストーリア ディ ファンタズミ

懐中電灯
lampadina tascabile
ランパディーナ タスカービレ

開店する *p48*
aprire un negozio
アプリーレ ウン ネゴツィオ

ガイド
guida
グイダ

ガイドブック *p24*
guida
グイダ

回復する *p84*
ricuperare
リクペラーレ

解放する
liberare
リベラーレ

開放する
aprire
アプリーレ

開放的
aperto
アペルト

買い物 *p40,74*
spesa
スペーザ

潰瘍 *p85*
ulcera
ウルチェラ

改良する
migliorare
ミリオラーレ

会話
conversazione
コンヴェルサツィオーネ

買う *p40,74*
comprare
コンプラーレ

飼う *p92*
allevare
アッレヴァーレ

返す
restituire
レスティトゥイーレ

カエル *p92*
rana
ラーナ

変える
cambiare
カンビアーレ

帰る
tornare
トルナーレ

顔 *p46,83*
viso
ヴィーゾ

香り *p47*
profumo
プロフーモ

いい香り
buon profumo
ブォン プロフーモ

科学
scienza
シェンツァ

化学
chimica
キミカ

鏡 *p77*
specchio
スペッキオ

カギ *p86*
chiave
キアーヴェ

カギをかける *p86*
chiudere a chiave
キューデレ ア キアーヴェ

かきまぜる
mescolare
メスコラーレ

書留
posta raccomandata
ポスタ ラッコマンダータ

書く *p18*
scrivere
スクリーヴェレ

家具 *p74,76*
mobile
モービレ

確信する
convincersi
コンヴィンチェルスィ

かくす
nascondere
ナスコンデレ

学生 *p21*
studente
ストゥデンテ

学部
facoltà
ファコルタ

革命
rivoluzione
リヴォルツィオーネ

かくれる
nascondersi
ナスコンデルスィ

影
ombra
オンブラ

賭ける
scommettere
スコンメッテレ

賭けごと
scommessa
スコンメッサ

過去
passato
パッサート

カゴ
cesto
チェスト

カサ *p44*
ombrello
オンブレッロ

火山
vulcano
ヴルカーノ

菓子 *p62*
dolce
ドルチェ

歌詞 *p70*
parole
パローレ

家事
lavori di casa
ラヴォーリ ディ カーザ

火事 *p87*
incendio
インチェンディオ

かしこい
intelligente
インテッリジェンテ

過失
colpa
コルパ

カジノ
casinò
カズィノ

貸家
affittasi
アッフィッタスィ

歌手 *p70*
cantante
カンタンテ

果樹園
frutteto
フルッテート

貸す
prestare
プレスターレ

かたづける
mettere in ordine
メッテレ イン オルディネ

（〜を）貸してください
"Mi presti ~, per favore."
ミ プレスティ〜、ペル ファヴォーレ

有料で貸す
affittare
アッフィッターレ

無料で貸す
prestare
プレスターレ

数 *p38*
numero
ヌーメロ

ガス
gas
ガス

風
vento
ヴェント

風邪 *p82*
raffreddore
ラッフレッドーレ

風邪薬 *p85*
medicina per il raffreddore
メディチーナ ペル イル ラッフレッドーレ

稼ぐ
guadagnare
グアダニャーレ

カセットテープ *p91*
audiocassetta
アウディオカッセッタ

数える *p38*
contare
コンターレ

家族 *p79*
famiglia
ファミッリア

ガソリン *p69*
benzina
ベンズィーナ

ガソリンスタンド *p15*
distributore di benzina
ディストゥリブトーレ ディ ベンズィーナ

肩 *p83*
spalla
スパッラ

硬い
duro
ドゥーロ

形 *p41*
forma
フォルマ

片道 *p14*
andata
アンダータ

片道切符 *p14*
biglietto di andata
ビリエット ディ アンダータ

価値がある
di valore
ディ ヴァローレ

家畜 *p92*
animali domestici
アニマーリ ドメスティチ

勝つ *p69*
vincere
ヴィンチェレ

楽器 *p72*
strumento musicale
ストゥルメント ムズィカーレ

カッコイイ *p80*
elegante
エレガンテ

学校
scuola
スクオーラ

合唱
coro
コーロ

勝手な
egoistico
エゴイスティコ

活発な
attivo
アッティーヴォ

カップル *p78*
coppia
コッピア

カツラ
parrucca
パッルッカ

仮定する
supporre
スッポッレ

家庭 *p76*
famiglia
ファミッリア

家庭用品 *p76,90*
casalinghi
カザリンギ

蚊取り線香
incenso zanzarifugo
インチェンソ ザンザリフーゴ

カトリック
cattolico
カットーリコ

悲しい
triste
トゥリステ

必ず
senz'altro
センツァルトゥロ

113

カニ *p60* granchio グランキオ	カメラ *p19,91* macchina fotografica マッキナ フォトグラーフィカ	乾かす asciugare アシュガーレ	韓国人 *p21* coreano コレアーノ	がんばれ! Forza! フォルツァ	気を失う *p82* svenire ズヴェニーレ
カネ (money) *p39* soldi ソルディ	カメラマン *p20* fotografo フォトーグラフォ	変わる cambiare カンビアーレ	看護婦 *p21,84* infermiera インフェルミエーラ	看板 insegna インセーニャ	気をつける fare attenzione ファーレ アッテンツィオーネ
金持ち *p95* ricco リッコ	鴨 anatra selvatica アナトゥラ セルヴァティカ	変わり者 persona eccentrica ペルソーナ エッチェントゥリカ	感謝する ringraziare リングラツィアーレ	缶ビール *p55* lattina di birra ラッティーナ ディ ビッラ	黄色 *p41* giallo ジャッロ
可能 possibile ポッスィービレ	かゆい *p82* avere prurito, pruriginoso アヴェーレ プルリート、プルリジノーゾ	代わる sostituire ソスティトゥイーレ	患者 *p84* paziente パツィエンテ	完璧 perfetto ペルフェット	消える sparire スパリーレ
彼女 *p97* lei レイ	火曜日 *p51* martedì マルテディ	ガン *p83* cancro カンクロ	感情 *p94* sentimento センティメント	漢方薬 medicina cinese di erba メディチーナ チネーゼ ディ エルバ	気温 temperatura テンペラトゥーラ
カバン *p44,75* borsa ボルサ	辛い *p56* piccante ピッカンテ	肝炎 *p84* epatite エパティーテ	勘定する *p40,57* contare コンターレ	木 (樹木) *p93* albero アルベロ	機械 macchina マッキナ
株式会社 società per azione ソチエタ ペル アツィオーネ	眼科 *p84* oftalmologia オフタルモロジーア	感心する ammirare アンミラーレ	木 (木材) legno レーニョ	機会 occasione オッカズィオーネ
花粉症 *p82* allergia da pollini アッレルジア ダ ポッリニ	カラオケ *p73* karaoke カラオーケ	考える pensare ペンサーレ	(〜に) 関する in quanto a イン クアント ア	気が合う andare d'accordo アンダーレ ダッコルド	着替える *p42* cambiarsi カンビアルスィ
壁 (外壁) muro ムーロ	ガラス vetro ヴェトゥロ	考え opinione オピニオーネ	感染する infettarsi インフェッタルスィ	気が大きい generoso ジェネローゾ	期間 *p50* periodo ペリオド
壁 (内壁) parete パレーテ	からだ *p83* corpo コルポ	感覚 senso センソ	肝臓 *p84* fegato フェーガト	気が重い sentirsi depresso センティルスィ デプレッソ	気管支炎 *p82* bronchite ブロンキーテ
カボチャ *p58* zucca ズッカ	借りる affittare アッフィッターレ	環境 ambiente アンビエンテ	感想 impressione インプレッスィオーネ	気が狂う impazzire インパッツィーレ	聞く (listen) ascoltare アスコルターレ
我慢する sopportare ソッポルターレ	軽い *p94* leggero レッジェーロ	環境汚染 danno ambientale ダンノ アンビエンターレ	乾燥した secco セッコ	気が小さい timido ティーミド	聞く (hear) sentire センティーレ
紙 foglio フォッリオ	彼 *p97* lui ルイ	環境破壊 distruzione di ambiente ディストゥルツィオーネ ディ アンビエンテ	簡単 *p95* semplice センプリチェ	気が小さい timido ティーミド	効く *p46* efficace エッフィカーチェ
髪 capelli カペッリ	彼ら loro ローロ	缶づめ *p90* scatoletta スカトレッタ	気がつく riconoscere リコノシェレ	期限 *p50* termine テルミネ
神 Dio ディオ	カレンダー *p50,91* calendario カレンダーリオ	関係 rapporto ラッポルト	感動した essere commosso エッセレ コンモッソ	気が長い paziente パツィエンテ	機嫌がいい buon umore ブォン ウモーレ
カミソリ *p90* rasoio ラゾイオ	皮 *p44* pelle ペッレ	頑固 ostinato オスティナート	監督 direzione ディレツィオーネ	気が短い impaziente インパツィエンテ	機嫌が悪い cattivo umore カッティーヴォ ウモーレ
噛みつく mordere モルデレ	川 *p13* fiume フィウーメ	観光 *p8,24* turismo トゥーリズモ	映画監督 *p72* regista レジスタ	気が楽になる rilassarsi リラッサルスィ	気候 *p52* clima クリーマ
噛む masticare マスティカーレ	かわいい *p80* carino カリーノ	観光客 *p24* turista トゥーリスタ	スポーツの監督 *p68* allenatore アッレナトーレ	気に入る far piacere ファル ピアチェーレ	帰国 *p8* ritorno a casa リトルノ ア カーザ
亀 tartaruga タルタルーガ	かわいそう poverino ポヴェリーノ	観光地 *p24* zona turistica ゾーナ トゥリースティカ	乾杯 *p55,65* salute, cin cin サルーテ、チン チン	気にしない non preoccuparsi ノン プレオックパルスィ	既婚 sposato スポザート
瓶 (カメ) vaso ヴァーゾ	乾く asciugarsi アシュガルスィ	韓国 *p21* Corea del Sud コレア デル スッドゥ	がんばる sforzarsi スフォルツァルスィ	気になる interessarsi インテレッサルスィ	期日 termine テルミネ

技術 tecnica テックニカ	機内持ち込み *p8* bagaglio a mano バガッリオ ア マーノ	疑問 dubbio ドゥッビオ	教育 istruzione イストゥルツィオーネ	ギリシャ人・語 greco グレーコ	緊張する diventare teso ディヴェンターレ テーゾ
キス bacio バーチョ	記入する compilare コンピラーレ	客 cliente クリエンテ	教会 *p24* chiesa キエーザ	キリスト教 *p24* cristianesimo クリスティアネズィモ	筋肉 *p83* muscolo ムスコロ
傷 *p82* ferita フェリータ	絹 *p43* seta セータ	客引き procacciatore プロカッチャトーレ	教科書 testo テスト	キリスト教徒 cristiano クリスティアーノ	金髪 capelli biondi カペッリ ビオンディ
傷つける ferire フェリーレ	記念 ricordo リコルド	キャッシュカード tessera bancomat テッセラ バンコマットゥ	行儀がいい comportarsi bene コンポルタルスィ ベーネ	切る *p97* tagliare タリアーレ	勤勉な diligente ディリジェンテ
規制 controllo コントゥロッロ	記念日 *p52* anniversario アンニヴェルサーリオ	キャンセルする cancellare カンチェッラーレ	行儀が悪い comportarsi male コンポルタルスィ マーレ	着る *p42* mettersi メッテルスィ	金曜日 *p51* venerdì ヴェネルディ
犠牲 sacrificio サクリフィーチョ	昨日 *p51* ieri イエーリ	キャンセル待ち essere in lista d'attesa エッセレ イン リスタ ダッテーザ	競技場 *p66* campo sportivo カンポ スポルティーヴォ	きれいな bello ベッロ	区域 quartiere クアルティエーレ
寄生虫 parassita パラッスィータ	機能 funzione フンツィオーネ	9 *p38* nove ノーヴェ	共産主義 comunismo コムニズモ	キログラム *p39* chilogrammo キログランモ	食いしんぼう goloso ゴローゾ
季節 *p52* stagione スタジョーネ	きびしい severo セヴェーロ	休暇 *p51,53* vacanza ヴァカンツァ	教師 *p21* insegnante インセニャンテ	キロメートル *p39* chilometro キローメトゥロ	空気 aria アリア
規則 regola レーゴラ	寄付する contribuire コントゥリブイーレ	救急車 *p82* ambulanza アンブランツァ	行事 *p52* avvenimento アッヴェニメント	金 *p45* oro オーロ	空港 *p8* aeroporto アエロポルト
北 *p12* nord ノルドゥ	気分がいい sentirsi bene センティルスィ ベーネ	休憩 riposo リポーゾ	競争 concorrenza コンコッレンツァ	純金 *p45* oro puro オーロ プーロ	偶然に per caso ペル カーゾ
北朝鮮（朝鮮民主 主義人民共和国） Corea del Nord コレア デル ノルドゥ	気分が悪い sentirsi male センティルスィ マーレ	急行列車 *p14* espresso エスプレッソ	兄弟 *p79* fratello フラテッロ	銀 *p45* argento アルジェント	クーラー *p10* aria condizionata アリア コンディツィオナータ
期待する sperare スペラーレ	希望する sperare スペラーレ	休日 *p51* vacanza ヴァカンツァ	郷土料理 *p54* cucina locale クチーナ ロカーレ	禁煙する smettere di fumare ズメッテレ ディ フ マーレ	9月 *p51,53* settembre セッテンブレ
きたない sporco スポルコ	奇妙な strano ストゥラーノ	旧跡 *p24* luoghi storici ルオーギ ストーリチ	興味がある interessarsi インテレッサルスィ	禁煙席 *p15,54* posto per non fumatore ポスト ペル ノン フ マトーレ	クギ chiodo キオード
基地 base バーゼ	義務 obbligo オッブリゴ	牛肉 *p61* manzo マンツォ	協力する collaborare コッラボラーレ	近眼 miopia ミオピア	草 *p93* erba エルバ
貴重品 *p86* oggetto di valore オッジェット ディ ヴァローレ	義務教育 istruzione obbligatoria イストゥルツィオーネ オッブリガトリア	牛乳 *p64* latte ラッテ	許可 permesso ペルメッソ	緊急 urgente ウルジェンテ	くさい puzzolente プッツォレンテ
きつい（窮屈） stretto ストゥレット	決める decidere デチーデレ	急用 affare urgenza アッファーレ ウルジェ ンツァ	去年 *p51* l'anno scorso ランノ スコルソ	距離 *p12* distanza ディスタンツァ	腐る marcire マルチーレ
喫煙席 *p15,54* posto fumatore ポスト フマトーレ	気持ち sentimento センティメント	キュウリ cetriolo チェトゥリオーロ	きらい non piacere ノン ピアチェーレ	銀行 *p12,39* banca バンカ	腐りやすい marcire subito マルチーレ スービト
喫茶店 *p54* sala de tè サラ デ テ	気持ちいい sentirsi bene センティルスィ ベーネ	給料 stipendio スティペンディオ	霧 *p53* nebbia ネッビア	禁止 vietato ヴィエタート	くし（串） spiedino スピエディーノ
切手 *p91* francobollo フランコボッロ	気持ち悪い sentirsi male センティルスィ マーレ	今日 *p51* oggi オッジ	ギリシャ Grecia グレーチャ	近所 vicinanza ヴィチナンツァ	くし（櫛） pettine ペッティネ
				近代化する modernizzarsi モデルニッザールスィ	苦情を言う *p86* lamentarsi ラメンタルスィ

日本語	Italiano	読み
ゲップ	rutto	ルット
月賦	rate mensili	ラーテ メンスィーリ
解熱剤 p85	aspirina	アスピリーナ
けむり	fumo	フーモ
下痢をする p82	avere la diarrea	アヴェーレ ラ ディアッレア
ける	dare un calcio	ダーレ ウン カルチョ
県	provincia	プロヴィンチャ
剣	spada	スパーダ
原因	motivo	モティーヴォ
ケンカする p78	litigare	リティガーレ
見学する p24	visitare	ヴィズィターレ
元気	stare in gamba	スターレ イン ガンバ
元気ですか? p16	come sta?	コメ スタ
研究する	studiare, fare la ricerca	ストゥディアーレ、ファーレ ラ リチェルカ
健康	salute	サルーテ
健康な	sano	サーノ
検査 p85	esame	エザーメ
現在 p48	presente, adesso	プレゼンテ、アデッソ
原産地 p26	origine di produzione	オリージネ ディ プロドゥツィオーネ
劇	dramma p25	ドランマ
劇場 p25	teatro	テアートロ
今朝 p49	stamattina	スタマッティーナ
下剤 p85	purgante	プルガンテ
景色	panorama	パノラマ
消しゴム p91	gomma da cancellare	ゴンマ ダ カンチェッラーレ
化粧する	truccarsi	トゥルッカルスィ
化粧品 p47	cosmetici	コズメティチ
消す	spegnere	スペーニェレ
結核 p85	tisi	ティースィ
生理 p82	mestruazione	メストゥルアツィオーネ
血圧 p85	pressione arteriosa	プレッスィオーネ アルテリオーザ
血液型 p84	gruppo sanguigno	グルッポ サングイーニョ
結果	risultato	リズルタート
結婚する p21,78	sposare	スポザーレ
結婚式 p78	matrimonio	マトリモーニオ
欠席	assenza	アッセンツァ
欠点	difetto	ディフェット
経済成長	sviluppo economico p12,87	スヴィルッポ エコノーミコ
警察 p12,87	polizia	ポリツィーア
警察官 p87	poliziotto	ポリツィオット
警察署 p12,87	questura	クエストゥーラ
計算する	calcolare	カルコラーレ
芸術 p24,72	arte	アルテ
芸術家 p70	artista	アルティスタ
芸術品 p24	opera d'arte	オペラ ダルテ
携帯電話 p91,98	telefono cellulare	テレーフォノ チェッルラーレ
競馬	corsa di cavalli	コルサ ディ カヴァッリ
経費	spesa	スペーザ
軽べつする	disprezzare	ディスプレッツァーレ
刑務所	carcere	カルチェレ
契約書	contratto	コントラット
経理	contabilità	コンタビリタ
ケーキ p73	torta	トルタ
ゲーム p73	gioco	ジョーコ
ケガ p82	ferita	フェリータ
外科 p84	chirurgia	キルルジア
毛皮 p44	pelliccia	ペッリッチャ
くるしい	doloroso	ドロローゾ
車イス	sedia a rotelle	セディア ア ロッテレ
クルミ	noce	ノーチェ
クレジットカード p40	carta di credito	カルタ ディ クレーディト
くれる	traviarsi	トゥラヴィアルスィ
黒い p41	nero	ネーロ
苦労する	faticare	ファティカーレ
加える	aggiungere	アッジュンジェレ
くわしい	dettagliato	デッタリアート
郡	distretto	ディストレット
軍隊	arma	アルマ
軍人 p21	militare	ミリターレ
毛	capelli	カペッリ
経営する	amministrare	アンミニストラーレ
計画	programma	プログランマ
経験	esperienza	エスペリエンツァ
敬虔な	devoto	デヴォート
経済	economia	エコノミーア
経済学	economia	エコノミーア
経済危機	crisi economica	クリースィ エコノーミカ
くっつける	attaccare	アッタッカーレ
口説く	corteggiare	コルテッジャーレ
国	paese	パエーゼ
首 p83	collo	コッロ
首になる(解雇)	essere licenziato	エッセレ リチェンツィアート
クモ	ragno	ラーニョ
雲	nuvola	ヌーヴォラ
くだらない	poco importante, stupido	ポコ インポルタンテ、ストゥーピド
くもり p53	nuvoloso	ヌヴォローゾ
口 p83	bocca	ボッカ
暗い	buio	ブイオ
クラシック p72	classico, musica classica	クラッスィコ、ムズィカ クラッスィカ
クラスメート	compagno di classe	コンパーニョ ディ クラッセ
比べる	confrontare	コンフロンターレ
くり返す	ripetere	リペーテレ
くり返してください!	lo ripeta!	ロ リペータ
クリスマス	Natale	ナターレ
グラム p40	grammo	グランモ
クリーニング p10	lavaggio	ラヴァッジョ
栗	castagna	カスターニャ
来る	venire	ヴェニーレ
くすぐったい	solletico	ソッレティコ
薬 p85	medicina	メディチーナ
薬屋 p85	farmacia	ファルマチーア
くすり指 p83	anulare	アヌラーレ
糞	merda	メルダ
くだもの p63	frutta	フルッタ
口が重い	taciturno	タチトゥルノ
口がうまい	buon parlatore, eloquente	ブォン パルラトーレ、エロクエンテ
口が軽い	chiacchierone	キアッキエローネ
口が悪い	maldicente	マルディチェンテ
くちびる p83	labbro	ラッブロ
口紅 p47	rossetto	ロッセット
靴 p45	scarpe	スカルペ
靴屋 p45	calzoleria	カルツォレリーア
くした	calze	カルツェ
くっつく	attaccarsi	アッタッカルスィ

116

日本語	イタリア語	カナ
研修	pratica	プラティカ
拳銃	pistola	ピストーラ
原子力	energia nucleare	エネルジア ヌクレアーレ
原子力発電所	centrale nucleare	チェントゥラーレ ヌクレアーレ
原子爆弾	bomba atomica	ボンバ アトーミカ
建設業 p21	impresa edile	インプレーザ エーディレ
現像	sviluppo	ズヴィルッポ
建築	architettura	アルキテットゥーラ
現地の	locale	ロカーレ
憲法	costituzione	コスティトゥツィオーネ
検問	ispezione	イスペツィオーネ
権利	diritto	ディリット
濃い（色）p41	scuro	スクーロ
恋 p78	amore	アモーレ
恋しい	caro	カーロ
恋する	amare	アマーレ
恋人 p78	amore	アモーレ
工具 p21	operaio	オペライオ
公園 p12	parco	パルコ
効果がある	effetto	エッフェット
硬貨 p39	moneta	モネータ
豪華な	lusso	ルッソ
後悔する	pentirsi	ペンティルスィ
公害	inquinamento	インクイナメント
郊外	periferia	ペリフェリーア
合格	promozione, superare un esame	プロモツィオーネ、スペラーレ ウン エザーメ
交換する	scambiare	スカンビアーレ
睾丸	testicoli	テスティコリ
好奇心	curiosità	クリオズィタ
香水 p47	profumo	プロフーモ
抗議する	reclamare	レクラマーレ
工業	industria	インドゥストゥリア
航空券 p8	biglietto di volo	ビリェット ディ ヴォーロ
航空会社 p8	compagnia d'aereo	コンパニーア ダエレオ
航空便 p8	via aerea	ヴィア アエレア
高血圧 p85	alta pressione	アルタ プレッスィオーネ
口語	lingua parlata	リングア パルラータ
高校	liceo	リチェーオ
広告	pubblicità	ププリチタ
口座	conto	コント
口座番号	numero di conto	ヌーメロ ディ コント
交差点 p13	incrocio	インクローチョ
工事	costruzione	コストゥルツィオーネ
工事中（掲示）	lavori in corso	ラヴォーリ イン コルソ
公衆電話 p8,11	telefono pubblico	テレーフォノ ププリコ
公衆トイレ p8,12	gabinetto pubblico	ガビネット ププリコ
交渉する	negoziare	ネゴツィアーレ
工場	fabbrica	ファッブリカ
香辛料 p59	spezie	スペツィエ
香水 p47	profumo	プロフーモ
洪水	alluvione	アッルヴィオーネ
高層ビル	grattacielo	グラッタチェロ
高速道路 p9,13	autostrada	アウトストゥラーダ
紅茶 p64	tè	テ
交通	traffico	トゥラッフィコ
交通事故 p87	incidente stradale	インチデンテ ストゥラダーレ
強盗 p87	rapinatore	ラピナトーレ
幸福	felicità	フェリチタ
興奮する	eccitarsi	エッチタルスィ
公平な	giusto	ジュスト
公務員 p21	pubblico ufficiale	ププリコ ウッフィチャーレ
肛門 p83	ano	アーノ
小売り	vendita al minuto	ヴェンディタ アル ミヌート
交流	scambio	スカンビオ
声	voce	ヴォーチェ
声が大きい（大声で）	a voce alta	ア ヴォーチェ アルタ
声が小さい（小声で）	sottovoce	ソットヴォーチェ
越える	superare	スペラーレ
氷 p64	ghiaccio	ギアッチョ
凍る	gelare	ジェラーレ
誤解する	capire male	カピーレ マーレ
コカコーラ p64	coca cola	コーカ コーラ
5月 p51,53	maggio	マッジョ
小切手	assegno	アッセーニョ
ゴキブリ p10,93	scarafaggio	スカラファッジョ
故郷 p26	patria	パトゥリア
強盗 p87	rapinatore	ラピナトーレ
国際電話 p11	telefono internazionale	テレーフォノ インテルナツィオナーレ
国籍 p8	nazionalità	ナツィオナリタ
国立公園	parco nazionale	パルコ ナツィオナーレ
こげる	bruciare	ブルチャーレ
ここ p13	qui	クイ
午後 p49	pomeriggio	ポメリッジョ
心	cuore	クオーレ
腰 p83	anca, fianco	アンカ、フィアンコ
乞食	mendicante	メンディカンテ
ご愁傷様	Infinite condoglianze	インフィニーテ コンドリアンツェ
コショウ p56	pepe	ペーペ
故障する p10,86	guastarsi	グアスタルスィ
故障中	guasto	グアスト
個人	individuo	インディヴィドゥオ
個性的な p41	originale	オリジナーレ
小銭 p39	spiccioli	スピッチョリ
午前 p49	mattina	マッティーナ
答える	rispondere	リスポンデレ
国歌	inno nazionale	インノ ナツィオナーレ
国旗	bandiera nazionale	バンディエラ ナツィオナーレ
国境	frontiera	フロンティエーラ
国民	popolo	ポーポロ
コック p55	cuoco	クオーコ
骨折 p82	frattura	フラットゥーラ
小包	pacco	パッコ
骨董品	oggetto di antiquariato	オッジェット ディ アンティクアリアート
コップ	bicchiere	ビッキエーレ
孤独な	solitario	ソリタリオ
今年 p51	quest'anno	クエスタンノ
ことば	parola	パローラ
こども	bambino	バンビーノ
こどもっぽい	bambinesco	バンビネスコ
こども服 p42	vestito per bambini	ヴェスティート ベル バンビーニ
ことわざ	proverbio	プロヴェルビオ
ことわる	rifiutare	リフィウターレ
この	questo	クエスト
このような	come questo	コーメ クエスト
このように	così	コズィ
ごはん（米の飯）	riso bollito	リーゾ ボッリート
ごはん（食事）p54	pasto	パスト
コピーする	copiare	コピアーレ

117

困る essere in difficoltà エッセレ イン ディフィコルタ	**混雑する** essere affollato エッセレ アッフォッラート	**さ行**	**サイズ** *p43,45* misura ミズーラ	**避ける** evitare エヴィターレ	**皿** *p56* piatto ピアット
ゴミ rifiuti リフィウーティ	**今週** questa settimana クエスタ セッティマーナ	**差がある** differente ディッフェレンテ	**最大** massimo マッスィモ	**差出人** mittente ミッテンテ	**サラダ** *p60* insalata インサラータ
ゴミ箱 contenitore di rifiuti コンテニトーレ ディ リフィウーティ	**コンセント** presa di corrente プレーザ ディ コッレンテ	**差がない** simile スィーミレ	**才能** talento タレント	**刺身** fettine di pesce crudo フェッティーネ ディ ペッシェ クルード	**サル** scimmia シンミア
小麦粉 farina ファリーナ	**コンタクトレンズ** lenti a contatto レンティ ア コンタット	**サービス料** *p55* servizio セルヴィツィオ	**再発行** *p87* rilascio リラッショ	**指す** indicare インディカーレ	**さわる** toccare トッカーレ
米 riso リーゾ	**今度（今回）** questa volta クエスタ ヴォルタ	**サーフィン** surf セルフ	**裁判所** *p87* tribunale トゥリブナーレ	**座席** *p15* posto ポスト	**3月** *p51,52* marzo マルツォ
ごめんなさい *p17* mi scusi ミ スクーズィ	**今度（次回）** prossima volta プロッスィマ ヴォルタ	**差異** differenza ディッフェレンツァ	**サイフ** *p44,87* portafoglio ポルタフォッリオ	**座席番号** *p15* numero di posto ヌーメロ ディ ポスト	**三角** triangolo トゥリアンゴロ
小指 *p83* mignolo ミニョーロ	**コンドーム** *p90* preservativo プレセルヴァティーヴォ	**最悪** pessimo ペッスィモ	**材料** materiale マテリアーレ	**～させる** far fare ～ ファル ファーレ	**サンゴ** corallo コラッロ
ゴルフ *p68* golf ゴルフ	**こんにちは** *p16* Buongiorno ブォンジョルノ	**再会する** rivedere リヴェデーレ	**サイン** *p40* firma フィルマ	**さそう** invitare インヴィターレ	**残酷な** crudele クルデーレ
これ questo クエスト	**今晩** stasera スタセーラ	**最近** ultimamente ウルティマメンテ	**サウナ** sauna サウナ	**撮影禁止** *p19,24* vietato fotografare ヴィエタート フォトグラファーレ	**算数** artimetica アルティメティカ
コレクトコール *p11* chiamata con pagamento a destinazione キアマータ コン パガメント ア デスティナツィオーネ	**コンピューター** computer コンピューテル	**細菌** batterio バッテーリオ	**坂（上り）** salita サリータ	**撮影する** *p19,24* filmare フィルマーレ	**サンダル** *p45* sandali サンダリ
殺す ammazzare アンマッツァーレ	**婚約する** *p78* fidanzarsi フィダンツァルスィ	**サイクリング** *p69* ciclismo チクリズモ	**坂（下り）** discesa ディシェーザ	**作家** scrittore スクリットーレ	**サンドイッチ** *p64* tramezzino トゥラメッツィーノ
ころぶ cadere カデーレ		**最後** ultimo ウルティモ	**探す** cercare チェルカーレ	**サッカー** *p66,70* calcio カルチョ	**3等** terzo テルツォ
こわい terribile テッリービレ		**最高の** ottimo オッティモ	**魚** *p60,93* pesce ペッシェ	**さっき** poco fa ポコ ファ	**残念** peccato ペッカート
こわす rompere ロンペレ		**サイコー!** fantastico! ファンタスティコ	**さがる** scendere シェンデレ	**雑誌** *p91* rivista リヴィスタ	**散髪する** tagliare i capelli タリアーレ イ カペッリ
こわれる rompersi ロンペルスィ		**サイコロ** dado ダード	**咲く** fiorire フィオリーレ	**砂糖** *p64* zucchero ズッケロ	**産婦人科** *p84* ginecologia ジネコロジア
今回 questa volta クエスタ ヴォルタ		**祭日** *p52* giorno festivo ジョルノ フェスティーヴォ	**昨晩** ieri sera イエリ セーラ	**砂漠** deserto デゼルト	**サンプル** campione カンピオーネ
今月 *p51* questo mese クエスト メーゼ		**最初** inizio イニツィオ	**サクラ** ciliegio チリエージョ	**さびしい** solitario ソリタリオ	**散歩する** *p12* passeggiare パッセッジャーレ
コンサート *p25,70* concerto コンチェルト		**最小** più piccolo ピュ ピッコロ	**酒** *p55* alcol アルコル	**さむい** *p52* freddo フレッド	**市** città チッタ
		最少 minimo ミニモ	**酒飲み** bevitore ベヴィトーレ	**さめる** raffreddarsi ラッフレッダルスィ	**詩** poesia ポエズィーア
		最新 ultimo ウルティモ	**さけぶ** gridare グリダーレ		**死** morte モルテ

試合 *p66,68* partita パルティータ	事故 incidente インチデンテ	質屋 Monte di Pietà モンテ ディ ピエタ	自動販売機 distributore automatico ディストゥリブトーレ アウトマティコ	自慢する vantarsi ヴァンタルスィ	借金 debito デービト
しあわせ felice フェリーチェ	時刻表 *p14* orario オラーリオ	試着する *p42* provare プロヴァーレ	死ぬ morire モリーレ	地味な modesto モデスト	シャッター扉 serranda セッランダ
シーツ *p10* lenzuolo レンツォーロ	仕事 *p20* lavoro ラヴォーロ	実業家 uomo d'affari ウオーモ ダッファーリ	事務所 ufficio ウッフィーチョ	邪魔をする disturbare ディストゥルバーレ
CD *p91* CD チディ	時差 differenza di ore ディッフェレンツァ ディ オーレ	失業する perdere lavoro ペルデレ ラヴォーロ	事務職 *p20* impiego in ufficio インピエーゴ イン ウッフィーチョ	ジャム marmellata マルメッラータ
寺院 tempio テンピオ	事実 fatto ファット	しつけがいい educato エドゥカート	始発 *p14,48* prima corsa プリマ コルサ	氏名 *p8,98* nome ノーメ	シャワー *p10* doccia ドッチャ
自衛隊 corpo di autodifesa コルポ ディ アウトディフェーザ	刺繍 *p43* ricamo リカーモ	しつけがわるい maleducato マレドゥカート	しばる legare レガーレ	しめった umido ウーミド	シャンプー *p10,90* shampoo シャンプー
塩 *p56* sale サーレ	辞書 dizionario ディッツィオナーリオ	しつこい insistente インシステンテ	耳鼻咽喉科 *p84* otorinolaringoiatria オトリノラリンゴイアトゥリア	閉める *p97* chiudere キューデレ	週 *p50* settimana セッティマーナ
しおからい *p56* salato サラート	事情 circostanza チルコスタンツァ	実際は infatti インファッティ	しびれる essere paralizzato エッセレ パラリッザート	地面 terra テッラ	自由 libertà リベルタ
仕送りする fare rimessa ファーレ リメッサ	地震 terremoto テッレモート	嫉妬する essere geloso エッセレ ジェローゾ	自分 se stesso セ ステッソ	ジャーナリスト *p20* giornalista ジョルナリスタ	自由化 liberalizzazione リベラリッザツィオーネ
市外局番 *p11* prefisso locale プレフィッソ ロカーレ	しずか tranquillo トゥランクイッロ	湿度 umidità ウミディタ	紙幣 *p39* banconota バンコノータ	釈迦 Budda ブッダ	自由席 *p15* posto libero ポスト リベロ
資格 titolo ティートロ	しずむ andare a fondo アンダーレ ア フォンド	失敗 fallo ファッロ	脂肪 grasso グラッソ	社会 società ソチエタ	10月 *p51,52* ottobre オットーブレ
四角 quadro クアドロ	施設 istituto イスティトゥート	湿布 *p85* impiastro インピアストゥロ	しぼりたて *p64* appena spremuto アッペーナ スプレムート	社会福祉 benessere sociale ベネッセレ ソチャーレ	11月 *p51,52* novembre ノヴェンブレ
しかし ma マ	自然 natura ナトゥーラ	質問 domanda ドマンダ	しぼる spremere スプレーメレ	ジャガイモ *p60* patate パターテ	12月 *p51,52* dicembre ディチェンブレ
4月 *p51,53* aprile アプリーレ	子孫 posteri ポステリ	失礼な scortese スコルテーゼ	資本 capitale カピターレ	市役所 municipio ムニチーピオ	習慣 abitudine アビトゥーディネ
しかる rimproverare リンプロヴェラーレ	舌 *p83* lingua リングア	実は a dire la verità ア ディーレ ラ ヴェリタ	資本主義 capitalismo カピタリズモ	車掌 *p14* controllore コントゥロッローレ	宗教 religione レリジョーネ
時間 *p48* tempo テンポ	下 *p13* sotto ソット	自転車 *p69* bici ビチ	資本家 capitalista カピタリスタ	写真 *p19,24* foto フォート	十字架 croce クローチェ
四季 *p52* quattro stagioni クアットゥロ スタジョーニ	時代 epoca エポカ	自動 automatico アウトマティコ	島 *p13* isola イーゾラ	写真屋 negozio di foto ネゴツィオ ディ フォート	住所 *p98* indirizzo インディリッツォ
死刑 pena di morte ペーナ ディ モルテ	下着 *p90* biancheria intima ビアンケリア インティマ	自動車 *p69* macchina マッキナ	姉妹 *p79* sorella ソレッラ	社長 presidente プレズィデンテ	ジュース *p64* succo スッコ
試験 esame エザーメ	仕立て confezione コンフェツィオーネ	自動車保険 assicurazione auto アッスィクラツィオーネ アウト	シャツ *p42* camicia カミーチャ	渋滞 *p9* traffico トゥラッフィコ
資源 risorse リソルセ	7月 *p51,53* luglio ルッリオ		しまう rimettere リメッテレ		

重体
in grave stato di salute
イン グラーヴェ スタート ディ サルーテ

十代の若者
adolescenti
アドレシェンティ

集中する
concentrare
コンチェントゥラーレ

終点 *p15*
capolinea
カポリネア

収入
entrate
エントゥラーテ

充分
abbondante
アッボンダンテ

充分に
abbastanza
アッパスタンツァ

重役
amministratore
アッミニストゥラトーレ

修理する
riparare
リパラーレ

授業
lezione
レツィオーネ

宿題
compito
コンピト

宿泊客 *p10*
cliente
クリエンテ

手術 *p85*
operazione
オペラツィオーネ

首相
Primo Ministro
プリモ ミニストゥロ

出血 *p82*
emorragia
エモッラジア

出国 *p8*
partenza da un paese
パルテンツァ ダ ウン パエーゼ

出産
parto
パルト

出発する *p14,48*
partire
パルティーレ

出発時間 *p14,48*
ora di partenza
オーラ ディ パルテンツァ

出版社
casa editrice
カーザ エディトゥリーチェ

首都 *p28*
capitale
カピターレ

主婦 *p21*
casalinga
カサリンガ

趣味 *p72*
hobby
オッビ

種類
genere, tipo
ジェーネレ、ティーポ

純粋
puro
プーロ

準備する
preparare
プレパラーレ

賞
premio
プレミオ

紹介する
presentare
プレゼンターレ

正月 *p52*
Capodanno
カポダンノ

小学校
scuola elementare
スクオーラ エレメンターレ

乗客 *p8,14*
passeggero
パッセッジェーロ

条件
condizione
コンディツィオーネ

証拠
evidenza
エヴィデンツァ

正午 *p49*
mezzogiorno
メッゾジョルノ

上司
superiore
スペリオーレ

正直
onestà
オネスタ

正直者
persona onesta
ペルソーナ オネスタ

少女（〜10歳位）
bambina
バンビーナ

上手
bravo
ブラーヴォ

少数民族
minoranza nazionale
ミノランツァ ナツィオナーレ

小説 *p72*
romanzo
ロマンツォ

招待
invito
インヴィート

じょうだん
scherzo
スケルツォ

承知した *p19*
d'accordo
ダッコルド

消毒 *p82*
disinfestazione
ディスインフェスタツィオーネ

証人 *p87*
testimone
テスティモーネ

商人
mercante
メルカンテ

少年（〜10歳位）
bambino
バンビーノ

商売
commercio
コンメルチョ

商品 *p40*
articolo
アルティーコロ

賞品
premio
プレーミオ

上品 *p80*
raffinato
ラッフィナート

じょうぶ
robusto
ロブスト

小便
urina
ウリーナ

情報
informazione
インフォルマツィオーネ

消防士 *p20*
vigili del fuoco
ヴィージリ デル フオーコ

証明書 *p87*
certificato
チェルティフィカート

正面
fronte
フロンテ

条約
trattato
トゥラッタート

醤油
salsa di soia
サルサ ディ ソイア

将来
futuro
フトゥーロ

使用料
noleggio
ノレッジョ

ショーウィンドー
vetrina
ヴェトゥリーナ

初級
grado elementare
グラード エレメンターレ

食事 *p54*
pasto
パスト

食堂 *P54*
ristorante
リストランテ

食堂車 *p14*
vagone ristorante
ヴァゴーネ リストランテ

植物 *p93*
pianta
ピアンタ

植物園
giardino botanico
ジャルディーノ ボタニコ

植民地
colonia
コローニア

食欲
appetito
アッペティート

処女
vergine
ヴェルジネ

女性
donna
ドンナ

女性器 *p83*
vagina
ヴァジーナ

食器類 *p56*
stoviglie
ストヴィッリエ

処方箋 *p85*
ricetta
リチェッタ

書類
documento
ドクメント

知らせる
comunicare
コムニカーレ

しらべる
esaminare
エザミナーレ

私立
privato
プリヴァート

知る
sapere, conoscere
サペーレ、コノッシェレ

知っている
conosciuto
コノッシュート

知らない
Non lo so
ノン ロ ソ

しるし
segno
セーニョ

白 *p41*
bianco
ビアンコ

城
castello
カステッロ

シングルルーム *p10*
camera singola
カメラ スィンゴラ

神経
nervo
ネルヴォ

神経質
nervoso
ネルヴォーゾ

神経痛 *p83*
nevralgia
ネヴラルジーア

人口
popolazione
ポポラツィオーネ

申告 *p8*
dichiarare
ディキアラーレ

深刻
grave
グラーヴェ

新婚夫婦 *p78*
sposi novelli
スポーズィ ノヴェッリ

新婚旅行
viaggio di nozze
ヴィアッジョ ディ ノッツェ

診察 *p84*
visita medica
ヴィズィタ メディカ

真実
verità
ヴェリタ

真珠 *p45*
perla
ペルラ

人種
razza
ラッツァ

人種差別
razzismo
ラッツィズモ

信じる
credere
クレーデレ

申請
richiesta
リキエスタ

親戚 *p79*
parente
パレンテ

親切 *p95*
cortesia
コルテズィーア

新鮮
fresco
フレスコ

心臓 *p84*
cuore
クオーレ

心臓発作 *p82*
attacco di cuore
アッタッコ ディ クオーレ

腎臓 *p84*
rene
レーネ

寝台車 *p14*
vagone letto
ヴァゴーネ レット

身体障害者
handicappato
アンディカッパート

身長
altezza
アルテッツァ

しんどい
faticoso
ファティコーゾ

心配する *p87*
preoccuparsi
プレオックパルスィ

神父 *p21*
prete
プレーテ

新聞 *p91*
giornale
ジョルナーレ

じんましん *p82*
orticaria
オルティカリア

親友 *p79*
amico intimo
アミーコ インティモ

信頼する
fidarsi
フィダルスィ

酢 p56 aceto アチェート	すぐに subito スービト	スピード velocità ヴェロチタ	性格 p80 carattere カラッテレ	精神 spirito スピーリト	セーター p43 maglione マッリオーネ
水泳 p68 nuoto ヌオート	スケベ p81 porco ポルコ	スプーン p56 cucchiaio クッキアイオ	正確な preciso プレチーゾ	精神科医 p84 psichiatra プスィキアトゥラ	セールスマン commesso viaggiatore コンメッソ ヴィアッジャトーレ
スイス Svizzera ズヴィッツェラ	すこし p56 un po' ウン ポ	スペイン Spagna スパーニャ	生活 vita ヴィータ	精神病 p84 malattia mentale マラッティア メンターレ	背負う portare sulle spalle ポルターレ スッレ スパッレ
推薦 raccomandazione ラッコマンダツィオーネ	すずしい p52,94 fresco フレスコ	スペイン人・語 spagnolo スパニョーロ	生活費 costo della vita コスト デッラ ヴィータ	成績 risultato リズルタート	世界 mondo モンド
スイッチ interruttore インテッルットーレ	スター divo (diva) ディーヴォ（ディーヴァ）	すべて tutto トゥット	世紀 secolo セーコロ	正装 abito da cerimonia アービト ダ チェリモニア	席 p8,15 posto ポスト
水道 p10 acquedotto アクエドット	スチュワーデス p8 assistente di volo アッスィステンテ ディ ヴォーロ	すべる scivolare シヴォラーレ	正義 giustizia ジュスティツィア	製造する produrre プロドゥーレ	咳 p82 tosse トッセ
水道水 acqua corrente アックァ コッレンテ	頭痛 p83 mal di testa マル ディ テスタ	スポーツ p68 sport スポルトゥ	請求する richiedere リキエーデレ	製造業 industria インドゥストゥリア	責任がある responsabile レスポンサービレ
炊飯器 pentola per cuocere il riso ペントラ ペル クオーチェレ イル リーゾ	ずっと（時間）p48 sempre センプレ	ズボン p43 pantaloni パンタローニ	請求書 fattura ファットゥーラ	ぜいたくな di lusso ディ ルッソ	赤面する diventare rosso ディヴェンターレ ロッソ
吸う（息を） inspirare インスピラーレ	ずっと（程度） più ピュ	炭 carbone カルボーネ	税金 p40 tassa タッサ	成長する crescere クレッシェレ	石油 petrolio ペトゥローリオ
吸う（煙草を）p11 fumare フマーレ	すっぱい p56 acido アーチド	すみません p17 mi scusi ミ スクーズィ	清潔な pulito プリート	生徒 studente ストゥデンテ	セクシー sensuale センスアーレ
数字 p38 cifra チーフラ	ステーキ p61 bistecca ビステッカ	住む abitare アビターレ	制限 limite リーミテ	政党 partito パルティート	積極的 positivo ポズィティーヴォ
スーツ p43 completo コンプレート	すでに già ジャ	済む finire フィニーレ	成功する avere successo アヴェーレ スッチェッソ	青年 giovane ジョーヴァネ	セッケン p90 sapone サポーネ
スーツケース p8 valigia ヴァリージャ	すてる buttare via ブッターレ ヴィア	スラム街 quartiere povero クアルティエーレ ポーヴェロ	性交する fare l'amore ファーレ ラモーレ	生年月日 p50 data di nascita ダータ ディ ナシタ	接続 p11 collegamento コッレガメント
スーパーマーケット p12,40 supermercato スーペルメルカート	ステンレス acciaio inossidabile アッチャイオ イノッスィダービレ	スリ p87 borseggio ボルセッジョ	生産する produrre プロドゥッレ	性病 malattia venerea マラッティア ヴェネーレア	絶対に assolutamente アッソルタメンテ
スープ p59 zuppa ズッパ	ストッキング p42 calze カルツェ	するどい acuto アクート	政治 politica ポリーティカ	政府 governo ゴヴェルノ	接着剤 adesivo アデスィーヴォ
末っ子 p79 minore ミノーレ	ストロー p56 cannuccia カンヌッチャ	すわる sedersi セデルスィ	政治家 politico ポリーティコ	制服 uniforme ウニフォルメ	設備 attrezzatura アットゥレッツァトゥーラ
スカート p43 gonna ゴンナ	砂 sabbia サッビア	寸法 p42 misura ミズーラ	聖書 Bibbia ビッビア	生命 vita ヴィータ	説明する spiegare スピエガーレ
好き piacere ピアチェーレ	素直 docile ドチーレ	性 sesso セッソ	新約聖書 Nuovo Testamento ヌオーヴォ テスタメント	西洋 Occidente オッチデンテ	節約する risparmiare リスパルミアーレ
スキー p68 sci シ	すばらしい splendido スプレンディド	誠意 sincerità スィンチェリタ	旧約聖書 Vecchio Testamento ヴェッキオ テスタメント	西洋人 occidentale オッチデンターレ	設立 fondazione フォンダツィオーネ
		西欧 Europa Occidentale エウローパ オッチデンターレ	政情不安 politica instabile ポリーティカ インスタービレ	生理用品 p90 prodotti sanitari プロドッティ サニタリ	

			た行	大切に思う tenere caro テネーレ カーロ	たおれる cadere カデーレ
せまい piccolo ピッコロ	先祖 antenato アンテナート	そして e poi エ ポイ		たいてい in genere イン ジェーネレ	高い（高さ） p94 alto アルト
ゼロ p38 zero ゼーロ	戦争 guerra グエッラ	そだてる（生き物） p92 allevare アッレヴァーレ	ダース p38 dozzina ドッツィーナ	態度がよい comportarsi bene コンポルタルスィ ベーネ	高い（値段） p40,94 caro カーロ
セロテープ p90 scotch スコッチ	洗濯する lavare ラヴァーレ	そだてる（植物） p93 coltivare コルティヴァーレ	退院 p85 uscire dal ospedale ウッシーレ ダル オスペダーレ	態度が悪い comportarsi male コンポルタルスィ マーレ	宝くじ lotteria ロッテリア
世話する prendersi cura プレンデルスィ クーラ	銭湯 bagno pubblico バーニョ プッブリコ	卒業（高校） diplomarsi ディプロマルスィ	ダイエット p46 dieta ディエタ	大統領 Presidente プレスィデンテ	炊く cuocere クオーチェレ
千 p38 mila ミーラ	全部 tutto トゥット	卒業（大学） laurearsi ラウレアルスィ	体温 temperatura テンペラトゥーラ	台所 p76,90 cucina クチーナ	抱く abbracciare アップラッチャーレ
線 linea リネア	専門学校 scuola professionale スクオーラ プロフェッ スィオナーレ	外 fuori フォーリ	体温計 p84 termometro clinico テルモーメトロ クリニコ	第2次世界大戦 Seconda Guerra Mondiale セコンダ グエッラ モ ンディアーレ	たくさん tanto タント
全員 tutti トゥッティ		蕎麦 pasta di grano saraceno パスタ ディ グラノ サラチェーノ	大学 università ウニヴェルスィタ	代表的な rappresentativo ラップレゼンタティーヴォ	タクシー p9 tassì タッスィ
洗顔 lavarsi il viso ラヴァルスィ イル ヴィーゾ	ゾウ p92 elefante エレファンテ	そばの p13 vicino ヴィチーノ	大学生 p21 studente universitario ストゥデンテ ウニヴェ ルスィターリオ	台風 tifone ティフォーネ	タクシー乗り場 p9 stazione di tassì スタツィオーネ ディ タッスィ
選挙 elezione エレツィオーネ	倉庫 magazzino マガッツィーノ	祖父 p79 nonno ノンノ	大工 p21 falegname ファレニャーメ	たいへん（ただならぬ） grave グラーヴェ	竹 bambù バンブ
選挙 elezione エレツィオーネ	操作する operare オペラーレ	ソファ p74,76 divano ディヴァーノ	たいくつ noia ノイア	大便 feci フェーチ	～だけ solo ~ ソーロ
先月 p51 mese scorso メーゼ スコルソ	そうじ p86 pulizia プリツィーア	祖母 p79 nonna ノンナ	滞在する p10 soggiornare ソッジョルナーレ	逮捕する p87 arrestare アッレスターレ	タコ p60 polpo ポルポ
線香 incenso インチェンソ	葬式 funerale フネラーレ	染める tingere ティンジェレ	大使 ambasciatore アンバシャトーレ	題名 p25,73 titolo ティートロ	凧 aquilone アクイローネ
専攻 specialità スペチャリタ	想像する immaginare インマジナーレ	空 cielo チエーロ	大使館 p87 ambasciata アンバシャータ	ダイヤモンド p45 brillante ブリッランテ	確かな（sure） sicuro スィクーロ
洗剤 p90 detersivo デテルスィーヴォ	相談 consultare コンスルターレ	剃る p46 radere ラデーレ	体重 peso ペーゾ	太陽 p52 sole ソーレ	たしかめる confermare コンフェルマーレ
先日 p51 l'altro giorno ラルトゥロ ジョルノ	僧侶 bonzo ボンゾォ	それ quello クエッロ	だいじょうぶ va bene, non c'è problema ヴァ ベーネ, ノン チェ プロブレーマ	大陸 continente コンティネンテ	足す aggiungere アッジュンジェレ
戦車 carro armato カッロ アルマート	送料 spesa di spedizione スペーサ ディ スペ ディツィオーネ	それから e poi エ ポイ	退職 ritiro リティーロ	代理人 rappresentante ラップレゼンタンテ	たすける p87 aiutare アイウターレ
選手（陸上・体操） p68 atleta アトゥレータ	ソース p59 salsa サルサ	それとも oppure オップーレ	耐水性 stagno スターニョ	耐える sopportare ソッポルターレ	訪ねる visitare ヴィズィターレ
選手（球技など） p66 giocatore ジョカトーレ	速達 p98 espresso エスプレッソ	それら quelli クエッリ	大切 importante インポルタンテ	タオル p10,90 asciugamano アシュガマーノ	たたかう combattere コンバッテレ
先週 p51 settimana scorsa セッティマーナ スコルサ	そこ p13 lì リ	損害 p87 danno ダンノ			
センス gusto グスト	底 fondo フォンド	尊敬する rispettare リスペッターレ			
先生 p21 insegnante インセニャンテ					

たたく battere バッテレ	タマゴ p60 uovo ウォーヴォ	たんぼ risaia リザイア	知識 conoscenza コノシェンツァ	中国 Cina チーナ	貯金する fare economia ファーレ エコノミーア
ただしい p95 corretto コッレット	だます ingannare インガンナーレ	暖房 p10,86 riscaldamento リスカルダメント	地震 terremoto テッレモート	中国人・語 cinese チネーゼ	直接 direttamente ディレッタメンテ
たたむ piegare ピエガーレ	タマネギ p59 cipolla チポッラ	血 p85 sangue サングエ	知人 conoscente コノシェンテ	中止 cessazione チェッサツィオーネ	地理 geografia ジェオグラフィーア
立入禁止 vietato entrare ヴィエタート エントゥラーレ	ためす p42 provare プロヴァーレ	痔 p83 emorroidi エモッロイディ	地図 p8 mappa マッパ	注射 p85 iniezione イニエツィオーネ	治療する p85 curare クラーレ
立つ alzarsi アルツァルスィ	ためらう esitare エズィターレ	治安がいい mantenuto ordine マンテヌート オルディネ	父 p79 padre パードゥレ	駐車する parcheggiare パルケッジャーレ	鎮痛剤 p85 sedativo セタティーヴォ
縦 verticale ヴェルティカーレ	たよる confidare コンフィダーレ	治安が悪い p87 poco sicuro ポコ スィクーロ	ちぢむ p42 accorciarsi アッコルチャルスィ	駐車禁止 p14 divieto di sosta ディヴィエート ディ ソスタ	ツアー p24 viaggio turistico ヴィアッジョ トゥーリスティコ
建物 p13 edificio エディフィーチョ	たりない mancare マンカーレ	地位 grado sociale グラード ソチャーレ	地方 p26 regione レジョーネ	駐車場 p14 parcheggio パルケッジョ	追加する aggiungere アッジュンジェレ
建てる costruire コストゥルイーレ	たりる essere sufficiente エッセレ スッフィチェンテ	地域 zona ゾーナ	茶 p64 tè テ	昼食 p54,64 pranzo プランツォ	（〜に）ついて su 〜 ス
たとえば per esempio ペレゼンピオ	だれ p96 chi キ	ちいさい p42 piccolo ピッコロ	チャーター p9,14 noleggiare ノレッジャーレ	中心 centro チェントゥロ	ツインルーム p10 camera a due letti カーメラ ア ドゥエ レッティ
他人 estraneo エストゥラーネオ	痰 p82 sputo スプート	チーズ p61 formaggio フォルマッジョ	茶色 p41 marrone マッローネ	注文する p55 ordinare オルディナーレ	通貨 p39 valuta ヴァルータ
種 p93 seme セーメ	短期 breve termine ブレーヴェ テルミネ	チェックアウト p10 check out チェッカウトウ	着陸 p8 atterraggio アッテッラッジョ	腸 p84 intestino インテスティーノ	通過する passare パッサーレ
たのしい p95 divertente ディヴェルテンテ	短気 impazienza インパツィエンツァ	チェックイン p10 check in チェッキン	茶わん p56 tazza タッツァ	蝶 p93 farfalla ファルファッラ	通訳する p86 tradurre トゥラドゥーレ
たのしむ divertirsi ディヴェルティルスィ	単語 parola パローラ	地下 sottoterra ソットテッラ	チャンス chance シャンス	彫刻 scultura スクルトゥーラ	通訳の人を呼んで più chiamare un interprete プオ キアマーレ ウ ニンテルプレテ
頼む p18 ordinare オルディナーレ	短所 p80 difetto ディフェット	地下鉄 p14 metropolitana メトゥロポリターナ	注意 attenzione アッテンツィオーネ	長所 p80 merito メリット	つかう usare ウザーレ
タバコ p91 sigaretta スィガレッタ	誕生日 p50 compleanno コンプレアンノ	近い p12 vicino ヴィチーノ	中学校 scuola media スクオーラ メディア	頂上 cima チーマ	つかまえる accalappiare アッカラッピアーレ
タバコを吸う p11 fumare フマーレ	ダンス p72 ballo バッロ	ちがう diverso ディヴェルソ	中級 medio メディオ	朝食 p54,64 prima colazione プリマ コラツィオーネ	つかれる stancarsi スタンカルスィ
ダブルルーム p10 camera doppia カーメラ ドッピア	男性 uomo ウオーモ	近く avvicinare アッヴィチナーレ	中近東 Medio e Vicino Oriente メディオ エ ヴィチーノ オリエンテ	調整する aggiustare アッジュスターレ	つかれた p82 stanco スタンコ
たぶん forse フォルセ	男性器 p83 pene ペーネ	地球 Terra テッラ	中古 di seconda mano ディ セコンダ マーノ	ちょうど（まさしく） proprio プロープリオ	月 luna ルーナ
食べる p22,54 mangiare マンジャーレ	団体 gruppo グルッポ	チケット p25 biglietto ビリエット	中古車 auto di seconda mano アウト ディ セコンダ マーノ	ちょうど（ぴったり） esattamente エザッタメンテ	次 prossimo プロッスィモ
食べ物 p54 cibo チーボ	担当者 persona incaricata ペルソーナ インカリカータ	遅刻する p48 arrivare in ritardo アッリヴァーレ イン リタルド		調味料 p56 condimento コンディメント	

机（書き机） *p76,74* scrivania スクリヴァニーア	**抵抗** resistenza レズィステンツァ	**鉄道** *p14* ferrovia フェッロヴィーア	**電車** *p12,14* treno トゥレーノ	**どういたしまして** *p18* prego プレーゴ	**東洋人** orientale オリエンターレ
償う compensare コンペンサーレ	**Tシャツ** *p43* maglietta マリエッタ	**テニス** *p68* tennis テンニス	**天井** *p76* soffitto ソッフィット	**トウガラシ** *p59* peperoncino ペペロンチーノ	**同僚** collega コッレーガ
つくる fare ファーレ	**DVD** *p91* DVD ディヴディ	**手荷物** *p8,11* bagaglio a mano バガッリオ ア マーノ	**添乗員** *p8,24* accompagnatore アッコンパニャトーレ	**陶器** *p90* ceramica チェラーミカ	**登録する** registrare レジストゥラーレ
つける attaccare アッタッカーレ	**ディスコ** discoteca ディスコテーカ	**デパート** *p12,40* grande magazzino グランデ マガッツィーノ	**転職** cambio di lavoro カンビオ ディ ラヴォーロ	**動機** motivo モティーヴォ	**遠い** *p12* lontano ロンターノ
土 terra テッラ	**ティッシュペーパー** fazzoletto di carta ファッツォレット ディ カルタ	**てぶくろ** *p44* guanti グアンティ	**伝染病** *p84* malattia infettiva マラッティア イン フェッティヴァ	**東京** *p21* Tokio トーキオ	**トースト** *p64* pane tostato パーネ トスタート
続く seguire セグイーレ	**ていねい** cortese コルテーゼ	**デフレ** deflazione デフラツィオーネ	**電池** pila ピーラ	**倒産する** fallire ファッリーレ	**通り** *p13* strada ストゥラーダ
続ける continuare コンティヌアーレ	**テーブル** *p74,76* tavola ターヴォラ	**出る（外へ）** *p96* uscire ウッシーレ	**電灯** luce ルーチェ	**どうぞ〜してください** *p18* "può ~, per favore?" プオ ペル ファヴォーレ	**時々** ogni tanto オンニ タント
つつむ *p40* avvolgere アッヴォルジェレ	**でかける** *p13* uscire ウッシーレ	**テレビ** *p76,91* televisione テレヴィズィオーネ	**伝統的** tradizionale トゥラディツィオナーレ	**到着する** *p15,48* arrivare アッリヴァーレ	**毒** veleno ヴェレーノ
つなぐ legare レガーレ	**手紙** *p12,91,98* lettera レッテラ	**テロ** terrorismo テッロリズモ	**天皇** imperatore インペラトーレ	**到着時刻** *p48* ora di arrivo オーラ ディ アッリーヴォ	**得意（得手）** punto forte プント フォルテ
妻 *p79* moglie モーリエ	**テロリスト** terrorista テッロリスタ	**点** punto プント	**電話** *p8,91* telefono テレーフォノ	**童貞** casità カズィタ	**得意な（自慢）** essere orgoglioso エッセレ オルゴリ オーゾ
つまらない noioso ノイオーゾ	**〜できる** *p96* potere ~ ポテーレ	**店員（女性）** *p40* commessa コンメッサ	**電話帳** elenco telefonico エレンコ テレフォーニコ	**盗難** *p87* furto フルト	**独学する** *p96* imparare da solo インパラーレ ダ ソーロ
罪 peccato ペッカート	**〜できない** *p96* non potere ~ ノン ポテーレ	**出口** *p15* uscita ウッシータ	**電話する** *p11* telefonare テレフォナーレ	**糖尿病** *p85* diabete ディアベーテ	**特産物** *p26* specialità スペチャリタ
爪 unghia ウンギア	**デザート** *p62* dessert デッセル	**天気** *p53* tempo テンポ	**電話番号** *p98* numero di telefono ヌーメロ ディ テレーフォノ	**投票** voto ヴォート	**読書** *p72* leggere レッジェレ
つめたい *p64* freddo フレッド	**デザイン** *p41,74* disegno ディゼーニョ	**天気予報** *p50,53* previsione del tempo プレヴィズィオーネ デル テンポ	**ドアー** *p76* porta ポルタ	**豆腐** caglio di soia カッリオ ディ ソイア	**独身** *p21,78* single スィングル
つよい forte フォルテ	**デジカメ** *p91* macchina fotografica digitale マッキナ フォトグラ フィカ ディジターレ	**電気** elettricità エレットゥリチタ	**ドイツ** Germania ジェルマニア	**同封する** allegare アッレガーレ	**得する** essere vantaggioso エッセレ ヴァンタッ ジョーゾ
つらい duro ドゥーロ	**手数料** *p11* commissione コッミスィオーネ	**電圧** voltaggio ヴォルタッジョ	**ドイツ人・語** tedesco テデスコ	**動物** *p92* animali アニマーリ	**特徴** *p80,94* caratteristica カラッテリスティカ
釣り（魚） pesca ペスカ	**鉄** ferro フェッロ	**天国** Paradiso パラディーゾ	**トイレ** *p8,57* bagno バーニョ	**動物園** giardino zoologico ジャルディーノ ゾーリコ	**独特** originale オリジナーレ
つり銭 *p41,57* resto レスト	**てつだう** aiutare アイウターレ	**伝言** messaggio メッサッジョ	**トイレットペーパー** *p86* carta igienica カルタ イジェニカ	**トウモロコシ** mais マイス	**特別** speciale スペチャーレ
手 *p83* mano マーノ	**手続き** *p87* procedura プロチェドゥーラ	**天才** genio ジェニオ	**籐（とう）** vimini ヴィーミニ	**どうやって？** *p96* come? コーメ	
提案 proposta プロポスタ				**東洋** Oriente オリエンテ	

独立する rendersi indipendente レンデルスィ インディペンデンテ	飛ぶ volare ヴォラーレ	努力する fare sforzo ファーレ スフォルツォ	**な行**	ナス p58 melanzane メランザーネ	何時間 p48 quante ore クアンテ オーレ
時計（腕時計）p49 orologio da polso オロロージョ ダ ポルソ	徒歩 p13 andare a piedi アンダーレ ア ピエディ	取る（持つ） prendere プレンデレ	ない non c'è ノン チェ	なぜ? p96 perché? ペルケ	何種類 quanti tipi クアンティ ティーピ
時計（置時計）p49 orologio da tavolo オロロージョ ダ ターヴォロ	とぼける fare il tonto ファーレ イル トント	取る（取り去る） togliere トッリエレ	内線 p11 numero interno ヌーメロ インテルノ	なぜならば perché ペルケ	何人 p39 quante persone クアンテ ペルソーネ
どこ p13,40,96 dove ドヴェ	トマト p60 pomodoro ポモドーロ	ドル p39 dollaro ドッラロ	ナイフ p56 coltello コルテッロ	夏 p53 estate エスターテ	難民 profughi プローフギ
床屋 barbiere バルビエーレ	止まる fermarsi フェルマルスィ	泥棒 ladro ラードゥロ	内容 contenuto コンテヌート	夏の estivo エスティーヴォ	似合う p42 stare bene スターレ ベーネ
ところで a proposito ア プロポーズィト	泊まる p10 alloggiare アッロッジャーレ	トンネル tunnel トゥンネル	直す p86 riparare リパラーレ	夏休み p53 vacanze estive ヴァカンツェ エスティーヴェ	匂い odore オドーレ
登山 alpinismo アルピニズモ	ドミトリー p10 dormitorio ドルミトリオ		治る p84 guarire グアリーレ	なつかしい nostalgico ノスタルジコ	2月 p51,52 febbraio フェッブライオ
都市 p26,79 città チッタ	友達 p79 amico アミーコ		中 dentro デントゥロ	なに? p96 che cosa? ケ コーザ	にがい p56 amaro アマーロ
歳 p20 età エタ	土曜日 p51 sabato サーバト		中指 p83 dito medio ディート メディオ	ナベ pentola ペントラ	にぎやかな animato アニマート
歳上の p78 maggiore マッジョーレ	トラ tigre ティグレ		長い p42 lungo ルンゴ	生（ナマ）p60 crudo クルード	肉 p61 carne カールネ
歳下の p78 minore ミノーレ	ドライクリーニング lavaggio a secco ラヴァッジョ ア セッコ		長い間 a lungo ア ルンゴ	名前 p8,98 nome ノーメ	肉屋 p61,40 macellaio マチェッライオ
歳とった p78 vecchio ヴェッキオ	トラック camion カーミオン		長靴 p45 stivali スティヴァーリ	波 onda オンダ	憎む odiare オディアーレ
図書館 biblioteca ビブリオテカ	ドラッグ droga ドゥローガ		ながめがいい p10 bella vista ベッラ ヴィスタ	なみだ lacrima ラクリマ	にげる scappare スカッパーレ
閉じる p97 chiudere キューデレ	トラベラーズチェック traveller's cheque トラヴェル シェック		流れ星 meteora メテオラ	悩む tormentarsi トルメンタルスィ	西 p12 ovest オヴェスト
土地 terra テッラ	トランプ p72 mazzo di carte マッツォ ディ カルテ		ながれる scorrere スコーレレ	ならう imparare インパラーレ	西ヨーロッパ Europa Occidentale エウローパ オッチデンターレ
突然 all'improviso アッリンプロッヴィーゾ	鳥 p92 uccello ウッチェッロ		泣く piangere ピアンジェレ	鳴る suonare スオナーレ	ニセモノ falso ファルソ
どっち? quale クアーレ	とり替える scambiare スカンビアーレ		鳴る cantare カンターレ	なるほど! davvero! ダッヴェーロ	日曜日 p51 domenica ドメーニカ
届ける p87 consegnare コンセニャーレ	とり消す cancellare カンチェッラーレ		なくす p87 perdere ペルデレ	慣れる abituarsi アビトゥアルスィ	日記 diario ディアリオ
隣 p13 vicino ヴィチーノ	取り締まり sorveglianza ソルヴェリアンツァ		なぐる p87 colpire コルピーレ	何個 p39 quanti pezzi クアンティ ペッツィ	似ている somigliare ソミリアーレ
	とり肉 p61 pollo ポッロ		投げる gettare ジェッターレ	何時 p48 quando クアンド	

2等 *p15* seconda classe セコンダ クラッセ	**ニワトリ** *p61,92* pollo ポッロ	**熱湯** acqua bollente アックア ボッレンテ	**ののしる** *p23* maledire マレディーレ	**は行**	**配達する** consegnare コンセニャーレ
にぶい（動きが） lento レント	**人気がある** *p41* popolare ポポラーレ	**値引きする** *p40* fare lo sconto ファーレ ロ スコント	**登る** salire サリーレ	**歯** *p83* dente デンテ	**俳優** *p71,72* attore アットーレ
日本 *p21,88* Giappone ジャッポーネ	**人気がない** *p41* impopolare インポポラーレ	**ねむい** avere sonno アヴェーレ ソンノ	**飲む** *p22* bere ベーレ	**葉** *p93* foglia フォッリア	**女優** *p71,72* attrice アットゥリーチェ
日本円 *p39* yen イエン	**人形** bambola バンボラ	**寝る** dormire ドルミーレ	**飲み物** *p55,61,64* bevanda ベヴァンダ	**（〜の）場合** in caso di イン カーゾ ディ	**入る** *p96* entrare エントゥラーレ
日本語 *p88* giapponese ジャッポネーゼ	**人間** umano ウマーノ	**年金** pensione ペンスィオーネ	**乗る** *p9,14* prendere プレンデレ	**パーセント** *p39* per cento ペル チェント	**ハエ** *p93* mosca モスカ
日本酒 sake giapponese サケ ジャッポネーゼ	**妊娠** *p84* concepimento コンチェピメント	**ネンザする** *p82* storcersi ストルチェルスィ	**乗り換える** *p14* cambiare カンビアーレ	**パーティー** festa フェスタ	**墓** tomba トンバ
日本食 *p54* cucina giapponese クチーナ ジャッポネーゼ	**人数** *p39* numero di persona ヌーメロ ディ ペルソーナ	**年収** entrate annuale エントゥラーテ アンヌアーレ		**バーベキュー** barbecue バルベク	**バカ** *p81* scemo シェーモ
日本人 *p21* giapponese ジャッポネーゼ	**ニンニク** *p59* aglio アッリオ	**年齢** *p20* età エタ		**パーマ** permanente ペルマネンテ	**計る** *p40* misurare ミズラーレ
荷物（積荷） carico カリコ	**妊婦** *p84* donna incinta ドンナ インチンタ	**脳** *p83* cervello チェルヴェッロ		**肺** *p84* polmone ポルモーネ	**パキスタン** Pakistan パキスタン
荷物（旅行の） *p8* valigia ヴァリージャ	**抜く** estrarre エストゥラッレ	**農業** *p58,93* agricoltura アグリコルトゥーラ		**灰** cenere チェーネレ	**吐く** *p82* vomitare ヴォミターレ
入学 ammissione a scuola アッミッスィオーネ ア スクオーラ	**脱ぐ** spogliarsi スポッリアルスィ	**農民** *p20* contadino コンタディーノ		**はい（肯定）** *p19* sì スィ	**吐き気** *p82* nausea ナウゼア
入国 *p8* entrata in paese エントゥラータ イン パエーゼ	**盗む** *p87* rubare ルバーレ	**能力** capacità カパチタ		**〜倍** *p38* 〜 volte ヴォルテ	**履く** *p42* mettersi メッテルスィ
入国カード *p8* carta di sbarco カルタ ディ ズバルコ	**布** *p43* tessuto テッスート	**ノート** *p91* quaderno クアデルノ		**灰色** *p41* grigio グリージョ	**爆発する** esplodere エスプローデレ
入場券 *p25* biglietto d'ingresso ビリエット ディングレッソ	**塗る** mettere メッテレ	**のこり** resto レスト		**肺炎** *p85* polmonite ポルモニーテ	**博物館** *p12,24* museo ムゼーオ
入場料 *p25* ingresso イングレッソ	**濡れる** bagnarsi バニャルスィ	**覗く** guardare グアルダーレ		**ハイキング** *p72* ecursione エクルスィオーネ	**ハゲ** calvo カルヴォ
ニュース notizia ノティーツィア	**値打ちがある** valere ヴァレーレ	**望む** volere ヴォレーレ		**灰皿** *p11* posacenere ポザチェーネレ	**バケツ** secchio セッキオ
尿 *p85* urina ウリーナ	**ネコ** *p92* gatto ガット	**望み** voglia ヴォッリア		**歯医者** *p82* dentista デンティスタ	**派遣社員** lavoratore interinale ラヴォラトーレ インテリナーレ
煮る *p61* cuocere クオーチェレ	**ネズミ** topo トーポ	**のど** *p84* gola ゴーラ		**売春** prostituzione プロスティツィオーネ	**箱** scatola スカートラ
庭 *p24* giardino ジャルディーノ	**値段** *p39,40* prezzo プレッツォ	**のどが乾く** *p55,64* avere sete アヴェーレ セーテ		**売春婦** prostituta プロスティトゥータ	**はこぶ** trasportare トゥラスポルターレ
	熱が出る *p82* avere la febbre アヴェーレ ラ フェッブレ			**排泄物** escrementi エスクレメンティ	**はさみ** *p91* forbici フォルビチ

はさむ inserire インセリーレ	8月 *p51,53* agosto アゴスト	花 *p93* fiore フィオーレ	パン *p57,64* pane パーネ	ハンドバッグ *p44* borsetta ボルセッタ	引く tirare ティラーレ フオーリ
端 bordo ボルド	罰 pena ペーナ	話す parlare パルラーレ	晩 *p49* sera セーラ	半日 *p50* mezza giornata メッザ ジョルナータ	低い *p94* basso バッソ
橋 ponte ポンテ	罰金 multa ムルタ	花火 fuoco artificiale フオーコ アルティフィ チャーレ	範囲 campo カンポ	犯人 *p87* colpevole コルペーヴォレ	ヒゲ barba バルバ
箸 bastoncini バストンチーニ	発音 pronuncia プロヌンチャ	羽 (翼) *p92* ala アーラ	繁栄 prosperità プロスペリタ	パンフレット depliant デプリアント	ヒゲそり *p90* rasoio ラゾイオ
はじめて per la prima volta ペル ラ プリマ ヴォルタ	発音してください "Per favore, pronunci." ペル ファヴォーレ プロヌンチ	母 *p79* madre マードゥレ	繁華街 quartiere dei divertimenti クアルティエーレ デイ ディヴェルティメンティ	半分 *p38* mezzo メッツォ	飛行機 *p8* aereo アエレオ
はじめる cominciare コミンチャーレ	パックツアー *p8* viaggio tutto compreso ヴィアッジョ トゥット コンプレーゾ	ハブラシ *p90* spazzolino da denti スパッツォリーノ ダ デンティ	ハンカチ *p42* fazzoletto ファッツォレット	パン屋 fornaio フォルナイオ	ビザ *p8* visto ヴィスト
場所 *p12* luogo ルオーゴ	バックパッカー backpacker バックパッケル	ハミガキ粉 *p90* dentifricio デンティフリーチョ	反感 antipatia アンティパティア	反論 obiezione オビエツィオーネ	美術 *p24* arte アルテ
走る *p97* correre コッレレ	発行する *p87* emettere エメッテレ	速い veloce ヴェローチェ	パンクする bucatura ブカトゥーラ	火 fuoco フオーコ	美術館 *p24* museo d'arte ムゼーオ ダルテ
バス *p14* autobus アウトブス	発行控え copia di emissione コピア ディ エメッ スィオーネ	早く velocemente ヴェロチェメンテ	番号 *p38* numero ヌーメロ	ピアノ pianoforte ピアノフォルテ	秘書 segretario セグレタリオ
はずかしい vergognoso ヴェルゴニョーゾ	払う pagare パガーレ	犯罪 *p87* crimine クリーミネ	ビール *p55,65* birra ビッラ	非常口 uscita di sicurezza ウシータ ディ スィク レッツァ
バスタブ *p10,77* vasca da bagno ヴァスカ ダ バーニョ	発酵する fermentare フェルメンターレ	払い戻す rimborsare リンボルサーレ	万歳! Evviva! エッヴィーヴァ	日帰り andare e tornare in giornata アンダーレ エ トルナー レ イン ジョルナータ	左 *p13* sinistra スィニストゥラ
パスポート *p8,87* passaporto パッサポルト	発車する *p15* partire パルティーレ	針 ago アーゴ	ハンサム *p80* bell'uomo ベッルオーモ	比較する confrontare コンフロンターレ	ひっこす traslocare トゥラスロカーレ
パソコン *p11,98* computer コンピューテル	発車時刻 *p14,48* ora di partenza オーラ ディ パルテンツァ	はり紙 manifesto マニフェスト	反対側 *p13* lato opposto ラート オッポスト	東 *p12* est エストゥ	ひっぱる tirare ティラーレ フオーリ
旗 bandiera バンディエーラ	バッテリー batteria バッテリア	春 *p53* primavera プリマヴェーラ	反対する opporsi オッポルスィ	東アジア Asia Orientale アズィア オリエンターレ	必要とする avere bisogno アヴェーレ ビゾーニョ
バター burro ブッロ	発展途上国 paese in via di sviluppo, paese emergente パエーゼ イン ヴィア ディ ズヴィルッポ パ エーゼ エメルジェンテ	貼る attaccare アッタッカーレ	パンツ *p90* mutande ムタンデ	東ヨーロッパ Europa Orientale エウローパ オリエンターレ	ビデオデッキ videoregistratore ヴィデオレジストゥラトーレ
はだか nudo ヌーダ		晴れ *p53* sereno セレーノ	パンティー *p90* mutandine ムタンディーネ	光 luce ルーチェ	ビデオテープ video ヴィデオ
畑 *p93* campo カンポ	ハデな *p41* vistoso ヴィストーゾ	パレスチナ Palestina パレスティナ	半島 penisola ペニーゾラ	ひき受ける accettare アッチェッターレ	ひどい terribile テッリービレ
はたらく *p20* lavorare ラヴォラーレ	鼻 *p83* naso ナーゾ	腫れる *p82* gonfiare ゴンフィアーレ	半月 *p50* quindici giorni クインディチ ジョルニ	引き出す tirare fuori ティラーレ フオーリ	等しい uguale ウグアーレ
蜂 *p93* vespa ヴェスパ	鼻水 *p82* moccio モッチョ	パワー forza フォルツァ	半年 *p50* sei mesi セイ メーズィ	引き分け *p69* pareggio パレッジョ	人々 gente ジェンテ
ハチミツ miele ミエーレ					

ひとり旅
viaggio da soli
ヴィアッジョ ダ ソーリ

ひとりっ子 *p79*
figlio unico
フィリオ ウーニコ

一人で
da solo
ダ ソーロ

ビニール
vinile
ヴィニーレ

避妊する *p90*
evitare
unagravidanza
エヴィターレ ウナグラ
ヴィダンツァ

避妊薬 *p85*
pillola
ピッロラ

日の出
alba
アルバ

皮膚 *p83*
pelle
ペッレ

皮膚科 *p84*
dermatologia
デルマトロジーア

ひま
tempo libero
テンポ リーベロ

秘密
segreto
セグレート

日焼け *p46*
abbronzatura
アッブロンザトゥーラ

日焼け止め
crema protettiva
クレーマ プロテッ
ティーヴァ

費用
spese
スペーゼ

美容院
parrucchiere
パッルッキエーレ

美容師
estetista
エステティスタ

病院 *p84*
ospedale
オスペダーレ

病気 *p82*
malattia
マラッティア

表現する
esprimere
エスプリーメレ

標準
standard
スタンダルドゥ

評判がいい
che ha buona
reputazione
ケ ア ブウォナ レプ
タツィオーネ

評判が悪い
che ha cattiva
reputazione
ケ ア カッティーヴァ
レプタツィオーネ

比率
proporzione
プロポルツィオーネ

昼 *p49*
mezzogiorno
メッツォジョルノ

昼休み *p48*
intervallo di
mezzogiorno
インテルヴァッロ ディ
メッツォジョルノ

ビル *p12*
palazzo
パラッツォ

広い
largo
ラルゴ

広げる（広くする）
allargare
アッラルガーレ

拾う
raccogliere
ラッコッリエレ

広場 *p12*
piazza
ピアッツァ

ビン
bottiglia
ボッティリア

ピンク *p41*
rosa
ローザ

貧血 *p82*
anemia
アネミア

品質 *p40*
qualità
クアリタ

ファックス *p11*
fax
ファックス

ファッション *p40,75*
moda
モーダ

フィルム
pellicola
ペッリーコラ

風刺
satira
サティラ

封筒 *p91*
busta
ブスタ

夫婦 *p79*
marito e moglie
マリート エ モッリエ

ブーム
boom
ブーム

プール *p10*
piscina
ピシーナ

笛
fischietto
フィスキエット

フェリー *p14*
traghetto
トゥラゲット

ふえる
aumentare
アウメンターレ

フォーク（食器） *p56*
forchetta
フォルケッタ

フォーマル *p42*
ufficiale
ウッフィチャーレ

部下
inferiore
インフェリオーレ

深い
profondo
プロフォンド

不可能
impossibile
インポッスィービレ

服 *p42*
vestito
ヴェスティート

複雑
complicato
コンプリカート

腹痛 *p83*
mal di pancia
マル ディ パンチァ

ふくむ
includere
インクルーデレ

袋 *p40*
sacco
サッコ

不景気
crisi economica
クリースィ エコノミカ

不幸な *p81*
sfortunato
スフォルトゥナート

ふざけるな!
p19,87
Non scherzare!
ノン スケルツァーレ

不思議
misterioso
ミステリオーゾ

侮辱する
offendere
オッフェンデレ

不親切
scortese
スコルテーゼ

ふせぐ
difendere
ディフェンデレ

フタ
coperchio
コペルキオ

ブタ *p61,92*
maiale
マイアーレ

舞台 *p25*
scena
シェーナ

ふたたび
di nuovo
ディ ヌオーヴォ

普通
normale
ノルマーレ

物価
costo di vita
コスト ディ ヴィータ

二日酔い *p82*
sbornia
ズボルニア

ぶつかる
scontrarsi
スコンタルスィ

仏教
buddismo
ブッディズモ

仏教徒
buddista
ブッディスタ

仏像
statua di Budda
スタートゥア ディ ブッダ

筆
pennello
ペンネッロ

ブドウ *p63*
uva
ウーヴァ

不動産
beni immobili
ベーニ インモービリ

不動産屋
agente immobiliare
アジェンテ インモビリ
アーレ

不得意
debole
デーボレ

ふとった *p94*
grasso
グラッソ

赴任
andare in nuova sede
アンダーレ イン ヌ
オーヴァ セーデ

船 *p14*
nave
ナーヴェ

船着き場 *p14*
pontile
ポンティーレ

船便 *p98*
via mare
ヴィア マーレ

船酔い *p82*
mal di mare
マル ディ マーレ

部分
parte
パルテ

不平
lamentela
ラメンテーラ

不便
scomodo
スコーモド

不法
illegale
イッレガーレ

不法滞在
soggiorno illegale
ソッジョルノ イッレガーレ

不法入国 *p8*
immigrazione
illegale
インミグラツィオーネ
イッレガーレ

不眠症 *p82*
insonnia
インソンニア

ふやす
aumentare
アウメンターレ

冬 *p52*
inverno
インヴェルノ

ブラウス *p43*
camicetta
カミチェッタ

ブラシ *p90*
spazzola
スパッツォラ

ブラジャー *p90*
reggiseno
レッジセノ

プラスチック
plastica
プラスティカ

プラチナ *p45*
platino
プラティーノ

フラッシュ可 *p19*
flash consentito
フラッシュ コンセン
ティート

フラッシュ禁止 *p19*
Vietato usare il flash
ヴィエタート ウザー
レ イル フラッシュ

プラットフォーム *p14*
binario
ビナーリオ

フランス *p21*
Francia
フランチャ

フランス人・語 *p21*
francese
フランチェーゼ

古い *p95*
vecchio
ヴェッキオ

古着 *p42*
abiti di seconda
mano
アービティ ディ セコ
ンダ マーノ

ふるさと *p21,26*
paese
パエーゼ

古本屋
negozio di libri usati
ネゴツィオ ディ リブ
リ ウザーティ

ブレスレット *p45*
bracciale
ブラッチャーレ

プレゼント *p40*
regalo
レガーロ

風呂 *p10,77*
vasca da bagno
ヴァスカ ダ バーニョ

プロ
professionista
プロフェッスィオニスタ

フロント *p10*
ricevimento
リチェヴィメント

糞 sterco ステルコ	ペットボトル *p64* bottiglia di plastica ボッティリア ディ プラスティカ	便利 utile ウーティレ	ポケット *p42* tasca タスカ	墓地 cimitero チミテーロ	毎（回、日など） ogni オンニ
～分（時間）*p48* ～ minuti ミヌーティ	別々に separatamente セパラータメンテ	保育園 asilo nido アズィロ ニード	保険 *p84* assicurazione アッスィクラツィオーネ	ホテル *p10* albergo アルベルゴ	前 *p13* prima プリーマ
雰囲気 atmosfera アトゥモスフェーラ	ヘビ *p92* serpente セルペンテ	貿易 commercio estero コンメルチョ エステロ	保険会社 *p87* compagnia d'assicurazione コンパニャ ダッスィクラツィオーネ	歩道 *p13* marciapiede マルチャピエーデ	前へ *p13* davanti ダヴァンティ
文化 *p24,72* cultura クルトゥーラ	ベビーカー carrozzina カッロッツィーナ	方言 *p26* dialetto ディアレット	保護 protezione プロテツィオーネ	ほとんど quasi クアーズィ	前払い pagamento anticipato パガメント アンティチパート
文学 letteratura レッテラトゥーラ	部屋 *p10,76* camera カーメラ	冒険 avventura アッヴェントゥーラ	ほとんど全部 quasi tutto クアーズィ トゥット	骨 *p83* osso オッソ	まがる *p13* curvarsi クルヴァルスィ
文語 lingua letteraria リングア レッテラリア	減る diminuire ディミヌイーレ	方向 *p12* direzione ディレツィオーネ	ホコリ polvere ポルヴェレ	ほほ *p83* guancia グアンチャ	角を曲がる *p13* girare ジラーレ
文章 frasi フラーズィ	ベルト *p42* cintura チントゥーラ	防止 prevenzione プレヴェンツィオーネ	誇り orgoglio オルゴッリオ	ほほえみ sorriso ソッリーゾ	巻く avvolgere アッヴォルジェレ
文法 grammatica グランマティカ	ペン *p91* penna ペンナ	ぼうし *p42* cappello カッペッロ	星 stella ステッラ	ほめる lodare ロダーレ	まくら *p10* cuscino クシーノ
ヘアスタイル acconciatura アッコンチャトゥーラ	弁解 giustificazione ジュスティフィカツィオーネ	放射能 radioattività ラディオアッティヴィタ	欲しい desiderare デズィデラーレ	ボランティア volontario ヴォロンタリオ	マグロ *p60* tonno トンノ
平均 medio メディオ	縫製 *p42* cucito クチート	補償 *p87* compensazione コンペンサツィオーネ	掘る scavare スカヴァーレ	負ける *p69* perdere ペルデレ
平均的な medio メディオ	勉強する studiare ストゥディアーレ	宝石 *p45* gioiello ジョイエッロ	保証する *p87* garantire ガランティーレ	孫 *p79* nipote ニポーテ
兵士 soldato ソルダート	偏見 pregiudizio プレジュディーツィオ	放送 trasmissione トゥラスミッスィオーネ	保証金 cauzione カウツィオーネ	ポルトガル *p21* Portogallo ポルトガッロ	まじめ *p81* serio セリオ
閉店する *p48* chiusura di negozio キウズーラ ディ ネゴツィオ	変更する cambiare カンビアーレ	ボート *p14* barca バルカ	保証書 *p45* certificato di garanzia チェルティフィカート ディ ガランツィア	ポルトガル人・語 portoghese ポルトゲーゼ	まずい（食物）*p56* cattivo カッティーヴォ
平和 pace パーチェ	弁護士 *p21* avvocato アッヴォカート	ボーナス tredicesima トゥレディチェーズィマ	保証人 garante ガランテ	本 *p91* libro リブロ	まずい（事態） brutto ブルット
ページ pagina パージナ	返事 risposta リスポスタ	方法 modo モード	干す（乾かす） asciugare アシュガーレ	本社 sede centrale セーデ チェントゥラーレ	まずい *p95* povero ポーヴェロ
へそ ombelico オンベリコ	弁償する *p87* risarcire リサルチーレ	訪問する visitare ヴィズィターレ	干す（乾燥させる） essiccare エッスィカーレ	ほんとうに veramente ヴェラメンテ	まだ～ *p96* ancora ～ アンコーラ
下手 non bravo ノン ブラーヴォ	変態 *p95* anormalità アノルマリタ	法律 *p87* legge レッジェ	ポスター cassetta delle lettere カッセッタ デッレ レッテレ	ほんもの *p45* vero ヴェーロ	まだ～ない *p96* non ancora ～ ノン アンコーラ
ペット *p92* animale domestico アニマーレ ドメスティコ	ヘンな strano ストゥラーノ	ボール *p66,68* pallone パッローネ	ポスト *p8,12* poster ポステル	本屋 *p12* libreria リブレリア	
ベッド *p10,77* letto レット	便秘 *p82* costipazione コスティパツィオーネ	ボールペン *p91* biro ビーロ	細い *p42* fine フィーネ	翻訳する tradurre トゥラドゥッレ	待合室 *p14* sala d'attesa サラ ダッテーザ
	返品する *p40* rimandare merci リマンダーレ メルチ	ほかの *p41* altro アルトゥロ			

日本語	イタリア語	カタカナ
待ち合わせ p48	appuntamento	アップンタメント
まちがい p95	errore	エッローレ
待つ	aspettare	アスペッターレ
まつげ p47	ciglia	チッリア
マッサージ p46	massaggio	マッサッジョ
まっすぐ p13	diritto	ディリット
祭り p52	festa	フェスタ
～まで	fino a ～	フィーノ ア
窓 p10,77	finestra	フィネストゥラ
まにあう	arrivare in tempo	アッリヴァーレ イン テンポ
マニキュア	manicure	マニクーレ
マネる	imitare	イミターレ
豆 p60	legume	レグーメ
まもなく	fra poco	フラ ポコ
守る	difendere	ディフェンデレ
麻薬	droga	ドゥローガ
まゆげ p47	sopracciglio	ソプラッチリオ
迷う p13	smarrirsi	ズマッリルスィ
マラソン p68	maratona	マラトーナ
丸い	rotondo	ロトンド
まるで～	come ～	コーメ
回す	girare	ジラーレ
満員	pieno	ピエーノ
マンガ p88	fumetto	フメット
満足する	essere contento	エッセレ コンテント
まん中	centro	チェントゥロ
満腹 p57	sazio	サツィオ
実	frutto	フルット
見送る	accompagnare	アッコンパニャーレ
みがく	lucidare	ルチダーレ
右 p13	destra	デストゥラ
未婚 p21	non sposato	ノン スポザート
岬	capo	カーポ
みじかい p94	corto	コルト
水 p55,86	acqua	アックア
水色 p41	celeste	チェレステ
湖 p13	lago	ラーゴ
水着 p43	costume da bagno	コストゥーメ ダ バーニョ
水玉 p43	pois	プワ
店 p40,54	negozio	ネゴツィオ
(～を)見せる	mostrare ～	モストゥラーレ ～
見せて! p40	Fammi vedere	ファンミ ヴェデーレ
味噌	pasta di soia	パスタ ディ ソイア
道 p13	strada	ストゥラーダ
みつける	trovare	トゥロヴァーレ
ミックスの	misto	ミスト
見積り	preventivo	プレヴェンティーヴォ
密輸する	contrabbandare	コントゥラッバンダーレ
みとめる	riconoscere	リコノッシェレ
緑色 p41	verde	ヴェルデ
皆 (みな)	tutti	トゥッティ
港 p12	porto	ポルト
南 p12	sud	スッドゥ
みにくい	brutto	ブルット
身分証明書 p8	carta d'identità	カルタ ディデンティタ
見本 p40	campione	カンピオーネ
耳 p83	orecchio	オレッキオ
脈拍 p84	polso	ポルソ
みやげ p40	regalo	レガーロ
名字 p8,98	cognome	コニョーメ
明朝 p51	domani mattina	ドマニ マッティーナ
明晩 p51	domani sera	ドマニ セーラ
未来	futuro	フトゥーロ
魅力的 p80	affascinante	アッファシナンテ
見る p97	vedere	ヴェデーレ
ミルク p64	latte	ラッテ
民芸品 p44	articoli artigianali	アルティーコリ アル ティジャナーリ
民主主義	democrazia	デモクラツィーア
民族	razza	ラッツァ
民族音楽	musica etnica	ムーズィカ エトゥニカ
民族舞踊	danza popolare	ダンツァ ポポラーレ
むかえる	accogliere	アッコリエレ
むかし	passato	パッサート
名刺	biglietto da visita	ビリエット ダ ヴィズィタ
名詞	nome	ノーメ
婿 (むこ) p79	genero	ジェーネロ
無効 p87	invalido	インヴァーリド
名所 p24	luogo famoso	ルオーゴ ファモーゾ
迷信	superstizione	スペルスティツィオーネ
迷惑	disturbo	ディストゥルボ
ムシ歯 p83	dente cariato	デンテ カリアート
無職 p21	disoccupato	ディズオックパート
むずかしい p95	difficile	ディッフィーチレ
息子 p79	figlio	フィッリオ
むすぶ	legare	レガーレ
娘 p79	figlia	フィッリア
ムダづかい	sprecare	スプレカーレ
夢中	entusiasmo	エントゥーズィアーズモ
胸 p83	petto	ペット
村	villaggio	ヴィッラッジョ
紫 p41	viola	ヴィオラ
ムリな	irragionevole	イッラジョネーヴォレ
無料	gratis	グラーティス
目 p83	occhio	オッキオ
ムシ p93	insetto	インセット
ムシ刺され p82	puntura d'insetto	プントゥーラ ディンセット
メートル p38	metro	メトゥロ
メールアドレス p11,98	indirizzo di posta elettronica	インディリッツォ ディ ポスタ エレットゥロニカ
メガネ	occhiali	オッキアーリ
目薬 p85	collirio	コッリーリオ
(～を)目指す	mirare a ～	ミラーレ ア
メス p92	femmina	フェッミナ
めずらしい	raro	ラーロ
めったに～ない	raro ～	ラーロ
めでたい	lieto	リエート
メニュー p55	menù	メヌ
めまいがする p82	avere un capogiro	アヴェーレ ウン カポ ジーロ
面 (お面)	maschera	マスケラ
綿 p43	cotone	コトーネ
麺 p59	pasta	パスタ
免税 p8	esenzione dalle tasse	エセンツィオーネ ダッレ タッセ
免税店 p8	negozio franco	ネゴツィオ フィアンコ
面積	superficie	スペルフィーチェ
めんどくさい	fastidioso	ファスティディオーゾ
～も	anche ～	アンケ ～

日本語	持っていく系	や行	屋台系	郵便系	許す系

もう〜した p96
già fatto 〜
ジャ ファット

持っていく
portare
ポルターレ

や行

屋台
bancarella
バンカレッラ

郵便番号 p98
codice postale
コーディチェ ポスターレ

許す
perdonare
ペルドナーレ

儲ける
guadagnare
グアダニャーレ

持ってくる
portare
ポルターレ

八百屋
fruttivendolo
フルッティヴェンドロ

家賃 p76
affitto
アッフィット

郵便料金 p12,98
tariffa postale
タリッファ ポスターレ

良い
bene
ベーネ

申し込み p25
iscrizione
イスクリツィオーネ

もてなす
accogliere
アッコリエレ

焼き増し
copia
コピア

薬局 p85
farmacia
ファルマチーア

有名な p70,74
famoso
ファモーゾ

酔う
ubriacarsi
ウブリアカルスィ

申し訳ない p17
"Mi scusi, per favore"
ミ スクーズィ ペル ファヴォーレ

モテるでしょう? p80
Rimorchi?
リモルキ?

野球 p68
baseball
ベースボール

雇う
impiegare
インピエガーレ

ユーモア p81
umorismo
ウモリズモ

用意する
preparare
プレパラーレ

盲腸炎 p85
appendicite
アッペンディチーテ

物
roba
ローバ

約（およそ）p38
circa
チルカ

やぶる
strappare
ストラッパーレ

有料
a pagamento
ア パガメント

要求する
richiedere
リキエーデレ

毛布 p10
coperta
コペルタ

模様（図柄）p43
disegno
ディゼーニョ

焼く p60
bruciare
ブルチャーレ

山 p13
montagna
モンターニャ

床 p76
pavimento
パヴィメント

幼児
bimbo
ビンボ

燃える
bruciare
ブルチャーレ

もらう
ricevere
リチェーヴェレ

ヤクザ
mafia
マフィア

ヤモリ p93
tarantola
タラントラ

ゆかい
divertente
ディヴェルティーレ

用事
impegno
インペーニョ

目的
scopo
スコーポ

森 p13
bosco
ボスコ

約束
appuntamento
アップンタメント

やわらかい
morbido
モルビド

雪 p53
neve
ネーヴェ

用心する
stare attento
スターレ アッテント

目的地 p12
destinazione
デスティナツィオーネ

門
porta
ポルタ

役に立つ
utile
ウーティレ

湯 p86
acqua calda
アックア カルダ

雪が降る p53
nevicare
ネヴィカーレ

ようす
stato
スタート

目標
scopo
スコーポ

問題（problem）
problema
プロブレーマ

ヤケド p82
bruciatura
ブルチャトゥーラ

ゆううつ
malinconia
マリンコニーア

輸出
esportazione
エスポルタツィオーネ

幼稚園
scuola materna
スクオーラ マテルナ

木曜日 p51
giovedì
ジョヴェディ

問題ない（No problem）
non c'è problema
ノン チェ プロブレーマ

野菜 p58
verdura
ヴェルドゥーラ

遊園地
luna-park
ルナパルク

ゆたか
ricco
リッコ

ヨーロッパ
Europa
エウローパ

もし〜ならば
se 〜
セ

優しい
gentile
ジェンティーレ

有害な
veneloso
ヴェレノーゾ

ゆっくり
lentamente
レンタメンテ

余暇
tempo libero
テンポ リベロ

文字
carattere
カラッテレ

易しい
facile
ファーチレ

勇気
coraggio
コラッジョ

ゆっくり話して! p19
Parli piano
パルリ ピアーノ

預金する
deposito
デポーズィト

もしもし
pronto
プロント

ヤシ
palma
パルマ

有効期限 p40
scadenza
スカデンツァ

ゆで玉子 p60
uovo sodo
ウオーヴォ ソード

欲
desiderio
デズィーデロ

持ち歩く
avere sempre con sè
アヴェーレ センプレ コン テ

安い p40
economico
エコノミコ

優勝 p68
vittoria
ヴィットリア

ゆでる p61
far bollire
ファル ボッリーレ

横 p13
fianco
フィアンコ

持ち主
proprietario
プロプリエタリオ

安売り
saldi
サルディ

友情 p79
amicizia
アミチーツィア

輸入
importazione
インポルタツィオーネ

横になる
sdraiarsi
ズドゥライアルスィ

もちろん
certo
チェルト

やすみ p51
riposo
リポーゾ

夕食 p54
cena
チェーナ

指 p83
dito
ディート

よごれる
sporcarsi
スポルカルスィ

もったいない
peccato
ペッカート

やすむ
riposare
リポザーレ

郵送する p12,98
spedire per posta
スペディーレ ペル ポスタ

指輪 p45
anello
アネッロ

予算
preventivo
プレヴェンティーヴォ

持っている
avere
アヴェーレ

やせた p94
magro
マグロ

郵便 p12,98
posta
ポスタ

夢
sogno
ソーニョ

予想
aspettativa
アスペッタティーヴァ

やせる p46
dimagrire
ディマグリーレ

郵便局 p12,98
posta
ポスタ

夢を見る
sognare
ソニャーレ

ヨット p14
barca a vela
バルカ ア ヴェーラ

予定 programma プログランマ	**ら行**	領事館 *p87* consolato コンソラート	歴史 storia ストーリア	**わ行**	わずらわしい fastidioso ファスティディオーゾ
よぶ chiamare キアマーレ	来月 *p51* mese prossimo メーゼ プロッスィモ	領収書 *P40,85* ricevuta リチェヴータ	レストラン *p54* ristorante リストランテ	輪 cerchio チェルキオ	忘れる *p96* dimenticare ディメンティカーレ
予報 previsione プレヴィズィオーネ	ライター *p91* accendino アッチェンディーノ	領土 territorio テッリトリオ	列車 *p14* treno トゥレーノ	ワールドカップ *p67* coppa del mondo コッパ デル モンド	私 *p78* io イオ
予防 prevenzione プレヴェンツィオーネ	来年 *p51* anno prossimo アンノ プロッスィモ	両方 tutti e due トゥッティ エ ドゥーエ	レバー *p61* fegato フェーガト	わいせつな osceno オシェーノ	私の mio ミオ
読む *p97* leggere レッジェレ	楽 comodo コーモド	料理 *p54* cucina クチーナ	練習する fare esercizi ファーレ エゼルチーツィ	わいろ tangente タンジェンテ	私たち *p78* noi ノイ
嫁 *p79* sposa スポーザ	ラジオ radio ラディオ	～料理 *p54* cucina ～ クチーナ ～	レンタカー automobile a noleggio アウトモービレ ア ノレッジョ	ワイン *p55* vino ヴィーノ	私たちの *p78* nostro ノストゥロ
予約 *p46* prenotazione プレノタツィオーネ	理解する capire カピーレ	料理する cucinare クチナーレ	レントゲン *p85* raggi X ラッジョ イックス	赤ワイン *p55* vino rosso ヴィーノ ロッソ	わたす consegnare コンセニャーレ
夜 *p49* notte ノッテ	陸 terra テッラ	旅券番号 *p8,87* numero di passaporto ヌーメロ ディ パッサポルト	連絡する *p11,86* comunicare コムニカーレ	白ワイン *p55* vino bianco ヴィーノ ビアンコ	わたる passare パッサーレ
よろこぶ godersi ゴデルスィ	離婚 *p78* divorzio ディヴォルツィオ	旅行 *p8* viaggio ヴィアッジョ	廊下 corridoio コッリドイオ	若い *p95* giovane ジョーヴァネ	ワニ coccodrillo コッコドゥリッロ
よわい debole デーボレ	理想 ideale イデアーレ	旅行者 turista トゥーリスタ	老眼 presbite プレーズビテ	若者 giovane ジョーヴァネ	わらう ridere リーデレ
4 *p38* quattro クアットゥロ	立派 eccellente エッチェッレンテ	旅行代理店 agenzia di viaggi アジェンツィア ディ ヴィアッジョ	老人 vecchio ヴェッキオ	沸かす scaldare スカルダーレ	割引き *p40* sconto スコント
	理由 ragione ラジョーネ	リンゴ *p63* mela メーラ	ロウソク candela カンデラ	わがまま *p95* capriccioso カプリッチョーゾ	割る dividere ディヴィーデレ
	留学 studiare all'estero ストゥディアーレ アッレステロ	臨時 temporaneo テンポラーネオ	労働者 lavoratore ラヴォラトーレ	わかる *p19* capire カピーレ	割る（割り算） diviso ディヴィーゾ
	留学生 studente estero ストゥデンテ エステロ	留守 assenza アッセンツァ	ローン prestito プレスティト	わからない *p19* Non capisco ノン カピスコ	悪い *p94* cattivo カッティーヴォ
	流行 *p41* moda モーダ	ルームメイト *p79* compagno di camera コンパーニョ ディ カーメラ	録音する registrare レジストゥラーレ	わかりにくい complicato コンプリカート	湾 golfo ゴルフォ
	流行遅れ fuori moda フオーリ モーダ	例 esempio エゼンピオ	録画する registrare immagini レジストゥラーレ インマージニ	わかれる *p96* separarsi セパラルスィ	
	量 quantità クアンティタ	霊 spirito スピーリト	6月 *p51,53* giugno ジューニョ	わける dividere ディヴィーデレ	
	寮 dormitorio ドルミトリオ	冷蔵庫 *p76* frigorifero フリゴリーフェロ	ロシア *p21* Russia ルッスィア	輪ゴム elastico エラスティコ	
	両替する *p8,11* cambiare カンビアーレ	冷房 *p10,86* aria condizionata アリア コンディツィオナータ	ロック *p72* rock ロック	わざと apposta アッポスタ	
	料金 *p25* tariffa タリッファ	レート *p8,11* tasso タッソ	ロビー *p10* atrio アートゥリオ	わざわざ～する appositamente ～ アッポズィータメンテ	

第 **4** 部

イタリア語→日本語 単語集

"第4部" では 2600 以上の単語を収録しています。

旅行者にとって必要度の高い言葉、深い内容を

話すための言葉を厳選しています。

索引ページ番号について
第1部に掲載されている単語に、該当するページ番号を
ふっています。また、その単語に関連する表現が集まっ
ているページ番号も併記しているので、会話の幅が広が
ります。なお、第1部では組み合わせるフレーズに応じ
て名詞や形容詞が変化するため、単語集の表記と必ず
しも一致しない場合があります。

A

Italiano	読み	意味
abbastanza	アッバスタンツァ	充分に
abbondante	アッボンダンテ	充分
abbracciare	アッブラッチャーレ	抱く
abbronzatura	アッブロンザトゥーラ	日焼け p46
abitare	アビターレ	住む
abiti di seconda mano	アービティ ディ セコンダ マーノ	古着 p42
abito da cerimonia	アービト ダ チェリモニア	正装
abituarsi	アビトゥアルスィ	慣れる
abitudine	アビトゥーディネ	習慣
accalappiare	アッカラッピアーレ	つかまえる
accendino	アッチェンディーノ	ライター p91
accessori	アッチェッソーリ	アクセサリー p44
accettare	アッチェッターレ	ひき受ける
acciaio inossidabile	アッチャイオ イノッスィダービレ	ステンレス
accogliere	アッコリエレ	むかえる、もてなす
accompagnare	アッコンパニャーレ	案内する、見送る
accompagnatore	アッコンパニャトーレ	添乗員 p8,24
acconciatura	アッコンチャトゥーラ	ヘアスタイル
accorciarsi	アッコルチャルスィ	ちぢむ p42
aceto	アチェート	酢 p56
acido	アーチド	すっぱい p56
acqua	アックア	水 p55,86
acqua bollente	アックア ボッレンテ	熱湯
acqua calda	アックア カルダ	湯 p86
acqua corrente	アックア コッレンテ	水道水
acqua minerale	アックア ミネラーレ	ミネラルウォーター p55
acqua potabile	アックア ポターピレ	飲料水 p55,64
acquedotto	アクエドット	水道 p10
acuto	アクート	するどい
adesivo	アデスィーヴォ	接着剤
adesso	アデッソ	今 p48
adolescenti	アドレシェンティ	十代の若者
adulto	アドゥルト	おとな
aereo	アエレオ	飛行機 p8
aeroporto	アエロポルト	空港 p8
affare urgenza	アッファーレ ウルジェンツァ	急用
affascinante	アッファシナンテ	魅力的 p80
affittare	アッフィッターレ	借りる
affittare	アッフィッターレ	有料で貸す
affittasi	アッフィッタスィ	貸家
affitto	アッフィット	家賃 p76
affrettarsi	アッフレッタルスィ	いそぐ p9
Afghanistan	アフガニスタン	アフガニスタン
agente immobiliare	アジェンテ インモビリアーレ	不動産屋
agenzia di viaggi	アジェンツィア ディ ヴィアッジョ	旅行代理店
aggiungere	アッジュンジェレ	加える、足す、追加する
aggiustare	アッジュスターレ	調整する
aglio	アッリオ	ニンニク p59
ago	アーゴ	針
agosto	アゴスト	8月 p51,53
agricoltura	アグリコルトゥーラ	農業 p58,93
aids	アイディーエッセ	エイズ p84
aiutare	アイウターレ	たすける、てつだう p87
ala	アーラ	羽(翼) p92
alba	アルバ	日の出
albergo	アルベルゴ	ホテル p10
albero	アルベロ	木(樹木) p93
alcol	アルコル	酒 p55
alcuni	アルクーニ	いくつかの
alla moda	アッラ モーダ	オシャレ p44,75
allargare	アッラルガーレ	広げる(広くする)
allegare	アッレガーレ	同封する
allegro	アッレグロ	明るい(性格) P95
allenatore	アッレナトーレ	スポーツの監督 p68
allergia	アッレルジーア	アレルギー p84
allergia da pollini	アッレルジア ダ ポッリニ	花粉症 p82
allevare	アッレヴァーレ	飼う、そだてる(生き物) p92
all'improviso	アッリンプロッヴィーゾ	突然
alloggiare	アッロッジャーレ	泊まる p10
allungare	アッルンガーレ	延長する
alluvione	アッルヴィオーネ	洪水
alpinismo	アルピニズモ	登山
alta pressione	アルタ プレッスィオーネ	高血圧
altezza	アルテッツァ	身長
alto	アルト	高い(高さ)
altro	アルトゥロ	ほかの p41
alzare	アルツァーレ	上げる(上に)、起こす p48
alzarsi	アルツァルスィ	起きる、立つ p48
amante	アマンテ	愛人
amare	アマーレ	愛する、恋する p78
amaro	アマーロ	にがい p56
ambasciata	アンバシャータ	大使館 p87
ambasciatore	アンバシャトーレ	大使
ambiente	アンビエンテ	環境
ambulanza	アンブランツァ	救急車 p82
amicizia	アミチーツィア	友情 p79
amico	アミーコ	友達 p79
amico intimo	アミーコ インティモ	親友 p79
ammazzare	アンマッツァーレ	殺す
amministrare	アンミニストゥラーレ	経営する
amministratore	アッミニストゥラトーレ	重役
ammirare	アンミラーレ	感心する
ammissione a scuola	アッミッスィオーネ ア スクオーラ	入学
amore	アモーレ	愛、恋、恋人 p78
anatra	アナトゥラ	アヒル p61
anatra selvatica	アナトゥラ セルヴァティカ	鴨
anca, fianco	アンカ、フィアンコ	腰 p83
anche ~	アンケ	～も
ancora ~	アンコーラ	まだ～ p96

andare アンダーレ 行く *p12,14*	**anormalità** アノルマリタ 変態 *p95*	**arancio** アランチョ オレンジ色 *p41*	**ascoltare** アスコルターレ 聞く(listen)	**attaccarsi** アッタッカルスィ くっつく
andare a fondo アンダーレ ア フォンド しずむ	**antenato** アンテナート 先祖	**architettura** アルキテットゥーラ 建築	**Asia** アズィア アジア *p21*	**attacco di cuore** アッタッコ ディ クオーレ 心臓発作 *p82*
andare a giocare アンダーレ ア ジョカーレ 遊びに行く *p13*	**antichità** アンティキタ アンティーク	**argento** アルジェント 銀 *p45*	**Asia Orientale** アズィア オリエンターレ 東アジア	**attenzione** アッテンツィオーネ 注意
andare a piedi アンダーレ ア ピエディ 徒歩 *p12*	**antipatia** アンティパティア 反感	**aria** アリア 空気	**asilo nido** アズィロ ニード 保育園	**atterraggio** アッテッラッジョ 着陸 *p8*
andare bene アンダーレ ベーネ 合う	**anulare** アヌラーレ くすり指 *p83*	**aria condizionata** アリア コンディツィオナータ エアコン、クーラー、冷房 *p10,86*	**aspettare** アスペッターレ 待つ	**attivo** アッティーヴォ 活発な
andare d'accordo アンダーレ ダッコルド 気が合う	**aperto** アペルト 開放的	**arma** アルマ 軍隊	**aspettativa** アスペッタティーヴァ 予想	**attore** アットーレ 俳優 *p71,72*
andare e tornare in giornata アンダーレ エ トルナーレ イン ジョルナータ 日帰り	**apparire** アッパリーレ 現れる	**arrabbiarsi** アッラッビアルスィ 怒る *p19*	**aspirare** アスピラーレ あこがれる	**attraversamento pedonale** アットゥラヴェルサメントゥ ペドナーレ 横断歩道 *p13*
andare in nuova sede アンダーレ イン ヌオーヴァ セーデ 赴任	**appartamento** アッパルタメント アパート *p76*	**arrestare** アッレスターレ 逮捕する *p87*	**aspirina** アスピリーナ 解熱剤 *p85*	**attrezzatura** アットゥレッツァトゥーラ 設備
andata アンダータ 片道 *p14*	**appellativo** アッペッラティーヴォ 愛称 *p81*	**arrivare** アッリヴァーレ 到着する *p15,48*	**assaggiare** アッサッジャーレ 味見する *p56*	**attrice** アットゥリーチェ 女優 *p71,72*
andata e ritorno アンダータ エ リトルノ 往復 *p14*	**appena spremuto** アッペーナ スプレムート しぼりたて *p64*	**arrivare in ritardo** アッリヴァーレ イン リタルド 遅刻する *p48*	**assegno** アッセーニョ 小切手	**audiocassetta** アウディオカッセッタ カセットテープ *p91*
anello アネッロ 指輪 *p45*	**appendicite** アッペンディチーテ 盲腸炎 *p85*	**arrivare in tempo** アッリヴァーレ イン テンポ まにあう	**assenza** アッセンツァ 欠席、留守	**auguri** アウグーリ おめでとう *p17*
anemia アネミア 貧血 *p82*	**appetito** アッペティート 食欲	**arte** アルテ 芸術 *p24,72*、美術 *p24*	**assicurazione** アッスィクラツィオーネ 保険 *p84*	**aumentare** アウメンターレ ふえる、ふやす
animale domestico アニマーレ ドメスティコ ペット	**appositamente ~** アッポズィータメンテ わざわざ~する	**articoli artigianali** アルティーコリ アルティジャナーリ 民芸品 *p44*	**assicurazione auto** アッスィクラツィオーネ アウト 自動車保険	**autista** アウティスタ 運転手 *p9,14,21*
animali アニマーリ 動物 *p92*	**apposta** アッポスタ わざと	**articolo** アルティーコロ 商品 *p40*	**assistente di volo** アッスィステンテ ディ ヴォーロ スチュワーデス *p8*	**auto di seconda mano** アウト ディ セコンダ マーノ 中古車
animali domestici アニマーリ ドメスティチ 家畜 *p92*	**appuntamento** アップンタメント 待ち合わせ、約束 *p48*	**artimetica** アルティメティカ 算数	**assistere** アッシステレ 援助する	**autobus** アウトブス バス *p14*
animato アニマート にぎやかな	**aprile** アプリーレ 4月 *p51,53*	**artista** アルティスタ 芸術家 *p70*	**assolutamente** アッソルタメンテ 絶対に	**automatico** アウトマティコ 自動
anniversario アンニヴェルサーリオ 記念日 *p52*	**aprire** アプリーレ 開ける、開放する *p97*	**ascensore** アシェンソーレ エレベーター	**atleta** アトゥレータ 選手(陸上・体操) *p68*	**automobile a noleggio** アウトーモービレ ア ノレッジョ レンタカー
anno prossimo アンノ プロッスィモ 来年 *p51*	**aprire un negozio** アプリーレ ウン ネゴツィオ 開店する *p48*	**asciugamano** アシュガマーノ タオル *p10,90*	**atmosfera** アトゥモスフェーラ 雰囲気	**autostrada** アウトストラーダ 高速道路 *p9,13*
ano アーノ 肛門 *p83*	**aquilone** アクイローネ 凧	**asciugare** アシュガーレ 乾かす、干す	**atrio** アートゥリオ ロビー *p10*	**autunno** アウトゥンノ 秋 *p52*
	arancia アランチャ オレンジ *p63*	**asciugarsi** アシュガルスィ 乾く	**attaccare** アッタッカーレ くっつける、つける、貼る	

B

avaro アヴァーロ けち p80	bacio バーチョ キス	bandiera バンディエーラ 旗	beni immobili ベーニ インモービリ 不動産	biro ビーロ ボールペン p91
avere アヴェーレ 持っている	backpacker バックパッケル バックパッカー	bandiera nazionale バンディエラ ナツィオナーレ 国旗	benzina ベンズィーナ ガソリン p69	birra ビッラ ビール p55,65
avere bisogno アヴェーレ ビゾーニョ 必要とする	bagaglio a mano バガッリオ ア マーノ 機内持ち込み p8、 手荷物 p8,11	barba バルバ ヒゲ	bere ベーレ 飲む	bistecca ビステッカ ステーキ p61
avere fame アヴェーレ ファーメ お腹がすく	bagnarsi バニャルスィ 濡れる	barbecue バルベク バーベキュー	bevanda ベヴァンダ 飲み物	bocca ボッカ 口 p83
avere la diarrea アヴェーレ ラ ディアッレア 下痢をする p82	bagno バーニョ トイレ p8,57	barbiere バルビエーレ 床屋	bevitore ベヴィトーレ 酒飲み	bomba atomica ボンバ アトーミカ 原子爆弾
avere la febbre アヴェーレ ラ フェッブレ 熱が出る p82	bagno pubblico バーニョ プッブリコ 銭湯	barca バルカ ボート p14	biancheria intima ビアンケリア インティマ 下着 p90	bonzo ボンゾォ 僧侶
avere prurito, pruriginoso アヴェーレ プルリート、 プルリジノーゾ かゆい p82	ballare バッラーレ 踊る	barca a vela バルカ ア ヴェーラ ヨット p14	bianco ビアンコ 白 p41	boom ブーム ブーム
avere risentimento アヴェーレ リセンティメント うらむ	ballo バッロ 踊り、ダンス p72	base バーゼ 基地	Bibbia ビッビア 聖書	bordo ボルド 端
avere sempre con sè アヴェーレ センプレ コン セ 持ち歩く	bambina バンビーナ 女の子,少女(〜 10 歳位)	baseball ベースボール 野球 p68	biblioteca ビブリオテカ 図書館	borsa ボルサ カバン p44,75,87
avere sete アヴェーレ セーテ のどが乾く p55,64	bambinesco バンビネスコ こどもっぽい	basso バッソ 低い p94	bicchiere ビッキエーレ コップ	borseggio ボルセッジョ スリ p87
avere sonno アヴェーレ ソンノ ねむい	bambino バンビーノ 男の子,少年(〜 10 歳位)、 こども	bastoncini バストンチーニ 箸	bici ビチ 自転車 p69	borsetta ボルセッタ ハンドバッグ p44
avere successo アヴェーレ スッチェッソ 成功する	bambola バンボラ 人形	battere バッテレ 打つ、たたく	biglietto ビリエット チケット p25	bosco ボスコ 森 p13
avere un capogiro アヴェーレ ウン カポジーロ めまいがする p82	bambù バンブ 竹	batteria バッテリア バッテリー	biglietto da visita ビリエット ダ ヴィズィタ 名刺	bottiglia ボッティッリア ビン
avvenimento アッヴェニメント 行事 p52	banca バンカ 銀行 p12,39	batterio バッテーリオ 細菌	biglietto di andata ビリエット ディ アンダータ 片道切符 p14	bottiglia di plastica ボッティリア ディ プラスティカ ペットボトル p64
avventura アッヴェントゥーラ 冒険	bancarella バンカレッラ 屋台	bella vista ベッラ ヴィスタ ながめがいい p10	biglietto di andata e ritorno ビリエット ディ アンダータ エ リトルノ 往復切符 p14	bracciale ブラッチャーレ ブレスレット p45
avvicinare アッヴィチナーレ 近づく	banchetto バンケット 宴会	bello ベッロ うつくしい、きれいな p80,94	biglietto di volo ビリエット ディ ヴォーロ 航空券 p8	bravo ブラーヴォ 上手い、上手
avvocato アッヴォカート 弁護士 p21	bancomat バンコマットゥ ATM p39	bell'uomo ベッルオーモ ハンサム p80	biglietto d'ingresso ビリエット ディングレッソ 入場券 p25	breve termine ブレーヴェ テルミネ 短期
avvolgere アッヴォルジェレ つつむ、巻く p40	banconota バンコノータ 紙幣 p39	bene ベーネ 良い	bimbo ビンボ 幼児	brillante ブリッランテ ダイヤモンド p45
azzurro アッズーロ 青い p41		benefattore ベネファットーレ 恩人	binario ビナーリオ プラットフォーム p14	bronchite ブロンキーテ 気管支炎 p82
		benessere sociale ベネッセレ ソチャーレ 社会福祉		bruciare ブルチャーレ こげる、燃える、焼く p60

	C			
bruciatura ブルチャトゥーラ ヤケド p82	**cadere** カデーレ 落ちる、ころぶ、たおれる	**camicetta** カミチェッタ ブラウス p43	**capitale** カピターレ 資本、首都 p28	**carta di sbarco** カルタ ディ ズバルコ 入国カード p8
brutto ブルット まずい (事態)、みにくい	**caffè freddo** カッフェ フレッド アイスコーヒー p64	**camicia** カミーチャ シャツ p42	**capitalismo** カピタリズモ 資本主義	**carta d'identità** カルタ ディデンティタ 身分証明書 p8
bucatura ブカトゥーラ パンクする	**caglio di soia** カッリオ ディ ソイア 豆腐	**camion** カーミオン トラック	**capitalista** カピタリスタ 資本家	**carta igienica** カルタ イジェニカ トイレットペーパー p86
buco ブーコ 穴	**calcio** カルチョ サッカー p66,70	**camminare** カンミナーレ あるく p12	**capo** カーポ 岬	**cartolina** カルトリーナ 絵はがき p91
Budda ブッダ 釈迦	**calcolare** カルコラーレ 計算する	**campione** カンピオーネ サンプル、見本 p40	**Capodanno** カポダンノ 正月 p52	**casa** カーザ 家 p76
buddismo ブッディズモ 仏教	**caldo** カルド 暖かい、暑い p52	**campo** カンポ 範囲、畑 p93	**capolinea** カポリネア 終点 p15	**casa editrice** カーザ エディトゥリーチェ 出版社
buddista ブッディスタ 仏教徒	**calendario** カレンダーリオ カレンダー p50,91	**campo sportivo** カンポ スポルティーヴォ 競技場 p66	**cappello** カッペッロ ぼうし p42	**casalinga** カサリンガ 主婦 p21
bue ブエ ウシ (牛) p61,92	**calvo** カルヴォ ハゲ	**cancellare** カンチェッラーレ キャンセルする、とり消す	**capriccioso** カプリッチョーゾ わがまま p95	**casalinghi** カザリンギ 家庭用品 p76,90
bugia ブジーア うそ p95	**calze** カルツェ くつした、ストッキング p42	**cancro** カンクロ ガン p83	**carattere** カラッテレ 性格、文字 p80	**casinò** カズィノ カジノ
buio ブイオ 暗い	**calzoleria** カルツォレリア 靴屋 p45	**candela** カンデラ ロウソク	**caratteristica** カラッテリスティカ 特徴 p80,94	**casità** カズィタ 童貞
buon parlatore, eloquente ブォン パルラトーレ、エロクエンテ 口がうまい	**cambiare** カンビアーレ 変える、変わる、乗り換える、変更する、両替する p8,11	**cane** カーネ 犬 p92	**carbone** カルボーネ 炭	**cassetta delle lettere** カッセッタ デッレ レッテレ ポスター
buon profumo ブォン プロフーモ いい香り	**cambiarsi** カンビアルスィ 着替える p42	**cannuccia** カンヌッチャ ストロー p56	**carcere** カルチェレ 刑務所	**castagna** カスターニャ 栗
buon umore ブォン ウモーレ 機嫌がいい	**cambio di lavoro** カンビオ ディ ラヴォーロ 転職	**cantante** カンタンテ 歌手 p70	**carico** カリコ 荷物 (積荷)	**castello** カステッロ 城
buona notte ブォナ ノッテ おやすみなさい p16	**camera** カーメラ 部屋 p10,76	**cantare** カンターレ 歌う、鳴く	**carino** カリーノ かわいい p80	**cattivo** カッティーヴォ まずい (食物) p56、悪い p94
Buongiorno ブォンジョルノ こんにちは p16	**camera a due letti** カーメラ ア ドゥエ レッティ ツインルーム p10	**canzone** カンツォーネ 歌 p25,70	**carne** カールネ 肉 p61	**cattivo umore** カッティーヴォ ウモーレ 機嫌が悪い
buono ブォーノ いい、おいしい p56	**camera doppia** カーメラ ドッピア ダブルルーム p10	**capacità** カパチタ 能力	**caro** カーロ 恋しい、高い (値段) p40	**cattolico** カットーリコ カトリック
burro ブッロ バター	**camera singola** カメラ スィンゴラ シングルルーム p10	**capelli** カペッリ 髪、毛 p43	**carro armato** カッロ アルマート 戦車	**cauzione** カウツィオーネ 保証金
busta ブスタ 封筒 p91	**cameriere** カメリエーレ ウエイター p20,55	**capelli biondi** カペッリ ビオンディ 金髪	**carrozzina** カッロッツィーナ ベビーカー	**cavallo** カヴァッロ ウマ (馬) p92
buttare via ブッターレ ヴィア すてる		**capire** カピーレ 理解する、わかる p19	**carta** カルタ カード	**cazzo** カッツォ おちんちん p83
		capire male カピーレ マーレ 誤解する	**carta di credito** カルタ ディ クレーディト クレジットカード p40	**CD** チディ CD p91

celebrare
チェレブラーレ
いわう *p17*

celeste
チェレステ
水色 *p41*

cena
チェーナ
夕食 *p54*

cenere
チェーネレ
灰

centrale nucleare
チェントゥラーレ ヌクレアーレ
原子力発電所

centro
チェントゥロ
中心、まん中

ceramica
チェラーミカ
陶器 *p90*

cercare
チェルカーレ
探す

cerchio
チェルキオ
輪

certificato
チェルティフィカート
証明書 *p87*

certificato di garanzia
チェルティフィカート ディ ガランツィア
保証書 *p45*

certo
チェルト
もちろん

cervello
チェルヴェッロ
脳 *p83*

cessazione
チェッサツィオーネ
中止

cesto
チェスト
カゴ

cetriolo
チェトゥリオーロ
キュウリ

chance
シャンス
チャンス

che cosa?
ケ コーザ
なに? *p96*

che ha buona reputazione
ケ ア ブウォナ レプタツィオーネ
評判がいい

che ha cattiva reputazione
ケ ア カッティーヴァ レプタツィオーネ
評判が悪い

check in
チェッキン
チェックイン *p10*

check out
チェッカウトゥ
チェックアウト *p10*

chi
キ
だれ *p96*

chiacchierone
キアッキェローネ
口が軽い

chiamare
キアマーレ
よぶ

chiamata con pagamento a destinazione
キアマータ コン パガメント ア デスティナツィオーネ
コレクトコール *p11*

chiaro
キアーロ
明るい

chiave
キアーヴェ
カギ *p86*

chiesa
キエーザ
教会 *p24*

chilogrammo
キログランモ
キログラム *p39*

chilometro
キローメトゥロ
キロメートル *p39*

chimica
キミカ
化学

chiodo
キオード
クギ

chirurgia
キルルジア
外科 *p84*

chiudere
キューデレ
閉める、閉じる *p97*

chiudere a chiave
キューデレ ア キアーヴェ
カギをかける *p86*

chiusura di negozio
キウズーラ ディ ネゴツィオ
閉店する *p48*

cibo
チーボ
食べ物 *p54*

ciclismo
チクリズモ
サイクリング *p69*

cielo
チエーロ
空

cifra
チーフラ
数字 *p38*

ciglia
チッリア
まつげ *p47*

ciliegio
チリエージョ
サクラ

cima
チーマ
頂上

cimitero
チミテーロ
墓地

Cina
チーナ
中国

cinema
チーネマ
映画館 *p13,25*

cinese
チネーゼ
中国人・中国語

cintura
チントゥーラ
ベルト *p42*

cipolla
チポッラ
タマネギ *p59*

circa
チルカ
約（およそ）*p38*

circa ~
チルカ
およそ～

circostanza
チルコスタンツァ
事情

città
チッタ
市、都市 *p26,79*

classico, musica classica
クラッスィコ、ムズィカ クラッスィカ
クラシック *p72*

cliente
クリエンテ
客、宿泊客 *p10*

clima
クリーマ
気候 *p52*

coca cola
コーカ コーラ
コカコーラ *p64*

coccodrillo
コッコドゥリッロ
ワニ

codice
コーディチェ
暗証番号

codice postale
コーディチェ ポスターレ
郵便番号 *p98*

cognome
コニョーメ
名字 *p8,98*

collaborare
コッラボラーレ
協力する

collega
コッレーガ
同僚

collegamento
コッレガメント
接続

collina
コッリーナ
丘

collirio
コッリーリオ
目薬 *p85*

collo
コッロ
エリ（襟）*p42*、首 *p83*

colonia
コローニア
植民地

colore
コローレ
色 *p41*

colpa
コルパ
過失

colpevole
コルペーヴォレ
犯人 *p87*

colpire
コルピーレ
なぐる *p87*

coltello
コルテッロ
ナイフ *p56*

coltivare
コルティヴァーレ
そだてる（植物）*p93*

combattere
コンバッテレ
たたかう

come?
コーメ
どうやって？ *p96*

come ~
コーメ
まるで～

come questo
コーメ クエスト
このような

come sta?
コメ スタ
元気ですか？ *p16*

cominciare
コミンチャーレ
はじめる

commercio
コンメルチョ
商売

commercio estero
コンメルチョ エステロ
貿易

commessa
コンメッサ
店員（女性）*p40*

commesso viaggiatore
コンメッソ ヴィアッジャトーレ
セールスマン

commissione
コンミッスィオーネ
手数料 *p11*

comodo
コーモド
楽

compagnia d'aereo
コンパニーア ダエレオ
航空会社 *p8*

compagnia d'assicurazione
コンパニャ ダッスィクラツィオーネ
保険会社 *p87*

compagno di camera
コンパーニョ ディ カーメラ
ルームメイト *p79*

compagno di classe
コンパーニョ ディ クラッセ
クラスメート

compensare
コンペンサーレ
償う

compensazione
コンペンサツィオーネ
補償 *p87*

compilare
コンピラーレ
記入する

compito
コンピト
宿題

compleanno
コンプレアンノ
誕生日 *p50*

completo
コンプレート
スーツ p43

complicato
コンプリカート
複雑、わかりにくい

comportarsi bene
コンポルタルスィ ベーネ
行儀がいい、態度がよい

comportarsi male
コンポルタルスィ マーレ
行儀が悪い、態度が悪い

comprare
コンプラーレ
買う p40,74

computer
コンピューテル
コンピューター、パソコン p11,98

comune
コムーネ
あたり前

comunicare
コムニカーレ
知らせる、連絡する p11,86

comunismo
コムニズモ
共産主義

concentrare
コンチェントゥラーレ
集中する

concepimento
コンチェピメント
妊娠 p84

concerto
コンチェルト
コンサート p25,70

conchiglie
コンキッリエ
貝 p60

concorrenza
コンコッレンツァ
競争

condimento
コンディメント
調味料 p56

condizione
コンディツィオーネ
条件

confermare
コンフェルマーレ
たしかめる

confezione
コンフェツィオーネ
仕立て

confidare
コンフィダーレ
たよる

confrontare
コンフロンターレ
比べる、比較する

conoscente
コノシェンテ
知人

conoscenza
コノシェンツァ
知識

conosciuto
コノッシュート
知っている

consegnare
コンセニャーレ
届ける、配達する、わたす p87

consolato
コンソラート
領事館 p87

consultare
コンスルターレ
相談

contabilità
コンタビリタ
経理

contadino
コンタディーノ
農民 p20

contare
コンターレ
数える p38、勘定する p40,57

contenitore di rifiuti
コンテニトレ ディ リフィウーティ
ゴミ箱

contento
コンテント
うれしい

contenuto
コンテヌート
内容

continente
コンティネンテ
大陸

continuare
コンティヌアーレ
続ける

conto
コント
会計、口座 p57

contrabbandare
コントゥラッバンダーレ
密輸する

contratto
コントラット
契約書

contribuire
コントゥリブイーレ
寄付する

controllo
コントゥロッロ
規制

controllore
コントゥロッローレ
車掌 p14

conversazione
コンヴェルサツィオーネ
会話

convincersi
コンヴィンチェルスィ
確信する

coperchio
コペルキオ
フタ

coperta
コペルタ
毛布 p10

copia
コピア
焼き増し

copia di emissione
コピア ディ エメッスィオーネ
発行控え

copiare
コピアーレ
コピーする

coppa del mondo
コッパ デル モンド
ワールドカップ p67

coppia
コッピア
カップル p78

coraggio
コラッジョ
勇気

corallo
コラッロ
サンゴ

Corea del Sud
コレア デル スッドゥ
韓国 p21

Corea del Nord
コレア デル ノルドゥ
北朝鮮（朝鮮民主主義人民共和国）

coreano
コレアーノ
韓国人 p21

coro
コーロ
合唱

corpo
コルポ
からだ p83

corpo di autodifesa
コルポ ディ アウトディフェーザ
自衛隊

correre
コッレレ
走る p97

corretto
コッレット
ただしい p95

corridoio
コッリドイオ
廊下

corsa di cavalli
コルサ ディ カヴァッリ
競馬

corteggiare
コルテッジャーレ
口説く

cortese
コルテーゼ
ていねい

cortesia
コルテズィーア
親切 p95

corto
コルト
みじかい p94

così
コズィ
このように

cosmetici
コスメチチ
化粧品 p47

cosmo
コズモ
宇宙

costipazione
コスティパツィオーネ
便秘 p82

costituzione
コスティトゥツィオーネ
憲法

costo della vita
コスト デッラ ヴィータ
生活費

costo di trasporto
コスト ディ トゥラスポルト
運賃 p15

costo di vita
コスト ディ ヴィータ
物価

costruire
コストゥルイーレ
建てる

costruzione
コストゥルツィオーネ
工事

costume da bagno
コストゥーメ ダ バーニョ
水着 p43

cotone
コトーネ
綿 p43

credere
クレーデレ
信じる

crema protettiva
クレーマ プロテッティーヴァ
日焼け止め

crescere
クレッシェレ
成長する

crimine
クリーミネ
犯罪 p87

crisi economica
クリーズィ エコノミカ
経済危機、不景気

cristianesimo
クリスティアネズィモ
キリスト教 p24

cristiano
クリスティアーノ
キリスト教徒

croce
クローチェ
十字架

crudele
クルデーレ
残酷な

crudo
クルード
生（ナマ）p60

cucchiaio
クッキアイオ
スプーン p56

cucina
クチーナ
台所、料理 p54,76,90

cucina~
クチーナ
～料理 p54

cucina giapponese
クチーナ ジャッポネーゼ
日本食 p54

cucina locale
クチーナ ロカーレ
郷土料理 p54

cucinare
クチナーレ
料理する

cucito
クチート
縫製 p42

cultura
クルトゥーラ
文化 p24,72

cuocere
クオーチェレ
炊く、煮る p61

cuoco
クオーコ
コック p55

cuore
クオーレ
心、心臓 p84

curare クラーレ 治療する *p85*	**democrazia** デモクラッツィーア 民主主義	**devoto** デヴォート 敬虔な	**diligente** ディリジェンテ 勤勉な	**distanza** ディスタンツァ 距離 *p12*
curiosità クリオズィタ 好奇心	**dente** デンテ 歯 *p83*	**devoto ai genitori** デヴォート アイ ジェニトーリ 親孝行	**dimagrire** ディマグリーレ やせる *p46*	**distretto** ディストゥレット 郡
curvarsi クルヴァルスィ まがる *p13*	**dente cariato** デンテ カリアート ムシ歯 *p83*	**di lusso** ディ ルッソ ぜいたくな	**dimenticare** ディメンティカーレ 忘れる *p96*	**distributore automatico** ディストリブトーレ アウトマティコ 自動販売機
cuscino クシーノ まくら *p10*	**dentifricio** デンティフリーチョ ハミガキ粉 *p90*	**di nuovo** ディ ヌオーヴォ ふたたび	**diminuire** ディミヌイーレ 減る	**distributore di benzina** ディストゥリブトーレ ディ ベンズィーナ ガソリンスタンド *p15*
D	**dentista** デンティスタ 歯医者 *p82*	**di seconda mano** ディ セコンダ マーノ 中古	**Dio** ディオ 神	**distruzione di ambiente** ディストゥルツィオーネ ディ アンビエンテ 環境破壊
da solo ダ ソーロ 一人で	**dentro** デントゥロ 中	**di valore** ディ ヴァローレ 価値がある	**dipingere** ディピンジェレ 絵をかく *p73*	**disturbare** ディストゥルバーレ 邪魔をする
d'accordo ダッコルド 承知した *p19*	**denunciare** デヌンチャーレ 訴える *p87*	**diabete** ディアベーテ 糖尿病 *p85*	**diplomarsi** ディプロマルスィ 卒業（高校）	**disturbo** ディストゥルボ 迷惑
dado ダード サイコロ	**depliant** デプリアント パンフレット	**dialetto** ディアレット 方言 *p26*	**diplomazia** ディプロマツィア 外交	**dito** ディート 指 *p83*
danno ダンノ 損害 *p87*	**depositare** デポズィターレ あずける	**diario** ディアリオ 日記	**dire** ディーレ 言う	**dito medio** ディート メディオ 中指 *p83*
danno ambientale ダンノ アンビエンターレ 環境汚染	**deposito** デポーズィト 預金する	**diavolo** ディアーヴォロ 悪魔	**a dire la verità** ア ディーレ ラ ヴェリタ 実は	**ditta** ディッタ 会社
danza popolare ダンツァ ポポラーレ 民族舞踊	**dermatologia** デルマトロジーア 皮膚科 *p84*	**dicembre** ディチェンブレ １２月 *p51,52*	**direttamente** ディレッタメンテ 直接	**divano** ディヴァーノ ソファ *p74,76*
dare ダーレ あげる（人に）	**deserto** デゼルト 砂漠	**dichiarare** ディキアラーレ 申告 *p8*	**direzione** ディレツィオーネ 監督、方向 *p12*	**diventare rosso** ディヴェンターレ ロッソ 赤面する
dare un calcio ダーレ ウン カルチョ ける	**desiderare** デズィデラーレ 欲しい	**dieta** ディエタ ダイエット *p46*	**diritto** ディリット 権利、まっすぐ *p13*	**diventare teso** ディヴェンターレ テーゾ 緊張する
data di nascita ダータ ディ ナシタ 生年月日 *p50*	**desiderio** デズィーデロ 欲	**dietro** ディエトゥロ 後ろ *p13*	**discesa** ディシェーザ 坂（下り）	**diverso** ディヴェルソ ちがう
davanti ダヴァンティ 前へ *p13*	**dessert** デッセル デザート *p62*	**difendere** ディフェンデレ ふせぐ、守る	**discoteca** ディスコテーカ ディスコ	**divertente** ディヴェルテンテ たのしい、ゆかい *p95*
davvero! ダッヴェーロ なるほど!	**destinazione** デスティナツィオーネ 目的地 *p12*	**difetto** ディフェット 欠点、短所 *p80*	**disegno** ディゼーニョ デザイン、模様（図柄）*p41,43,74*	**divertirsi** ディヴェルティルスィ たのしむ
debito デービト 借金	**destino** デスティーノ 運命	**differente** ディッフェレンテ 差がある	**disinfestazione** ディスインフェスタツィオーネ 消毒 *p82*	**dividere** ディヴィーデレ わける、割る
debole デーボレ 不得意、よわい	**destra** デストゥラ 右 *p13*	**differenza** ディッフェレンツァ 差異	**disoccupato** ディズオックパート 無職 *p21*	**divieto di sosta** ディヴィエート ディ ソスタ 駐車禁止 *p14*
decidere デチーデレ 決める	**detersivo** デテルスィーヴォ 洗剤 *p90*	**differenza di ore** ディッフェレンツァ ディ オーレ 時差	**disprezzare** ディスプレッツァーレ 軽べつする	**diviso** ディヴィーゾ 割る（割り算）
deflazione デフラツィオーネ デフレ	**dettagliato** デッタリアート くわしい	**difficile** ディッフィーチレ むずかしい *p95*		

divo (diva) ディーヴォ（ディーヴァ） スター	**dove** ドヴェ どこ *p13,40,96*	**egoistico** エゴイスティコ 勝手な	**epoca** エポカ 時代	**essere commosso** エッセレ コンモッソ 感動した
divorzio ディヴォルツィオ 離婚 *p78*	**dozzina** ドッツィーナ ダース *p38*	**elastico** エラスティコ 輪ゴム	**erba** エルバ 草 *p93*	**essere contento** エッセレ コンテント 満足する
dizionario ディッツィオナーリオ 辞書	**dramma** ドランマ 劇	**elefante** エレファンテ ゾウ *p92*	**eredità** エレディタ 遺伝	**essere geloso** エッセレ ジェローゾ 嫉妬する
doccia ドッチャ シャワー *p10*	**droga** ドローガ ドラッグ、麻薬	**elegante** エレガンテ カッコイイ *p80*	**eroe** エローエ 英雄 *p70*	**essere in difficoltà** エッセレ イン ディフィコルタ 困る
docile ドチーレ 素直	**dubbio** ドゥッビオ 疑問	**elenco telefonico** エレンコ テレフォーニコ 電話帳	**errore** エッローレ まちがい *p95*	**essere in lista d'attesa** エッセレ イン リスタ ダッテーザ キャンセル待ち
documento ドクメント 書類	**dubitare** ドゥビターレ 疑う	**elettricità** エレットゥリチタ 電気	**esagerato** エサジェラート おおげさな	**essere licenziato** エッセレ リチェンツィアート 首になる（解雇）
dolce ドルチェ あまい *p56*、菓子 *p62*	**duro** ドゥーロ 硬い、つらい	**elezione** エレツィオーネ 選挙	**esame** エザーメ 検査、試験 *p85*	**essere orgoglioso** エッセレ オルゴリオーゾ 得意な（自慢）
dollaro ドッラロ ドル	**DVD** ディヴディ DVD *p91*	**e-mail** イーメイル Eメール *p11,98*	**esaminare** エザミナーレ しらべる	**essere paralizzato** エッセレ パラリッザート しびれる
doloroso ドローロ いたい、くるしい *p83*	**E**	**emettere** エメッテレ 発行する *p87*	**esattamente** エザッタメンテ ちょうど（ぴったり）	**essere sufficiente** エッセレ スッフィチェンテ たりる
domanda ドマンダ 質問	**è peccato** エ ペッカート 惜しい	**emorragia** エモッラジア 出血 *p82*	**esaurito** エザウリート 売り切れる *p41*	**essere superbo** エッセレ スーペルボ いばる
domani ドマーニ 明日 *p51*	**e poi** エ ポイ そして、それから	**emorroidi** エモッロイディ 痔 *p83*	**escrementi** エスクレメンティ 排泄物	**essere vantaggioso** エッセレ ヴァンタッジョーゾ 得する
domani mattina ドマニ マッティーナ 明朝 *p51*	**eccellente** エッチェッレンテ 立派	**energia nucleare** エネルジア ヌクレアーレ 原子力	**esempio** エゼンピオ 例	**essiccare** エッシッカーレ 干す（乾燥させる）
domani sera ドマニ セーラ 明晩 *p51*	**eccitarsi** エッチタルスィ 興奮する	**enorme** エノールメ 偉大	**esenzione dalle tasse** エセンツィオーネ ダッレ タッセ 免税 *p8*	**est** エストゥ 東 *p12*
domenica ドメーニカ 日曜日 *p51*	**economia** エコノミーア 経済、経済学	**entrare** エントゥラーレ 入る *p96*	**esitare** エズィターレ ためらう	**estate** エスターテ 夏 *p53*
donna ドンナ 女、女性	**economico** エコノミコ 安い *p40*	**entrata** エントゥラータ 入り口 *p15,25*	**esperienza** エスペリエンツァ 経験	**esterno** エステルノ 表
donna incinta ドンナ インチンタ 妊婦 *p84*	**ecursione** エクルスィオーネ ハイキング *p72*	**entrata in paese** エントゥラータ イン パエーゼ 入国 *p8*	**esplodere** エスプローデレ 爆発する	**estero** エステロ 海外、外国
dopo ドーポ あとで	**edificio** エディフィーチョ 建物 *p13*	**entrate** エントゥラーテ 収入	**esportazione** エスポルタツィオーネ 輸出	**estetista** エステティスタ エステ、美容師 *p46*
dopodomani ドーポドマーニ あさって *p51*	**educato** エドゥカート しつけがいい	**entrate annuale** エントゥラーテ アンヌアーレ 年収	**espresso** エスプレッソ 急行列車 *p14*、速達 *p98*	**estivo** エスティーヴォ 夏の
dormire ドルミーレ 寝る	**effetto** エッフェット 効果がある	**entusiasmo** エントゥーズィアーズモ 夢中	**esprimere** エスプリーメレ 表現する	**estraneo** エストゥラーネオ 他人
dormitorio ドルミトリオ ドミトリー、寮 *p10*	**efficace** エッフィカーチェ 効く *p46*	**epatite** エパティーテ 肝炎 *p84*	**essere affollato** エッセレ アッフォッラート 混雑する	**estrarre** エストゥラッレ 抜く

età エタ 歳、年齢 *p20*	**fantasma** ファンタズマ オバケ	**farfalla** ファルファッラ 蝶 *p93*	**fermentare** フェルメンターレ 発酵する	**fiorire** フィオリーレ 咲く
Europa エウローパ ヨーロッパ	**fantastico!** ファンタスティコ サイコー!	**farina** ファリーナ 小麦粉	**ferro** フェッロ 鉄	**firma** フィルマ サイン *p40*
Europa Occidentale エウローパ オッチデンターレ 西ヨーロッパ	**far bollire** ファル ボッリーレ ゆでる *p61*	**farmacia** ファルマチーア 薬屋、薬局 *p85*	**ferro da stiro** フェッロ ダ スティーロ アイロン	**fischietto** フィスキエット 笛
Europa Orientale エウローパ オリエンターレ 東ヨーロッパ	**far cadere** ファル カデーレ 落とす	**fastidioso** ファスティディオーゾ めんどくさい、わずらわしい	**ferrovia** フェッロヴィーア 鉄道 *p14*	**fiume** フィウーメ 川 *p13*
evidenza エヴィデンツァ 証拠	**far entrare** ファル エントラーレ 入れる（人を）	**faticare** ファティカーレ 苦労する	**festa** フェスタ パーティー、祭り *p52*	**flash consentito** フラッシュ コンセンティート フラッシュ可 *p19*
evitare エヴィターレ 避ける	**far fare ~** ファル ファーレ 〜させる	**faticoso** ファティコーゾ しんどい	**fettine di pesce crudo** フェッティーネ ディ ペッシェ クルード 刺身	**foglia** フォッリア 葉 *p93*
evitare una gravidanza エヴィターレ ウナ グラヴィダンツァ 避妊する *p90*	**far piacere** ファル ピアチェーレ 気に入る	**fatto** ファット 事実	**fianco** フィアンコ 横 *p13*	**foglio** フォッリオ 紙
Evviva! エッヴィーヴァ 万歳	**fare** ファーレ おこなう、つくる	**fattura** ファットゥーラ 請求書	**fidanzarsi** フィダンツァルスィ 婚約する *p78*	**fondazione** フォンダツィオーネ 設立
F	**fare attenzione** ファーレ アッテンツィオーネ 気をつける	**fax** ファックス ファックス *p11*	**fidarsi** フィダルスィ 信頼する	**fondo** フォンド 底
fabbrica ファッブリカ 工場	**fare complimenti** ファーレ コンプリメンティ 遠慮する	**fazzoletto** ファッツォレット ハンカチ *p42*	**figlia** フィッリア 娘 *p79*	**forbici** フォルビチ はさみ *p91*
facile ファーチレ 易しい	**fare economia** ファーレ エコノミーア 貯金する	**fazzoletto di carta** ファッツォレット ディ カルタ ティッシュペーパー	**figlio** フィッリオ 息子 *p79*	**forchetta** フォルケッタ フォーク（食器）*p56*
facoltà ファコルタ 学部	**fare esercizi** ファーレ エゼルチーツィ 練習する	**febbraio** フェッブライオ 2月 *p51,52*	**figlio unico** フィッリオ ウーニコ ひとりっ子 *p79*	**forma** フォルマ 形 *p41*
falegname ファレニャーメ 大工 *p21*	**fare il tonto** ファーレ イル トント とぼける	**feci** フェーチ 大便	**film** フィルム 映画 *p72*	**formaggio** フォルマッジョ チーズ *p61*
fallire ファッリーレ 倒産 する	**fare la cacca** ファーレ ラ カッカ うんちをする	**fegato** フェーガト 肝臓 *p84*、レバー *p61*	**filmare** フィルマーレ 撮影する *p19,24*	**fornaio** フォルナイオ パン屋
fallo ファッロ 失敗	**fare l'amore** ファーレ ラモーレ 性交する	**felice** フェリーチェ しあわせ	**filo** フィーロ 糸 *p43*	**forse** フォルセ たぶん
falso ファルソ ニセモノ	**fare le corna** ファーレ レ コルナ 浮気する *p78*	**felicità** フェリチタ 幸福	**fine** フィーネ 終わり、細い *p42*	**forte** フォルテ つよい
fame ファーメ 飢え	**fare lo sconto** ファーレ ロ スコント 値引きする *p40*	**femmina** フェッミナ メス *p92*	**finestra** フィネストゥラ 窓 *p10,77*	**fortuna** フォルトゥーナ 運
famiglia ファミッリア 家族 *p79*、家庭 *p76*	**fare rimessa** ファーレ リメッサ 仕送りする	**ferire** フェリーレ 傷つける	**finire** フィニーレ 終わる、済む *p48,97*	**fortunato** フォルトゥナート 運がいい
Fammi vedere ファンミ ヴェデーレ 見せて! *p40*	**fare sforzo** ファーレ スフォルツォ 努力する	**ferita** フェリータ 傷、ケガ *p82*	**fino a ~** フィーノ ア 〜まで	**forza** フォルツァ パワー
famoso ファモーゾ 有名な *p70,74*	**fare sport** ファーレ スポルトゥ 運動する *p68*	**fermarsi** フェルマルスィ 止まる	**fiore** フィオーレ 花 *p93*	**Forza!** フォルツァ がんばれ!

foto フォート 写真 p19,24	**fruttivendolo** フルッティヴェンドロ 八百屋	**gatto** ガット ネコ p92	**giardino** ジャルディーノ 庭 p24	**gola** ゴーラ のど p84
fotografo フォトーグラファ カメラマン p20	**frutto** フルット 実	**gelare** ジェラーレ 凍る	**giardino botanico** ジャルディーノ ボタニコ 植物園	**golf** ゴルフ ゴルフ p68
fra poco フラ ポコ まもなく	**fumare** フマーレ タバコを吸う p11	**generale** ジェネラーレ 一般的	**giardino zoologico** ジャルディーノ ゾロージコ 動物園	**golfo** ゴルフォ 湾
fragola フラーゴラ イチゴ p63	**fumetto** フメット マンガ p88	**genere, tipo** ジェーネレ、ティーポ 種類	**ginecologia** ジネコロジア 産婦人科 p84	**goloso** ゴローゾ 食いしんぼう
francese フランチェーゼ フランス人・語 p21	**fumo** フーモ けむり	**genero** ジェーネロ 婿（むこ） p79	**giocare** ジョカーレ 遊ぶ p72	**gomma da cancellare** ゴンマ ダ カンチェッラーレ 消しゴム p91
Francia フランチャ フランス p21	**funerale** フネラーレ 葬式	**generoso** ジェネローゾ 気が大きい	**giocatore** ジョカトーレ 選手（球技など） p66	**gonfiare** ゴンフィアーレ 腫れる p82
francobollo フランコボッロ 切手 p91	**funzione** フンツィオーネ 機能	**genio** ジェニオ 天才	**giocattolo** ジョカットロ おもちゃ	**gonna** ゴンナ スカート p43
frasi フラーズィ 文章	**fuoco** フオーコ 火	**genitori** ジェニトーリ 親 p79	**gioco** ジョーコ ゲーム p73	**governo** ゴヴェルノ 政府
fratello フラテッロ 兄弟 p79	**fuoco artificiale** フオーコ アルティフィチャーレ 花火	**gennaio** ジェンナイオ 1月 p51,52	**gioiello** ジョイエッロ 宝石 p45	**grado elementare** グラード エレメンターレ 初級
fratello maggiore フラテッロ マッジョーレ 兄 p79	**fuori** フオーリ 外	**gente** ジェンテ 人々	**giornale** ジョルナーレ 新聞 p91	**grado sociale** グラード ソチャーレ 地位
fratello minore フラテッロ ミノーレ 弟 p79	**fuori moda** フオーリ モーダ 流行遅れ	**gentile** ジェンティーレ 優しい	**giornalista** ジョルナリスタ ジャーナリスト p20	**grammatica** グランマティカ 文法
frattura フラットゥーラ 骨折 p82	**furto** フルト 盗難 p87	**geografia** ジェオグラフィーア 地理	**giorno festivo** ジョルノ フェスティーヴォ 祭日 p52	**grammo** グランモ グラム p40
freddo フレッド さむい p52、つめたい p64	**futuro** フトゥーロ 将来、未来	**Germania** ジェルマニア ドイツ	**giovane** ジョーヴァネ 若者、青年、若い p95	**granchio** グランキオ カニ p60
fresco フレスコ 新鮮、すずしい p52,94	**G**	**gettare** ジェッターレ 投げる	**giovedì** ジョヴェディ 木曜日 p51	**grande** グランデ 大きい
friggere フリッジェレ 揚げる（フライ） p60	**gabinetto pubblico** ガビネット プッブリコ 公衆トイレ p8,12	**ghiaccio** ギアッチョ 氷 p64	**girare** ジラーレ 角を曲がる、回す p13	**grande magazzino** グランデ マガツィーノ デパート p12,40
frigorifero フリゴリーフェロ 冷蔵庫 p76	**galleggiare** ガッレッジャーレ 浮く	**già** ジャ すでに	**giugno** ジューニョ 6月 p51,53	**grande,bravo** グランデ、ブラーヴォ えらい
fronte フロンテ 正面	**gamba** ガンバ 足 p83	**già fatto~** ジャ ファット もう〜した p96	**giustificazione** ジュスティフィカツィオーネ 弁解	**grasso** グラッソ ふとった、脂肪 p94
frontiera フロンティエーラ 国境	**garante** ガランテ 保証人	**giallo** ジャッロ 黄色 p41	**giustizia** ジュスティツィア 正義	**gratis** グラーティス 無料
frutta フルッタ くだもの p63	**garantire** ガランティーレ 保証する p87	**Giappone** ジャッポーネ 日本 p21,88	**giusto** ジュスト 公平な	**grattacielo** グラッタチエロ 高層ビル
frutteto フルッテート 果樹園	**gas** ガス ガス	**giapponese** ジャッポネーゼ 日本人 p21、日本語 p88	**godersi** ゴデルスィ よろこぶ	**grave** グラーヴェ 深刻、たいへん（ただならぬ）

grazie グラッツィエ ありがとう p17	**hobby** オッビ 趣味 p72	**impiegare** インピエガーレ 雇う	**incidente stradale** インチデンテ ストゥラダーレ 交通事故 p87	**influenza** インフルエンツァ 影響
Grecia グレーチャ ギリシャ	**I**	**impiegato** インピエガート 会社員 p21	**includere** インクルーデレ ふくむ	**informazione** インフォルマツィオーネ 情報
greco グレーコ ギリシャ人・語	**idea** イデーア アイデア	**impiego in ufficio** インピエーゴ イン ウッフィーチョ 事務職 p20	**incontrare** インコントゥラーレ 会う	**ingannare** インガンナーレ だます
gridare グリダーレ さけぶ	**ideale** イデアーレ 理想	**impopolare** インポポラーレ 人気がない p41	**incrocio** インクローチョ 交差点 p13	**ingegnere** インジェニエーレ エンジニア p21
grigio グリージョ 灰色 p41	**ieri** イエーリ 昨日 p51	**importante** インポルタンテ 大切	**india** インディア インド	**Inghilterra** インギルテッラ イギリス p21
gruppo グルッポ 団体	**ieri sera** イエリ セーラ 昨晩	**importazione** インポルタツィオーネ 輸入	**indicare** インディカーレ 指す	**inglese** イングレーゼ イギリス人、英語 p21
gruppo sanguigno グルッポ サングイーニョ 血液型 p84	**il primo** イル プリーモ 一等 p15	**impossibile** インポッスィービレ 不可能	**indirizzo** インディリッツォ 住所 p98	**ingrato** イングラート 恩知らず
guadagnare グアダニャーレ 稼ぐ、儲ける	**illegale** イッレガーレ 不法	**impotenza** インポテンツァ インポテンツ p83	**indirizzo di posta elettronica** インディリッツォ ディ ポスタ エレットゥロニカ メールアドレス p11,98	**ingresso** イングレッソ 入場料 p25
guancia グアンチャ ほほ p83	**imitare** イミターレ マネる	**impresa edile** インプレーザ エーディレ 建設業 p21	**indirizzo e-mail** インディリッツォ イーメイル Eメールアドレス p11,98	**iniezione** イニエツィオーネ 注射 p85
guanti グアンティ てぶくろ p44	**immaginare** インマジナーレ 想像する	**impressione** インプレッスィオーネ 印象、感想	**individuo** インディヴィドゥオ 個人	**inizio** イニツィオ 最初
guardare グアルダーレ 覗く	**immigrazione** インミグラツィオーネ 移住	**in caso di** イン カーゾ ディ (〜の) 場合	**indovinare** インドヴィナーレ 当てる	**inno nazionale** インノ ナツィオナーレ 国歌
guarire グアリーレ 治る p84	**immigrazione illegale** インミグラツィオーネ イッレガーレ 不法入国 p8	**in genere** イン ジェーネレ たいてい	**industria** インドゥストゥリア 工業、製造業	**inquinamento** インクイナメント 公害
guastarsi グアスタルスィ 故障する p10,86	**imparare** インパラーレ ならう	**in grave stato di salute** イン グラーヴェ スタート ディ サルーテ 重体	**infatti** インファッティ 実際は	**insalata** インサラータ サラダ p60
guasto グアスト 故障中	**imparare da solo** インパラーレ ダ ソーロ 独学する p96	**in quanto a** イン クアント ア (〜に) 関する	**inferiore** インフェリオーレ 部下	**insegna** インセーニャ 看板
guerra グエッラ 戦争	**impaziente** インパツィエンテ 気が短い	**in quei tempi** イン クエイ テンピ あの頃	**infermiera** インフェルミエーラ 看護婦 p21,84	**insegnante** インセニャンテ 教師、先生 p21
guida グイダ ガイド、ガイドブック p24	**impazienza** インパツィエンツァ 短気	**incendio** インチェンディオ 火事 p87	**infettarsi** インフェッタルスィ 感染する	**insegnare** インセニャーレ 教える
guidare グイダーレ 運転する	**impazzire** インパッツィーレ 気が狂う	**incenso** インチェンソ 線香	**infiammazione** インフィアンマツィオーネ 炎症 p82	**inseguire** インセグイーレ 追う
gusto グスト センス	**impegno** インペーニョ 用事	**incenso zanzarifugo** インチェンソ ザンザリフーゴ 蚊取り線香	**Infinite condoglianze** インフィニーテ コンドリアンツェ ご愁傷様	**inserire** インセリーレ はさむ
H	**imperatore** インペラトーレ 天皇	**incidente** インチデンテ 事故	**inflazione** インフラツィオーネ インフレ	**insetto** インセット ムシ p93
handicappato アンディカッパート 身体障害者	**impiastro** インピアストゥロ 湿布 p85			**insieme** インスィエーメ いっしょ

insistente インシステンテ しつこい	irritarsi イッリタルスィ イライラする p95	lago ラーゴ 湖 p13	lavori di casa ラヴォーリ ディ カーザ 家事	lezione レツィオーネ 授業
insonnia インソンニア 不眠症 p82	iscrizione イスクリツィオーネ 申し込み p25	l'altro giorno ラルトゥロ ジョルノ 先日 p51	lavori in corso ラヴォーリ イン コルソ 工事中（掲示）	lì リ そこ p13
inspirare インスピラーレ 吸う（息を）	Islam イスラム イスラム教	l'altro ieri ラルトゥロ イエーリ おととい p51	lavoro ラヴォーロ 仕事 p20	liberalizzazione リベラリッザツィオーネ 自由化
intelligente インテッリジェンテ 頭がいい、かしこい p95	islamita イスラミータ イスラム教徒	lamentarsi ラメンタルスィ 苦情を言う p86	lavoro di commercio ラヴォーロ ディ コンメルチョ 営業職 p20	liberare リベラーレ 解放する
interessante インテレッサンテ おもしろい	isola イーゾラ 島	lamentela ラメンテーラ 不平	legare レガーレ しばる、つなぐ、むすぶ	libero リーベロ 空いている
interessarsi インテレッサルスィ 気になる、興味がある	ispezione イスペツィオーネ 検問	lampadina tascabile ランパディーナ タスカービレ 懐中電灯	legge レッジェ 法律 p87	libertà リベルタ 自由
internet インテルネット インターネット	Israele イスラエーレ イスラエル	lana ラーナ ウール p43	leggere レッジェレ 読書 p72、読む p97	libreria リブレリア 本屋 p12
internet cafè インテルネット カフェ インターネットカフェ p12	issare イッサーレ 揚げる（かかげる）	l'anno scorso ランノ スコルソ 去年 p51	leggero レッジェーロ 軽い	libro リブロ 本 p91
interruttore インテッルットーレ スイッチ	istantaneo イスタンターネオ インスタント	largo ラルゴ 広い	legno レーニョ 木（木材）	liceo リチェーオ 高校
intervallo di mezzogiorno インテルヴァッロ ディ メッツォジョルノ 昼休み p48	istituto イスティトゥート 施設	lato opposto ラート オッポスト 反対側 p13	legume レグーメ 豆	lieto リエート めでたい
intestino インテスティーノ 腸 p84	istruzione イストゥルツィオーネ 教育	latte ラッテ 牛乳、ミルク p64	Lei レイ あなた p18,97	limite リーミテ 制限
invalido インヴァーリド 無効 p87	istruzione obbligatoria イストゥルツィオーネ オッブリガトリア 義務教育	lattina di birra ラッティーナ ディ ビッラ 缶ビール p55	lei レイ 彼女 p97	linea リネア 線
inverno インヴェルノ 冬 p52	**K**	laurearsi ラウレアルスィ 卒業（大学）	lentamente レンタメンテ ゆっくり	lingua リングア 舌 p83
invidiabile インヴィディアービレ うらやましい	karaoke カラオケ カラオケ p73	lavaggio ラヴァッジョ クリーニング p10	lenti a contatto レンティ ア コンタット コンタクトレンズ	lingua letteraria リングア レッテラリア 文語
invitare インヴィターレ さそう	**L**	lavaggio a secco ラヴァッジョ ア セッコ ドライクリーニング	lento レント にぶい（動きが）	lingua parlata リングア パルラータ 口語
invito インヴィート 招待	là ラ あそこ	lavare ラヴァーレ 洗う、洗濯する	lenzuolo レンツォーロ シーツ p10,86	litigare リティガーレ ケンカする p78
io イオ 私 p78	labbro ラッブロ くちびる p83	lavarsi il viso ラヴァルスィ イル ヴィーゾ 洗顔	lettera レッテラ 手紙 p12,91,98	lo ripeta! ロ リペータ くり返して下さい！
Iraq イラーク イラク	lacrima ラクリマ なみだ	lavorare ラヴォラーレ はたらく p20	letteratura レッテラトゥーラ 文学	locale ロカーレ 現地の
irragionevole イッラジョネーヴォレ ムリな	ladro ラードゥロ 泥棒	lavoratore ラヴォラトーレ 労働者	letto レット ベッド p10,77	lodare ロダーレ ほめる
		lavoratore interinale ラヴォラトーレ インテリナーレ 派遣社員	letto aggiuntivo レット アッジュンティーヴォ エキストラベッド p10	lontano ロンターノ 遠い p12

loro ローロ 彼ら	**macellaio** マチェッライオ 肉屋 p61,40	**maleducato** マレドゥカート しつけがわるい	**marito e moglie** マリート エ モッリエ 夫婦 p79	**medicina per il raffreddore** メディチーナ ペル イル ラッフレッドーレ 風邪薬 p85
lotteria ロッテリア 宝くじ	**madre** マードゥレ 母 p79	**malinconia** マリンコニーア ゆううつ	**marmellata** マルメッラータ ジャム	**medicina per lo stomaco** メディチーナ ペル ロ ストーマコ 胃腸薬 p85
luce ルーチェ 電灯、光	**mafia** マフィア ヤクザ	**manager** メナジェル 支配人	**marrone** マッローネ 茶色 p41	**medico** メディコ 医者 p84
lucidare ルチダーレ みがく	**magazzino** マガッツィーノ 倉庫	**mancare** マンカーレ たりない	**martedì** マルテディ 火曜日 p51	**medio** メディオ 中級、平均、平均的な
luglio ルッリオ 7月 p51,53	**maggio** マッジョ 5月 p51,53	**mangiare** マンジャーレ 食べる p22,54	**marzo** マルツォ 3月 p51,52	**Medio e Vicino Oriente** メディオ エ ヴィチーノ オリエンテ 中近東
lui ルイ 彼 p97	**maggiore** マッジョーレ 歳上の p78	**manicure** マニクーレ マニキュア	**maschera** マスケラ 面（お面）	**mela** メーラ リンゴ p63
luna ルーナ 月	**maglietta** マリエッタ Tシャツ p43	**manifesto** マニフェスト はり紙	**maschio** マスキオ オス p92	**melanzane** メランザーネ ナス p58
luna-park ルナパルク 遊園地	**maglione** マッリオーネ セーター p43	**mano** マーノ 手 p83	**massaggio** マッサッジョ マッサージ p46	**mendicante** メンディカンテ 乞食
a lungo ア ルンゴ 長い間	**magro** マグロ やせた p94	**mantenere** マンテネーレ 維持する	**massaggio plantare** マッサッジョ プランターレ 足裏マッサージ p46	**menù** メヌ メニュー p55
lungo ルンゴ 長い p42	**maiale** マイアーレ ブタ p61,92	**mantenuto ordine** マンテヌート オルディネ 治安がいい	**massimo** マッスィモ 最大	**mercante** メルカンテ 商人
luoghi storici ルオーギ ストーリチ 旧跡 p24	**mais** マイス トウモロコシ	**manzo** マンヅォ 牛肉 p61	**masticare** マスティカーレ 噛む	**mercato** メルカート 市場
luogo ルオーゴ 場所 p12	**mal di mare** マル ディ マーレ 船酔い p82	**mappa** マッパ 地図 p8	**masturbazione** マストゥルバツィオーネ オナニー	**merda** メルダ 糞
luogo famoso ルオーゴ ファモーゾ 名所 p24	**mal di pancia** マル ディ パンチャ 腹痛 p83	**maratona** マラトーナ マラソン p68	**materiale** マテリアーレ 材料	**merito** メリト 長所 p80
lusso ルッソ 豪華な	**mal di testa** マル ディ テスタ 頭痛 p83	**marciapiede** マルチャピエーデ 歩道 p13	**matita** マティータ エンピツ p91	**mescolare** メスコラーレ かきまぜる
M	**malattia** マラッティア 病気 p82	**marcire** マルチーレ 腐る	**matrimonio** マトゥリモーニオ 結婚式 p78	**mese prossimo** メーゼ プロッスィモ 来月 p51
ma マ しかし	**malattia infettiva** マラッティア インフェッティヴァ 伝染病 p84	**marcire subito** マルチーレ スービト 腐りやすい	**mattina** マッティーナ 朝、午前 p49	**mese scorso** メーゼ スコルソ 先月 p51
macchina マッキナ 機械、自動車 p69	**malattia mentale** マラッティア メンターレ 精神病 p84	**mare** マーレ 海 p13	**mazzo di carte** マッツォ ディ カルテ トランプ p72	**messaggio** メッサッジョ 伝言
macchina fotografica マッキナ フォトグラーフィカ カメラ p19,91	**malattia venerea** マラッティア ヴェネーレア 性病	**marina** マリーナ 海軍	**medicina** メディチーナ 薬 p85	**mestruazione** メストゥルアツィオーネ 生理 p82
macchina fotografica digitale マッキナ フォトグラフィカ ディジターレ デジカメ p91	**maldicente** マルディチェンテ 口が悪い	**marito** マリート 夫 p79	**medicina cinese di erba** メディチーナ チネーゼ ディ エルバ 漢方薬	**meteora** メテオラ 流れ星
	maledire マレディーレ ののしる	**marito devoto** マリート デヴォート 愛妻家 p78		

			N	

metro
メトゥロ
メートル p38

~ minuti
ミヌーティ
〜分（時間）p48

morbido
モルビド
やわらかい

nervoso
ネルヴォーゾ
神経質

metropolitana
メトゥロポリターナ
地下鉄 p14

mio
ミオ
私の

mordere
モルデレ
噛みつく

nascere
ナッシェレ
生まれる p84

neve
ネーヴェ
雪 p53

mettere
メッテレ
入れる（物を）、置く、塗る

miopia
ミオピア
近眼

morire
モリーレ
死ぬ

nascondere
ナスコンデレ
かくす

nevicare
ネヴィカーレ
雪が降る p53

mettere in ordine
メッテレ イン オルディネ
かたづける

mirare a ~
ミラーレ ア
（〜を）目指す

morte
モルテ
死

nascondersi
ナスコンデルスィ
かくれる

nevralgia
ネヴラルジーア
神経痛 p83

mettersi
メッテルスィ
着る、履く p42

misterioso
ミステリオーゾ
不思議

mosca
モスカ
ハエ p93

naso
ナーゾ
鼻 p83

nipote
ニポーテ
孫 p79

mezza giornata
メッズァ ジョルナータ
半日 p50

misto
ミスト
ミックスの

mostrare ~
モストゥラーレ
（〜を）見せる

Natale
ナターレ
クリスマス p52

no
ノ
いいえ p19

mezzo
メッヅォ
半分 p38

misura
ミズーラ
大きさ、サイズ、寸法 p43,45

motivo
モティーヴォ
原因、動機

natura
ナトゥーラ
自然

noce
ノーチェ
クルミ

mezzogiorno
メッゾジョルノ
正午、昼 p49

misurare
ミズラーレ
計る p40

moto
モート
オートバイ p69

nausea
ナウゼア
吐き気 p82

noi
ノイ
私たち p78

"Mi presti ~, per favore."
ミ プレスティ〜、ペル ファヴォーレ
（〜を）貸してください

mittente
ミッテンテ
差出人

motore
モトーレ
エンジン p69

nave
ナーヴェ
船 p14

noia
ノイア
たいくつ

mi scusi
ミ スクーズィ
ごめんなさい、すみません p17

mobile
モービレ
家具 p74,76

multa
ムルタ
罰金

nazionalità
ナツィオナリタ
国籍 p8

noioso
ノイオーゾ
つまらない

miele
ミエーレ
ハチミツ

moccio
モッチョ
鼻水 p82

municipio
ムニチーピオ
市役所

nebbia
ネッビア
霧 p53

noleggiare
ノレッジャーレ
チャーター p9,14

migliorare
ミリオラーレ
改良する

moda
モーダ
ファッション、流行 p40,41,75

muro
ムーロ
壁（外壁）

necessario
ネチェッサーリオ
要る

noleggio
ノレッジョ
使用料

migliore
ミリオーレ
一番いい

modernizzarsi
モデルニッザールスィ
近代化する

muscolo
ムスコロ
筋肉 p83

negoziare
ネゴツィアーレ
交渉する

nome
ノーメ
氏名、名前、名詞 p8,98

mignolo
ミニョーロ
小指 p83

modesto
モデスト
地味な

museo
ムゼーオ
博物館 p12,24

negozio
ネゴツィオ
店 p40,54

non ancora ~
ノン アンコーラ
まだ〜ない p96

mila
ミーラ
千 p38

modo
モード
方法

museo d'arte
ムゼーオ ダルテ
美術館 p24

negozio di foto
ネゴツィオ ディ フォート
写真屋

non bravo
ノン ブラーヴォ
下手

militare
ミリターレ
軍人 p21

moglie
モーリエ
妻 p79

musica
ムーズィカ
音楽 p72

negozio di libri usati
ネゴツィオ ディ リブリ ウザーティ
古本屋

Non capisco
ノン カピスコ
わからない p19

minimo
ミニモ
最少

mondo
モンド
世界

musica etnica
ムーズィカ エトゥニカ
民族音楽

negozio franco
ネゴツィオ フィアンコ
免税店 p8

non c'è
ノン チェ
ない

minoranza nazionale
ミノランツァ ナツィォナーレ
少数民族

moneta
モネータ
硬貨 p39

musicista
ムズィチスタ
音楽家 p70

neonato
ネオナート
あかちゃん p79

non c'è problema
ノン チェ プロブレーマ
問題ない（No problem）

minore
ミノーレ
末っ子 p79、歳下の p78

montagna
モンターニャ
山 p13

mutande
ムタンデ
パンツ p90

nero
ネーロ
黒い p41

Non lo so
ノン ロ ソ
知らない

Monte di Pietà
モンテ ディ ピエタ
質屋

mutandine
ムタンディーネ
パンティー p90

nervo
ネルヴォ
神経

non necessario
ノン ネチェッサーリオ
いらない p19,40

non piacere ノン ピアチェーレ きらい	**numero di posto** ヌーメロ ディ ポスト 座席番号 *p15*	**odore** オドーレ 匂い	**operare** オペラーレ 操作する	**orticaria** オルティカリア じんましん *p82*
non potere~ ノン ポテーレ 〜できない *p96*	**numero di telefono** ヌーメロ ディ テレーフォノ 電話番号 *p98*	**offendere** オッフェンデレ 侮辱する	**operazione** オペラツィオーネ 手術 *p85*	**osceno** オシェーノ わいせつな
non preoccuparsi ノン プレオックパルスィ 気にしない	**numero interno** ヌーメロ インテルノ 内線 *p11*	**oftalmologia** オフタルモロジーア 眼科 *p84*	**opinione** オピニオーネ 意見、考え	**ospedale** オスペダーレ 病院 *p84*
Non scherzare! ノン スケルツァーレ ふざけるな! *p19,87*	**nuotare** ヌオターレ 泳ぐ *p68*	**oggetto di antiquariato** オッジェット ディ アンティクアリアート 骨董品	**opporsi** オッポルスィ 反対する	**osso** オッソ 骨 *p83*
non sposato ノン スポザート 未婚 *p21*	**nuoto** ヌオート 水泳 *p68*	**oggetto di valore** オッジェット ディ ヴァローレ 貴重品 *p86*	**oppure** オップーレ あるいは、それとも	**ostinato** オスティナート 頑固
nonna ノンナ 祖母 *p79*	**nuovo** ヌオーヴォ 新しい *p95*	**oggetto smarrito** オッジェット ズマッリート 落とし物 *p87*	**ora di arrivo** オーラ ディ アッリーヴォ 到着時刻 *p48*	**otorinolaringoiatria** オトリノラリンゴイアトゥリア 耳鼻咽喉科 *p84*
nonno ノンノ 祖父 *p79*	**Nuovo Testamento** ヌオーヴォ テスタメント 新約聖書	**oggi** オッジ 今日 *p51*	**ora di partenza** オーラ ディ パルテンツァ 出発時間、発車時刻 *p14,48*	**ottenere** オッテネーレ 得る
nord ノルドゥ 北 *p12*	**nutrizione** ヌトゥリツィオーネ 栄養	**ogni** オンニ 毎（回、日など）	**oracolo scritto** オラコロ スクリット おみくじ	**ottimo** オッティモ 最高の
normale ノルマーレ 普通	**nuvola** ヌーヴォラ 雲	**ogni due giorni** オンニ ドゥエ ジョルニ 1日おき *p51*	**orario** オラーリオ 時刻表 *p14*	**ottobre** オットーブレ 10月 *p51,52*
nostalgico ノスタルジコ なつかしい	**nuvoloso** ヌヴォローゾ くもり *p53*	**ogni tanto** オンニ タント 時々	**ordinare** オルディナーレ 頼む、注文する *p18,55*	**ovest** オヴェスト 西 *p12*
nostro ノストゥロ 私たちの	**O**	**olimpiade** オリンピーアデ オリンピック *p68*	**orecchio** オレッキオ 耳 *p83*	**P**
notizia ノティーツィア ニュース	**obbligo** オッブリゴ 恩、義務	**olio** オリオ 油 *p56*	**orgoglio** オルゴッリオ 誇り	**pacco** パッコ 小包
notte ノッテ 夜 *p49*	**obiezione** オビエツィオーネ 反論	**ombelico** オンベリコ へそ	**orientale** オリエンターレ 東洋人	**pace** パーチェ 平和
nove ノーヴェ 9 *p38*	**occasione** オッカズィオーネ 機会	**ombra** オンブラ 影	**Oriente** オリエンテ 東洋	**padre** パードゥレ 父 *p79*
novembre ノヴェンブレ 11月 *p51,52*	**occhiali** オッキアーリ メガネ	**ombrello** オンブレッロ カサ *p44*	**originale** オリジナーレ 個性的な、独特 *p41*	**paese** パエーゼ 国、ふるさと *p21,26*
nudo ヌーダ はだか	**occhio** オッキオ 目 *p83*	**onda** オンダ 波	**origine di produzione** オリージネ ディ プロドゥツィオーネ 原産地 *p26*	**paese in via di sviluppo, paese emergente** パエーゼ イン ヴィア ディ ズヴィルッポ パエーゼ エメルジェンテ 発展途上国
numero ヌーメロ 数、番号 *p38*	**occidentale** オッチデンターレ 西洋人	**onestà** オネスタ 正直	**oro** オーロ 金 *p45*	**a pagamento** ア パガメント 有料
numero di conto ヌーメロ ディ コント 口座番号	**Occidente** オッチデンテ 西洋	**opera d'arte** オペラ ダルテ 芸術品 *p24*	**oro puro** オーロ プーロ 純金 *p45*	**pagamento anticipato** パガメント アンティチパート 前払い
numero di passaporto ヌーメロ ディ パッサポルト 旅券番号 *p8,87*	**occupato** オックパート いそがしい *p95*	**operaio** オペライオ 工員 *p21*	**orologio da polso** オロロージオ ダ ポルソ 時計（腕時計）*p49*	**pagare** パガーレ 払う
numero di persona ヌーメロ ディ ペルソーナ 人数 *p39*	**odiare** オディアーレ 憎む		**orologio da tavolo** オロロージョ ダ ターヴォロ 時計（置時計）*p49*	

pagina パージナ ページ	**Parli piano** パルリ ピアーノ ゆっくり話して! *p19*	**pasto** パスト ごはん、食事 *p54*	**pentirsi** ペンティルスィ 後悔する	**periodo** ペリオド 期間 *p50*
Pakistan パキスタン パキスタン	**parola** パローラ ことば、単語	**patate** パターテ ジャガイモ	**pentola** ペントラ ナベ	**perla** ペルラ 真珠 *p45*
palazzo パラッツォ ビル *p12*	**parole** パローレ 歌詞 *p70*	**patente di guida** パテンテ ディ グイーダ 運転免許証	**pentola per cuocere il riso** ペントラ ペル クオーチェレ イル リーゾ 炊飯器	**permanente** ペルマネンテ パーマ
Palestina パレスティナ パレスチナ	**parrucca** パッルッカ カツラ	**patria** パトゥリア 故郷 *p26*	**pepe** ペーペ コショウ *p56*	**permanenza** ペルマネンツァ 永久
pallone パッローネ ボール *p66,68*	**parrucchiere** パッルッキエーレ 美容院	**patriottismo** パトゥリオッティズモ 愛国心	**peperoncino** ペペロンチーノ トウガラシ *p59*	**permesso** ペルメッソ 許可
palma パルマ ヤシ	**parte** パルテ 部分	**pavimento** パヴィメント 床 *p76*	**per ~** ペル ~行き *p14*	**persona eccentrica** ペルソーナ エッチェントゥリカ 変わり者
pane パーネ パン *p57,64*	**partenza da un paese** パルテンツァ ダ ウン パエーゼ 出国 *p8*	**paziente** パツィエンテ 患者、気が長い *p84*	**per caso** ペル カーゾ 偶然に	**persona incaricata** ペルソーナ インカリカータ 担当者
pane tostato パーネ トスタート トースト *p64*	**partire** パルティーレ 出発する、発車する *p14,48*	**peccato** ペッカート 残念、もったいない、罪	**per cento** ペル チェント パーセント *p39*	**persona onesta** ペルソーナ オネスタ 正直者
panorama パノラマ 景色	**partita** パルティータ 試合 *p66,68*	**pelle** ペッレ 皮 *p44*、皮膚 *p83*	**per esempio** ペレゼンピオ たとえば	**pesante** ペザンテ 重い
pantaloni パンタローニ ズボン *p43*	**partito** パルティート 政党	**pelliccia** ペッリッチャ 毛皮	**"Per favore, pronunci."** ペル ファヴォーレ プロヌンチ 発音してください	**pesca** ペスカ 釣り (魚)
Paradiso パラディーゾ 天国	**parto** パルト 出産	**pellicola** ペッリーコラ フィルム	**per la prima volta** ペル ラ プリマ ヴォルタ はじめて	**pesce** ペッシェ 魚 *p60,93*
parassita パラッスィータ 寄生虫	**partorire** パルトリーレ 産む *p84*	**pena** ペーナ 罰	**perché** ペルケ なぜならば	**peso** ペーゾ 重さ、体重
parcheggiare パルケッジャーレ 駐車する	**passaporto** パッサポルト パスポート *p8,87*	**pena di morte** ペーナ ディ モルテ 死刑	**perché?** ペルケ なぜ? *p96*	**pessimo** ペッスィモ 最悪
parcheggio パルケッジョ 駐車場 *p14*	**passare** パッサーレ 通過する、わたる	**pene** ペーネ 男性器 *p83*	**perdere** ペルデレ うしなう *p87*、なくす *p87*、負ける *p69*	**petrolio** ペトゥローリオ 石油
parco パルコ 公園 *p12*	**passato** パッサート 過去、むかし	**penisola** ペニーゾラ 半島	**perdere lavoro** ペルデレ ラヴォーロ 失業する	**pettine** ペッティネ くし (櫛)
parco nazionale パルコ ナツィオナーレ 国立公園	**passeggero** パッセッジェーロ 乗客 *p8,14*	**penna** ペンナ ペン *p91*	**perdonare** ペルドナーレ 許す	**petto** ペット 胸 *p83*
pareggio パレッジョ 引き分け *p69*	**passeggiare** パッセッジャーレ 散歩する *p12*	**pennello** ペンネッロ 筆	**perfetto** ペルフェット 完璧	**piacere** ピアチェーレ 好き
parente パレンテ 親戚 *p79*	**pasta** パスタ 麺 *p59*	**pensare** ペンサーレ 考える	**pericoloso** ペリコローゾ あぶない *p87*	**piangere** ピアンジェレ 泣く
parete パレーテ 壁 (内壁)	**pasta di grano saraceno** パスタ ディ グラノ サラチェーノ 蕎麦	**pensare** ペンサーレ 思う	**periferia** ペリフェリーア 郊外	**~ piano** ピアーノ ~階 *p77*
parlare パルラーレ 話す	**pasta di soia** パスタ ディ ソイア 味噌	**pensione** ペンスィオーネ 年金		**pianoforte** ピアノフォルテ ピアノ

pianta ピアンタ 植物 p93	più piccolo ピュ ピッコロ 最小	polvere ポルヴェレ ホコリ	posta ポスタ 郵便、郵便局 p12,98	prendersi cura プレンデルスィ クーラ 世話する
pianterreno ピアンテッレーノ 1階 p77	plastica プラスティカ プラスチック	pomeriggio ポメリッジョ 午後 p49	posta raccomandata ポスタ ラッコマンダータ 書留	prenotazione プレノタツィオーネ 予約 p46
piatto ピアット 皿 p56	platino プラティーノ プラチナ p45	pomodoro ポモドーロ トマト p60	poster ポステル ポスト p8,12	preoccuparsi プレオックパルスィ 心配する p87
piazza ピアッツァ 広場 p12	poco fa ポコ ファ さっき	ponte ポンテ 橋	posteri ポステリ 子孫	preparare プレパラーレ 準備する、用意する
piccante ピッカンテ 辛い p56	poco importante, stupido ポコ インポルタンテ、ス トゥービド くだらない	pontile ポンティーレ 船着き場 p14	posto ポスト 座席 p15、席 p8,15	presa di corrente プレーザ ディ コッレンテ コンセント
piccolo ピッコロ せまい、ちいさい p42	poco serio ポーコ セリオ いいかげん p95	popolare ポポラーレ 人気がある p41	posto fumatore ポスト フマトーレ 喫煙席 p15,54	presbite プレズビテ 老眼
piegare ピエガーレ (紙を) 折る、たたむ	poco sicuro ポコ スィクーロ 治安が悪い p87	popolazione ポポラツィオーネ 人口	posto libero ポスト リベロ 自由席 p15	presentare プレゼンターレ 紹介する
pieno ピエーノ 満員	poesia ポエズィーア 詩	popolo ポーポロ 国民	posto per non fumatore ポスト ペル ノン フマトーレ 禁煙席 p15,54	presente, adesso プレゼンテ、アデッソ 現在 p48
pietra ピエトゥラ 石	pois プワ 水玉 p43	porco ポルコ スケベ p81	potere~ ポテーレ ~できる p96	preservativo プレセルヴァティーヴォ コンドーム
pila ピーラ 電池	politica ポリーティカ 政治	porta ポルタ ドアー、門 p76	poverino ポヴェリーノ かわいそう	presidente プレズィデンテ 社長、大統領
pillola ピッロラ 避妊薬 p85	politica instabile ポリーティカ インスターピレ 政情不安	portafoglio ポルタフォッリオ サイフ p44,87	povero ポーヴェロ まずしい p95	pressione arteriosa プレッスィオーネ アルテリオーザ 血圧 p85
pioggia ピオッジャ 雨 p53	politico ポリーティコ 政治家	portafortuna ポルタフォルトゥーナ お守り	pranzo プランツォ 昼食 p54,64	prestare プレスターレ 貸す、無料で貸す
piovere ピオーヴェレ 雨が降る p53	polizia ポリツィーア 警察 p12,87	portare ポルターレ 持っていく、持ってくる	pratica プラティカ 研修	prestito プレスティト ローン
pipì ピピ おしっこ	poliziotto ポリツィオット 警察官 p87	portare sulle spalle ポルターレ スッレ スパッレ 背負う	preciso プレチーゾ 正確な	prete プレーテ 神父 p21
piscina ピシーナ プール p10	pollo ポッロ ニワトリ p61,92、とり肉 p61	porto ポルト 港 p12	prefisso locale プレフィッソ ロカーレ 市外局番 p11	preventivo プレヴェンティーヴォ 見積り、予算
pistola ピストーラ 拳銃	polmone ポルモーネ 肺 p84	Portogallo ポルトガッロ ポルトガル p21	pregare プレガーレ いのる、おがむ	prevenzione プレヴェンツィオーネ 防止、予防
più ピュ ずっと (程度)	polmonite ポルモニーテ 肺炎 p85	portoghese ポルトゲーゼ ポルトガル人・語	pregiudizio プレジュディーツィオ 偏見	previsione プレヴィズィオーネ 予報
più ~ ピュ いちばん~	polpo ポルポ タコ 60	posacenere ポザチェーネレ 灰皿 p11	prego プレーゴ どういたしまして p18	previsione del tempo プレヴィズィオーネ デル テンポ 天気予報 p50,53
più chiamare un interprete プオ キアマーレ ウニンテ ルプレテ 通訳の人を呼んで	polso ポルソ 脈拍 p84	positivo ポズィティーヴォ 積極的な	premio プレミオ 賞、賞品	prezzo プレッツォ 値段 p39,40
		possibile ポッスィービレ 可能	prendere プレンデレ 取る、持つ、乗る	prima プリーマ 前 p13

prima colazione プリマ コラツィオーネ 朝食 *p54,64*	**proporzione** プロポルツィオーネ 比率	**punto forte** プント フォルテ 得意（得手）	**quartiere dei divertimenti** クアルティエーレ デイ ディ ヴェルティメンティ 繁華街
prima corsa プリマ コルサ 始発 *p14,48*	**a proposito** ア プロポーズィト ところで	**puntura d'insetto** プントゥーラ ディンセット ムシ刺され *p82*	**quartiere povero** クアルティエーレ ポーヴェロ スラム街
primavera プリマヴェーラ 春 *p53*	**proposta** プロポスタ 提案	**"può ~, per favore?"** プオ ベル ファヴォーレ どうぞ〜してください *p18*	**quasi** クアーズィ ほとんど
Primo Ministro プリモ ミニストゥロ 首相	**proprietario** プロプリエタリオ 持ち主	**purgante** プルガンテ 下剤 *p85*	**quasi tutto** クアーズィ トゥット ほとんど全部
principale プリンチパーレ 主な	**proprio** プロープリオ ちょうど（まさしく）	**puro** プーロ 純粋	**quattro** クアットゥロ 4 *p38*
privato プリヴァート 私立	**prosperità** プロスペリタ 繁栄	**puzzolente** プッツォレンテ くさい	**quattro stagioni** クアットゥロ スタジオーニ 四季 *p52*
problema プロブレーマ 問題（problem）	**prossima volta** プロッスィマ ヴォルタ 今度（次回）		**quella persona** クエッラ ペルソーナ あの人
procacciatore プロカッチャトーレ 客引き	**prossimo** プロッスィモ 次	## Q	**quelli** クエッリ それら
procedura プロチェドゥーラ 手続き *p87*	**prostituta** プロスティトゥータ 売春婦	**quaderno** クアデルノ ノート *p91*	**quello** クエッロ あの、あれ、それ
prodotti sanitari プロドッティ サニターリ 生理用品 *p90*	**prostituzione** プロスティツィオーネ 売春	**quadro** クアードゥロ 絵、四角	**questa settimana** クエスタ セッティマーナ 今週
produrre プロドゥッレ 生産する、製造する	**protezione** プロテツィオーネ 保護	**quale** クアーレ どっち？	**questa volta** クエスタ ヴォルタ 今回、今度
professionista プロフェッスィオニスタ プロ	**provare** プロヴァーレ 試着する、ためす *p42*	**qualità** クアリタ 品質 *p40*	**quest'anno** クエスタンノ 今年 *p51*
profondo プロフォンド 深い	**proverbio** プロヴェルビオ ことわざ	**quando** クアンド いつ *p50*、何時 *p48*	**questo** クエスト この
profughi プローフギ 難民	**provincia** プロヴィンチャ いなか、県 *p79*	**quante ore** クアンテ オーレ 何時間 *p48*	**questo** クエスト これ
profumo プロフーモ 香り、香水 *p47*	**psichiatra** プスィキアトゥラ 精神科医 *p84*	**quante persone** クアンテ ペルソーネ 何人 *p39*	**questo mese** クエスト メーゼ 今月 *p51*
programma プログランマ 計画、予定	**pubblicità** ププリチタ 広告	**quanti** クアンティ いくつ *p39*	**questura** クエストゥーラ 警察署 *p12,87*
promozione, superare un esame プロモツィオーネ、スペラー レ ウン エザーメ 合格	**pubblico ufficiale** ププリコ ウッフィチャーレ 公務員 *p21*	**quanti pezzi** クアンティ ペッツィ 何個 *p39*	**qui** クイ ここ *p13*
pronto プロント もしもし	**pulito** プリート 清潔な	**quanti tipi** クアンティ ティービ 何種類	**quindici giorni** クインディチ ジョルニ 半月 *p50*
pronuncia プロヌンチャ 発音	**pulizia** プリツィーア そうじ	**quantità** クアンティタ 量	
	punto プント 点	**quanto costa?** クアント コスタ いくら *p39,40*	
		quartiere クアルティエーレ 区域	

R
raccogliere ラッコーリエレ 集める、拾う
raccomandazione ラッコマンダツィオーネ 推薦
radere ラデーレ 剃る *p46*
radio ラディオ ラジオ
radioattività ラディオアッティヴィタ 放射能
raffinato ラッフィナート 上品 *p80*
raffreddarsi ラッフレッダルスィ さめる
raffreddore ラッフレッドーレ 風邪 *p82*
raggi X ラッジョ イックス レントゲン *p85*
ragione ラジョーネ 理由
ragno ラーニョ クモ
rana ラーナ カエル *p92*
rapinatore ラピナトーレ 強盗 *p87*
rapporto ラッポルト 関係
rappresentante ラップレゼンタンテ 代理人
rappresentativo ラップレゼンタティーヴォ 代表的な
raro ラーロ めずらしい
raro ~ ラーロ めったに〜ない
rasoio ラゾイオ カミソリ、ヒゲそり *p90*

rate mensili ラーテ メンスィーリ 月賦	**rete** レーテ 網	**rimandare merci** リマンダーレ メルチ 返品する p40	**rispondere** リスポンデレ 答える	**rossetto** ロッセット 口紅 p47
razza ラッツァ 人種、民族	**retro** レトゥロ 裏 p13	**rimborsare** リンボルサーレ 払い戻す	**risposta** リスポスタ 返事	**rosso** ロッソ 赤い p41
razzismo ラッツィズモ 人種差別	**ricamo** リカーモ 刺繍 p43	**rimettere** リメッテレ しまう	**ristorante** リストランテ 食堂、レストラン p54	**rotondo** ロトンド 丸い
re レ 王様	**ricco** リッコ 金持ち、ゆたか p95	**Rimorchi?** リモルキ? モテるでしょう? p80	**risultato** リズルタート 結果、成績	**rovine** ロヴィーネ 遺跡 p36
reclamare レクラマーレ 抗議する	**ricetta** リチェッタ 処方箋 p85	**rimproverare** リンプロヴェラーレ しかる	**ritardare** リタルダーレ 遅れる p15	**rubare** ルバーレ 盗む p87
regalare レガラーレ 贈る p40	**ricevere** リチェーヴェレ 受け取る、もらう	**ringraziare** リングラツィアーレ 感謝する	**ritirare** リティラーレ 引退する	**rumore** ルモーレ 噂
regalo レガーロ プレゼント、みやげ p40	**ricevimento** リチェヴィメント 受付 p10,46、フロント p10	**rinunciare** リヌンチャーレ あきらめる	**ritiro** リティーロ 退職	**rumoroso** ルモローゾ うるさい
reggiseno レッジセーノ ブラジャー p90	**ricevuta** リチェヴータ 領収書 P40,85	**riparare** リパラーレ 修理する、直す p86	**ritorno a casa** リトルノ ア カーザ 帰国 p8	**russare** ルッサーレ いびき
regione レジョーネ 地方 p26	**richiedere** リキエーデレ 請求する、要求する	**ripetere** リペーテレ くり返す	**riunione** リウニオーネ 会議	**Russia** ルッスィア ロシア p21
regista レジスタ 映画監督 p72	**richiesta** リキエスタ 申請	**riposare** リポザーレ やすむ	**riunirsi** リウニルスィ 集まる	**rutto** ルット ゲップ
registrare レジストゥラーレ 登録する、録音する	**riconoscere** リコノシェレ 気がつく、みとめる	**riposo** リポーゾ 休憩、やすみ p51	**rivedere** リヴェデーレ 再会する	**S**
registrare immagini レジストゥラーレ インマージニ 録画する	**ricordarsi** リコルダルスィ 覚えている、思い出す	**risaia** リザイア たんぼ	**rivista** リヴィスタ 雑誌 p91	**sabato** サーバト 土曜日 p51
regola レーゴラ 規則	**ricordo** リコルド 思い出、記念	**risarcire** リサルチーレ 弁償する p87	**rivoluzione** リヴォルツィオーネ 革命	**sabbia** サッビア 砂
religione レリジョーネ 宗教	**ricuperare** リクペラーレ 回復する p84	**riscaldamento** リスカルダメント 暖房 p10,86	**roba** ローバ 物	**sacco** サッコ 袋 p40
rendersi indipendente レンデルスィ インディペンデンテ 独立する	**ridere** リーデレ わらう	**riso** リーゾ 稲、米 p93	**robusto** ロブスト じょうぶ	**sacrificio** サクリフィーチョ 犠牲
rene レーネ 腎臓 p84	**rifiutare** リフィウターレ ことわる	**riso bollito** リーゾ ボッリート ごはん (米の飯)	**rock** ロック ロック p72	**sake giapponese** サケ ジャッポネーゼ 日本酒
resistenza レズィステンツァ 抵抗	**rifiuti** リフィウーティ ゴミ	**risolvere** リソルヴェレ 解決する	**romanzo** ロマンゾ 小説 p72	**sala d'attesa** サラ ダッテーザ 待合室 p14
responsabile レスポンサービレ 責任がある	**rilascio** リラッショ 再発行 p87	**risorse** リソルセ 資源	**rompere** ロンペレ こわす	**sala de tè** サラ ダ テ 喫茶店 p54
restituire レスティトゥイーレ 返す	**rilassarsi** リラッサルスィ 気が楽になる	**risparmiare** リスパルミアーレ 節約する	**rompersi** ロンペルスィ こわれる	**salato** サラート しおからい p56
resto レスト おつり p39,41,57、のこり	**rimandare** リマンダーレ 延期する p50	**rispettare** リスペッターレ 尊敬する	**rosa** ローザ ピンク p41	**saldi** サルディ 安売り

sale サーレ 塩 *p56*	**sazio** サツィオ お腹がいっぱい *p57*	**scimmia** シンミア サル	**scuola professionale** スクオーラ プロフェッスィオナーレ 専門学校	**sei mesi** セイ メーズィ 半年 *p50*
salire サリーレ 登る	**sbornia** ズボルニア 二日酔い *p82*	**scivolare** シヴォラーレ すべる	**scuro** スクーロ 濃い (色) *p41*	**seme** セーメ 種 *p93*
salita サリータ 坂 (上り)	**scadenza** スカデンツァ 有効期限 *p40*	**scommessa** スコンメッサ 賭けごと	**scusarsi** スクザルスィ 謝る *p17*	**semplice** センプリチェ 簡単 *p95*
salotto サロット 居間 *p76*	**scala** スカーラ 階段 *p77*	**scommettere** スコンメッテレ 賭ける	**sdraiarsi** ズドゥライアルスィ 横になる	**sempre** センプレ 相変わらず、いつも、ずっと (時間) *p48*
salsa サルサ ソース *p59*	**scaldare** スカルダーレ 沸かす	**scomodo** スコーモド 不便	**se ~** セ もし〜ならば	**senso** センソ 感覚
salsa di soia サルサ ディ ソイア 醤油	**scambiare** スカンビアーレ 交換する、とり替える	**sconto** スコント 割引き *p40*	**se stesso** セ ステッソ 自分	**sensuale** センスアーレ セクシー
saltare サルターレ 炒める *p60*	**scambio** スカンビオ 交流	**scontrarsi** スコンタルスィ ぶつかる	**secchio** セッキオ バケツ	**sentimento** センティメント 感情、気持ち *p94*
salute サルーテ 健康	**scappare** スカッパーレ にげる	**scopo** スコーポ 目的、目標	**secco** セッコ 乾燥した	**sentire** センティーレ 聞く (hear)
salute, cin cin サルーテ、チン チン 乾杯 *p55,65*	**scarafaggio** スカラファッジョ ゴキブリ *p10,93*	**scorreggia** スコレッジャ おなら	**secolo** セーコロ 世紀	**sentirsi bene** センティルスィ ベーネ 気分がいい、気持ちいい
saluti サルーティ あいさつ *p16*	**scarpe** スカルペ 靴 *p45*	**scorrere** スコーレレ ながれる	**seconda classe** セコンダ クラッセ 2等 *p15*	**sentirsi depresso** センティルスィ デプレッソ 気が重い
salvo サルヴォ 〜以外	**scatola** スカートラ 箱	**scortese** スコルテーゼ 失礼な、不親切	**Seconda Guerra Mondiale** セコンダ グエッラ モンディアーレ 第2次世界大戦	**sentirsi male** センティルスィ マーレ 気分が悪い、気持ち悪い
sandali サンダリ サンダル *p45*	**scatoletta** スカトレッタ 缶づめ *p90*	**scotch** スコッチ セロテープ *p90*	**sedativo** セダティーヴォ 鎮痛剤 *p85*	**senza complimenti** センツァ コンプリメンティ 遠慮しないで
sangue サングエ 血 *p85*	**scavare** スカヴァーレ 掘る	**scrittore** スクリットーレ 作家	**sede centrale** セーデ チェントゥラーレ 本社	**senz'altro** センツァルトゥロ 必ず
sanitario サニタリオ 衛生的	**scegliere** シェッリエレ 選ぶ	**scrivania** スクリヴァニーア 机 (書き机) *p76,74*	**sedersi** セデルルスィ すわる	**separarsi** セパラルスィ わかれる *p96*
sano サーノ 健康な	**scemo** シェーモ バカ *p81*	**scrivere** スクリーヴェレ 書く *p18*	**sedia a rotelle** セディア ア ロッテレ 車イス	**separatamente** セパラータメンテ 別々に
sapere, conoscere サペーレ、コノッシェレ 知る	**scena** シェーナ 舞台 *p25*	**scultura** スクルトゥーラ 彫刻	**segno** セーニョ しるし	**sera** セーラ 晩 *p49*
sapone サポーネ セッケン *p90*	**scendere** シェンデレ 降りる、さがる *p9,15*	**scuola** スクオーラ 学校	**segretario** セグレタリオ 秘書	**sereno** セレーノ 晴れ *p53*
sapore サポーレ 味 *p56*	**scherzo** スケルツォ いたずら、じょうだん	**scuola elementare** スクオーラ エレメンターレ 小学校	**segreto** セグレート 秘密	**serio** セリオ まじめ *p81*
satira サティラ 風刺	**sci** シ スキー *p68*	**scuola materna** スクオーラ マテルナ 幼稚園	**seguire** セグイーレ 続く	**serpente** セルペンテ ヘビ *p92*
sauna サウナ サウナ	**scienza** シェンツァ 科学	**scuola media** スクオーラ メディア 中学校		

serranda セッランダ シャッター扉	single スィングル 独身 p21,78	sopra ソープラ 上に p13	spazzolino da denti スパッツォリーノ ダ デンティ ハブラシ p90	splendido スプレンディド すばらしい
servizio セルヴィツィオ サービス料 p55	sinistra スィニストゥラ 左 p13	sopracciglio ソプラッチリオ まゆげ p47	specchio スペッキオ 鏡 p77	spogliarsi スポッリアルスィ 脱ぐ
sesso セッソ 性	smarrirsi ズマッリルスィ 迷う p13	soprannome ソプランノーメ あだ名 p81	speciale スペチャー레 特別	sporcarsi スポルカルスィ よごれる
seta セータ 絹 p43	smettere di fumare ズメッテレ ディ フマー레 禁煙する	sorella ソレッラ 姉妹 p79	specialità スペチャリタ 専攻、特産物 p26	sporco スポルコ きたない
settembre セッテンブレ 9月 p51,53	società ソチエタ 社会	sorella maggiore ソレッラ マッジョー레 姉 p79	spedire スペディーレ 送る p97	sport スポルトゥ スポーツ p68
settimana セッティマーナ 週 p50	società per azione ソチエタ ペル アツィオ네 株式会社	sorella minore ソレッラ ミノーレ 妹 p79	spedire per posta スペディーレ ペル ポスタ 郵送する p12,98	sposa スポーザ 嫁 p79
settimana scorsa セッティマーナ スコルサ 先週 p51	socio ソーチョ 会員	sorprendersi ソルプレンデルスィ おどろく	spegnere スペーニェ레 消す	sposare スポザーレ 結婚する p21,78
severo セヴェーロ きびしい	soffitto ソッフィット 天井 p76	sorriso ソッリーゾ ほほえみ	sperare スペラーレ 期待する、希望する	sposato スポザート 既婚
sfortunato スフォルトゥナート 運が悪い、不幸な p81	soggiornare ソッジョルナーレ 滞在する p10	sorveglianza ソルヴェリアンツァ 取り締まり	spesa スペーザ 買い物、経費 p40,74	sposi novelli スポーズィ ノヴェッリ 新婚夫婦 p78
sforzarsi スフォルツァルスィ がんばる	soggiorno illegale ソッジョルノ イッレガーレ 不法滞在	sostituire ソスティトゥイーレ 代わる	spesa di spedizione スペーサ ディ スペディツィオーネ 送料	sprecare スプレカーレ ムダづかい
shampoo シャンプー シャンプー p10,90	sognare ソニャーレ 夢を見る	sottile ソッティーレ うすい p42	spese スペーゼ 費用	spremere スプレーメレ しぼる
sì スィ はい（肯定）p19	sogno ソーニョ 夢	sotto ソット 下	spesso スペッソ 厚い、しばしば	sputo スプート 痰 p82
sicurezza スィクレッツァ 安心・安全	soldato ソルダート 兵士	sottoterra ソットテッラ 地下	spezie スペツィエ 香辛料 p59	stagione スタジョーネ 季節 p52
sicuro スィクーロ 確かな（sure）	soldi ソルディ おカネ p39	sottovoce ソットヴォーチェ 声が小さい（小声で）	spezzare スペッツァーレ 折る（骨・枝を）	stagno スターニョ 池、耐水性
sigaretta スィガレッタ タバコ p91	sole ソーレ 太陽 p52	spada スパーダ 剣	spiaggia スピアッジャ 海岸 p13	stamattina スタマッティーナ 今朝 p49
significato スィニフィカティーヴォ 意味	solitario ソリタリオ 孤独な、さびしい	Spagna スパーニャ スペイン	spiccioli スピッチョリ 小銭 p39	stampare スタンパーレ 印刷する
signora スィニョーラ 奥様 p18,79	solletico ソッレティコ くすぐったい	spagnolo スパニョーロ スペイン人・語	spiedino スピエディーノ くし（串）	stancarsi スタンカルスィ うんざりする、つかれる
silenzioso スィレンツィオーゾ おとなしい p80	solo ~ ソーロ ～だけ	spalla スパッラ 肩 p83	spiegare スピエガーレ 説明する	stanco スタンコ つかれた p82
simile スィーミレ 差がない	somigliare ソミリアーレ 似ている	sparire スパリーレ 消える	spingere スピンジェレ 押す	standard スタンダルドゥ 標準
sincerità スィンチェリタ 誠意	sopportare ソッポルターレ 我慢する、耐える	spazzola スパッツォラ ブラシ p90	spirito スピーリト 精神、霊	stare スターレ 居る

stare attento スターレ アッテント 用心する	**straordinario** ストゥラオルディナリオ 異常	**suono** スオーノ 音	**tardi** タルディ おそい	**telefono pubblico** テレーフォノ プッブリコ 公衆電話 p8,11
stare bene スターレ ベーネ 似合う p42	**strappare** ストゥラッパーレ やぶる	**superare** スペラーレ 越える	**tariffa** タリッファ 料金 p25	**televisione** テレヴィズィオーネ テレビ p76,91
stare in gamba スターレ イン ガンバ 元気	**stretto** ストゥレット きつい（窮屈）	**superficie** スペルフィーチェ 面積	**tariffa postale** タリッファ ポスターレ 郵便料金 p12,98	**temperatura** テンペラトゥーラ 温度、気温、体温
stasera スタセーラ 今晩	**strumento musicale** ストゥルメント ムズィカーレ 楽器 p72	**superiore** スペリオーレ 上司	**tartaruga** タルタルーガ 亀	**tempio** テンピオ 寺院
stato スタート ようす	**studente** ストゥデンテ 学生、生徒 p21	**supermercato** スーペルメルカート スーパーマーケット p12,40	**tasca** タスカ ポケット p42	**tempo** テンポ 時間 p48、天気 p52
statua di Budda スタートゥア ディ ブッダ 仏像	**studente estero** ストゥデンテ エステロ 留学生	**superstizione** スペルスティツィオーネ 迷信	**tassa** タッサ 税金 p40	**tempo libero** テンポ リーベロ ひま、余暇
stazione スタツィオーネ 駅 p14	**studente universitario** ストゥデンテ ウニヴェルスィターリオ 大学生 p21	**supporre** スッポッレ 仮定する	**tassì** タッスィ タクシー p9	**temporaneo** テンポラーネオ 臨時
stazione di tassì スタツィオーネ ディ タッスィ タクシー乗り場 p9	**studiare** ストゥディアーレ 勉強する	**surf** セルフ サーフィン	**tasso** タッソ レート p8,11	**tenda** テンダ カーテン
stella ステッラ 星	**studiare all'estero** ストゥディアーレ アッレステロ 留学	**svenire** ズヴェニーレ 気を失う p82	**tatuaggio** タトゥアッジョ イレズミ	**tenere caro** テネーレ カーロ 大切に思う
sterco ステルコ 糞	**studiare, fare la ricerca** ストゥディアーレ、ファーレ ラ リチェルカ 研究する	**sviluppo** ズヴィルッポ 現像	**tavola** ターヴォラ テーブル p74,76	**tennis** テンニス テニス p68
stipendio スティペンディオ 給料		**sviluppo economico** ズヴィルッポ エコノーミコ 経済成長	**tazza** タッツァ 茶わん p56	**terme** テルメ 温泉 p46
stivali スティヴァーリ 長靴 p45	**stufarsi** ストゥファルスィ 飽きる、嫌になる p95	**Svizzera** ズヴィッツェラ スイス	**tè** テ 紅茶、茶 p64	**termine** テルミネ 期限、期日 p50
stomaco ストーマコ 胃 p84	**su** ス 上 p13	**T**	**teatro** テアトゥロ 劇場 p25	**termometro clinico** テルモーメトゥロ クリニコ 体温計 p84
storcersi ストルチェルスィ ネンザする p82	**su~** ス （〜に）ついて	**taciturno** タチトゥルノ 口が重い	**tecnica** テックニカ 技術	**terra** テッラ 地面、土、土地、陸
storia ストーリア 歴史	**subito** スービト すぐに	**tagliare** タリアーレ 切る p97	**tedesco** テデスコ ドイツ人・語	**Terra** テッラ 地球
storia di fantasmi ストーリア ディ ファンタズミ 怪談	**succo** スッコ ジュース p64	**tagliare i capelli** タリアーレ イ カペッリ 散髪する	**telefonare** テレフォナーレ 電話する p11	**terremoto** テッレモート 地震
stoviglie ストヴィッリエ 食器類 p56	**sud** スッドゥ 南 p12	**talento** タレント 才能	**telefono** テレーフォノ 電話 p8,91	**terribile** テッリービレ こわい、ひどい
strada ストゥラーダ 通り、道 p13	**sudore** スドーレ 汗	**tangente** タンジェンテ わいろ	**telefono cellulare** テレーフォノ チェッルラーレ 携帯電話 p91,98	**territorio** テッリトリオ 領土
straniero ストゥラニエーロ 外国人 p8	**Suo** スーオ あなたの	**tanto** タント いっぱい、多い、たくさん	**telefono internazionale** テレーフォノ インテルナツィオナーレ 国際電話 p11	**terrorismo** テッロリズモ テロ
strano ストゥラーノ あやしい、奇妙な、ヘンな	**suonare** スオナーレ 演奏する、鳴る p72	**tarantola** タラントラ ヤモリ p93		**terrorista** テッロリスタ テロリスト

terzo テルツォ 3等	**tomba** トンバ 墓	**traveller's cheque** トラヴェル　シェック トラベラーズチェック	**ufficiale** ウッフィチャーレ フォーマル *p42*	**uomo** ウオーモ 男、男性
tessera テッセラ 会員証	**tonno** トンノ マグロ *p60*	**traviarsi** トゥラヴィアルスィ ぐれる	**ufficio** ウッフィーチョ 事務所	**uomo d'affari** ウオーモ　ダッファーリ 実業家
tessera bancomat テッセラ　バンコマットゥ キャッシュカード	**topo** トーポ ネズミ	**tredicesima** トゥレディチェーズィマ ボーナス	**uguale** ウグアーレ 等しい	**uovo** ウオーヴォ タマゴ *p60*
tessuto テッスート 織物 *p42*、布 *p43*	**tormentarsi** トルメンタルスィ 悩む	**treno** トゥレーノ 電車、列車 *p12,14*	**uguale, stesso** ウグアーレ、ステッソ 同じ	**uovo sodo** ウオーヴォ　ソード ゆで玉子 *p60*
testa テスタ 頭 *p83*	**tornare** トルナーレ 帰る	**triangolo** トゥリアンゴロ 三角	**ulcera** ウルチェラ 潰瘍 *p85*	**urgente** ウルジェンテ 緊急
testicoli テスティコリ 睾丸	**torta** トルタ ケーキ *p62*	**tribunale** トゥリブナーレ 裁判所 *p87*	**ultimamente** ウルティマメンテ 最近	**urina** ウリーナ 小便、尿 *p85*
testimone テスティモーネ 証人 *p87*	**tosse** トッセ 咳 *p82*	**triste** トゥリステ 悲しい	**ultimo** ウルティモ 最後、最新	**usare** ウザーレ つかう
testo テスト 教科書	**tradire** トゥラディーレ 裏切る	**trovare** トゥロヴァーレ みつける	**umano** ウマーノ 人間	**uscire** ウッシーレ でかける *p13*、出る（外へ） *p96*
tifone ティフォーネ 台風	**tradizionale** トゥラディツィオナーレ 伝統的	**truccarsi** トゥルッカルスィ 化粧する	**umidità** ウミディタ 湿度	**uscire dal ospedale** ウッシーレ　ダル　オスペダーレ 退院 *p85*
tigre ティグレ トラ	**tradurre** トゥラドゥーレ 通訳する、翻訳する *p86*	**tu** トゥ おまえ	**umido** ウーミド しめった	**uscita** ウッシータ 出口 *p15*
timbro ティンブロ 印鑑	**traffico** トゥラッフィコ 交通、渋滞 *p9*	**tunnel** トゥンネル トンネル	**umorismo** ウモリズモ ユーモア *p81*	**uscita di sicurezza** ウシータ　ディ　スィクレッツァ 非常口
timido ティーミド 気が小さい	**traghetto** トゥラゲット フェリー *p14*	**turismo** トゥーリズモ 観光 *p8,24*	**un giorno** ウン　ジョルノ 1日 *p50*	**utile** ウーティレ 便利、役に立つ
tingere ティンジェレ 染める	**tramezzino** トゥラメッツィーノ サンドイッチ *p64*	**turista** トゥーリスタ 観光客、旅行者 *24*	**un po'** ウン　ポ すこし *p56*	**uva** ウーヴァ ブドウ *p63*
tirare ティラーレ　フォーリ 引く、ひっぱる	**tranquillo** トゥランクイッロ しずか	**tutta la vita** トゥッタ　ラ　ヴィータ 一生	**una parte** ウナ　パルテ 一部分	**V**
tirare fuori ティラーレ　フォーリ 引き出す	**trasferire** トゥラスフェリーレ 移す	**tutti** トゥッティ 全員、皆（みな）	**una settimana** ウナ　セッティマーナ 1週間 *p50*	**va bene, non c'è problema** ヴァ　ベーネ、ノン　チェ　プロブレーマ だいじょうぶ
tisi ティーズィ 結核 *p85*	**trasferirsi** トゥラスフェリルスィ 移籍する	**tutti e due** トゥッティ　エ　ドゥーエ 両方	**una volta** ウナ　ヴォルタ 1回 *p39*	**vacanza** ヴァカンツァ 休暇、休日 *p51,53*
titolo ティートロ 資格、題名 *p25,73*	**traslocare** トゥラスロカーレ ひっこす	**tutto** トゥット すべて、全部	**unghia** ウンギア 爪	**vacanze estive** ヴァカンツェ　エスティーヴェ 夏休み *p53*
toccare トッカーレ さわる	**trasmissione** トゥラスミッスィオーネ 放送	**U**	**uniforme** ウニフォルメ 制服	**vagina** ヴァジーナ 女性器 *p83*
togliere トッリエレ 取る（取り去る）	**trasportare** トゥラスポルターレ はこぶ	**ubriacarsi** ウブリアカルスィ 酔う	**unilaterale** ウニラテラーレ 一方的	**vagone letto** ヴァゴーネ　レット 寝台車 *p14*
Tokio トーキオ 東京 *p21*	**trattato** トゥラッタート 条約	**uccello** ウッチェッロ 鳥 *p92*	**università** ウニヴェルスィタ 大学	

vagone ristorante
ヴァゴーネ リストランテ
食堂車 p14

valere
ヴァレーレ
値打ちがある

valigia
ヴァリージャ
スーツケース、(旅行の)
荷物 p8

valuta
ヴァルータ
通貨 p39

valuta estera
ヴァルータ エステラ
外貨 p39

vantarsi
ヴァンタルスィ
自慢する

vari
ヴァーリ
いろいろ

vasca da bagno
ヴァスカ ダ バーニョ
バスタブ、風呂 p10,77

vaso
ヴァーゾ
瓶 (カメ)

vecchio
ヴェッキオ
古い p95、歳とった p78、
老人

Vecchio Testamento
ヴェッキオ テスタメント
旧約聖書

vedere
ヴェデーレ
見る p97

veleno
ヴェレーノ
毒

veloce
ヴェローチェ
速い

velocemente
ヴェロチェメンテ
早く

velocità
ヴェロチタ
スピード

vendere
ヴェンデレ
売る p40

vendita al minuto
ヴェンディタ アル ミヌート
小売り

veneloso
ヴェレノーゾ
有害な

venerdì
ヴェネルディ
金曜日 p51

venire
ヴェニーレ
来る

vento
ヴェント
風

veramente
ヴェラメンテ
ほんとうに

verde
ヴェルデ
緑色 p41

verdura
ヴェルドゥーラ
野菜 p58

vergine
ヴェルジネ
処女

vergognoso
ヴェルゴニョーゾ
はずかしい

verità
ヴェリタ
真実

vero
ヴェーロ
ほんもの p45

verticale
ヴェルティカーレ
縦

vespa
ヴェスパ
蜂 p93

vestito
ヴェスティート
服 p42

vestito per bambini
ヴェスティート ペル バンビーニ
こども服 p42

vetrina
ヴェトゥリーナ
ショーウィンドー

vetro
ヴェトゥロ
ガラス

via aerea
ヴィア アエレア
航空便 p8

via mare
ヴィア マーレ
船便 p98

viaggio
ヴィアッジョ
旅行 p8

viaggio da soli
ヴィアッジョ ダ ソーリ
ひとり旅

viaggio di nozze
ヴィアッジョ ディ ノッツェ
新婚旅行

viaggio turistico
ヴィアッジョ トゥーリスティコ
ツアー p24

viaggio tutto compreso
ヴィアッジョ トゥット コンプレーゾ
パックツアー p8

vicinanza
ヴィチナンツァ
近所

vicino
ヴィチーノ
そばの、隣 p13、近い p12

video
ヴィデオ
ビデオテープ

videoregistratore
ヴィデオレジストゥラトーレ
ビデオデッキ

vietato
ヴィエタート
禁止

vietato entrare
ヴィエタート エントゥラーレ
立入禁止

vietato fotografare
ヴィエタート フォトグラファーレ
撮影禁止 p19,24

Vietato usare il flash
ヴィエタート ウザーレ イル フラッシュ
フラッシュ禁止 p19

vigili del fuoco
ヴィージリ デル フォーコ
消防士 p20

villaggio
ヴィッラッジョ
村

vimini
ヴィーミニ
籐 (とう)

vincere
ヴィンチェレ
勝つ p69

vinile
ヴィニーレ
ビニール

vino
ヴィーノ
ワイン p55

vino bianco
ヴィーノ ビアンコ
白ワイン p55

vino rosso
ヴィーノ ロッソ
赤ワイン p55

viola
ヴィオラ
紫 p41

violazione
ヴィオラツィオーネ
違反 p87

visita medica
ヴィズィタ メディカ
診察 p84

visitare
ヴィズィターレ
訪れる、訪ねる、訪問する、
見学する p24

viso
ヴィーゾ
顔 p46,83

viso sorridente
ヴィーゾ ソッリデンテ
笑顔

visto
ヴィスト
ビザ p8

vistoso
ヴィストーゾ
ハデな p41

vita
ヴィータ
命、生活、生命

vittoria
ヴィットリア
優勝 p68

vivere
ヴィーヴェレ
生きる

voce
ヴォーチェ
声

a voce alta
ア ヴォーチェ アルタ
声が大きい (大声で)

voglia
ヴォッリア
望み

voi
ヴォイ
あなたたち

volare
ヴォラーレ
飛ぶ

volere
ヴォレーレ
望む

volontario
ヴォロンタリオ
ボランティア

~ volta
ヴォルタ
〜回 p39

voltaggio
ヴォルタッジョ
電圧

~ volte
ヴォルテ
〜倍 p38

volte
ミ スクーズィ ペル ファ ヴォーレ
申し訳ない p17

vomitare
ヴォミターレ
吐く p82

vostro
ヴォストゥロ
あなたたちの

voto
ヴォート
投票

vulcano
ヴルカーノ
火山

Y

yen
イエン
日本円 p39

Z

zanzara
ザンザーラ
蚊 p93

zero
ゼーロ
ゼロ p38

zia
ズィーア
おば p79

zio
ズィーオ
おじ p79

zona
ゾーナ
地域

zona turistica
ゾーナ トゥリースティカ
観光地 p24

zucca
ズッカ
カボチャ p58

zucchero
ズッケロ
砂糖 p64

zuppa
ズッパ
スープ p59

あとがき

　はじめてイタリアに行ったのは、イタリア語を勉強しはじめて一年ほどしてからだった。最後の晩、感傷的な気分になって、夜のトレヴィの泉を見に行ったその帰り道、インド系の人に声をかけられ、お互いカタトコのイタリア語で話をした。

　せっかく最後の夜なら飲みに行こうということになり、彼の知っている店に行ってみた。勘のイイ人ならもうおわかりであろうが、連れて行かれた先は暴力バーだった。薄暗い店内のソファーに座ると、どこからともなく180cmはある黒人のオネーちゃんが「チャ～オ」。なんとなくやばい雰囲気を察しながら、とりあえずビールを頼んだ。

　でかいネーちゃんはしきりにシャンパンを開けたがっている。側のインド人も調子を合わせ、まんまとシャンパンを開けることになってしまった。あとになってわかったことだが、暴力バーでシャンパンを開けさせるのは、絶対にしてはいけないことだった。こんなところに長居していたらなんぼボられるかわからないと思い、会計してもらうと、日本円で数万円の請求書。「この野郎、ふざけんなよ！」と思った次の瞬間、レジの後ろから堅強なオニーサンが二人。「ふざけんなよ！　払わねーよ！」という代わりに、「あのうー、ホテルに帰ればお金があるんですけど…」と腰が引けてしまった。本当はもうお金なんて持っていなかった。

　一緒に来たインド人はのんきに「そいつは○○ホテルに泊まってるぞ」とよけいなことを言っている。グルだったのだ。その地下の店から地上へと向かう階段を恐いオニーサンと並んで歩きながら、そいつが革靴を履いていることに気づき、勝負に出ることにした。走った。その店は坂道の途中にあった。そこで階段を跳ねるように上りきると、わざと上り坂を走った。走っても延々と終わらない上り坂だったが、普通の道を走っていては相手をあきらめさせることはできない。坂を上りきり、しばらくまた走ってからようやく後ろをふり返った。もう誰もついてきてはいなかった。

　ほっとはしたものの、ホテルの前で待ち伏せされているかもしれない。知り合いもいないローマでこんな夜中に相談できる人もいなかった。警察に行ったところで、その数万円は正規料金だといわれてしまえば、払わなくてはならなくなる。

　結局、イタリアに着いた直後に利用した安宿のオヤジのところにかくまってもらうことにした。そこなら深夜でもオヤジがいるにちがいなかった。そこでまたカタコトのイタリア語でありのままを説明し、その夜はそ

こに泊めてもらい、明け方、前のホテルに荷物を取りに行き、無事ローマを出発した。その夜、眠れぬまま『逃亡者』というアメリカの古いドラマを何度も思い出していた。

　このようなまれな例もあるが、通常、カタコトでも言葉ができることによって、海外旅行ははるかに楽しいものになる。そんなことは一度でも海外で行ったことのある人なら、誰でも感じていることだろう。かといって、行く先々の言葉を覚えるほど暇がある人もいない。何日かの旅行のために、何カ月もかけて机には向かいたくないものだ。

　とくにイタリアでは、この本は役に立つだろう。観光の国だからイタリアにも英語のできるイタリア人は存在する。しかし本当は観光客が行かないようなところにこそ、いいものは隠されている。そうなれば、もうイタリア語で話すしかなくなる。この本によって、おしゃべり好きで、お国自慢の好きなイタリア人が、きっとあなたの旅をよりディープで楽しい思い出にしてくれることだろう。

　くれぐれも夜道を歩いていて話しかけられても、この本を開かないように。いつの間にかシャンパンの好きなでかいオネーちゃんが「チャ〜オ！」と隣に座っているかもしれない。

1999年8月　下作延の重慶マンションにて

堀込 玲

[第四版] あとがき

この本を最初に書かせていただいてから、25年が経ちました。
1999年当時に憧れていた、イタリアの高級ブランド服や高級車は今も手が届かないですが、今は彼らの「日常」にこそ憧れています。
この四半世紀の世界的な環境の変化や技術の進歩の揺り戻しのせいかもしれません。
家業を誇り、家族とともに地元の料理やワインを楽しみ、何気ないバールで過ごす時間を大切にする。
イタリアという国は、私たちがいつどこに行ってもなにか人生の気づきを与えてくれる気がします。
この本を持って、多くの方が「居心地の良いイタリア」と出会えることを願って。

2024年7月　イタリア行きを待つ羽田空港にて

堀込 玲

著者◎堀込 玲（ほりこみ・れい）

大学在学中に奨学金をもらって留学したのはフィレンツェ。イタリア人家庭に下宿をし、その家のお母さんには息子同様にかわいがられ、同年代の子どもたちとは「つるんで遊ぶ」という日々を過ごす。本書の「家族」の項目や、「ジェスチャー」の項目で表現されたイタリアのノリはこのときの体験が下地になっている。京都産業大学外国語学部でイタリア語を専攻。[第一版]の執筆後、勤めていたイタリア専門貿易商社にてミラノに4年間駐在。のちの『食べる指さし会話帳・イタリア』の写真を撮りためる。2004年、帰国と同時に日本ソムリエ協会認定ワインアドバイザーを取得。2012年、青山学院大学大学院国際マネジメント研究科にて経営管理修士（専門職）修了。イタリアパスタメーカーの日本支社勤務を経て、イタリア製品専門のブランドマネジメント業、IBグロワーズ合同会社を設立、現在に至る。

著者メールアドレス /
reihorikomi@gmail.com

イラスト	小暮満寿雄
ブックデザイン	佐伯通昭 http://www.knickknack.jp
地図作成	ワーズアウト
協力	Alessandra de Santis
	Sara Gerli
	Roberto Gerli
	Lorenzo Ryu Gerli
	Famiglia Bandini di Antella
	Lydia Fuse Hirose
	Mitsuaki Hirose
	Mari Hirose
	Ermanno Mitsuharu Hirose
	Luca Colombo
	Sugiko Chinen
	Federica Rotini
	竹内秀夫
	水沢 透

【編集部より読者の皆さんへ】
指さし会話帳シリーズは生きた言葉の収録を特徴としています。その中にはスラング的なものも含まれます。どんな言葉も、話す相手や会話の流れ、意図によって良くも悪くもなります。会話の際には、相手へのリスペクトを大事にしてください。

ここ以外のどこかへ！

旅の指さし会話帳⑥イタリア[第四版]

1999年9月25日	第一版第1刷
2003年2月17日	第一版第19刷
2003年7月23日	第二版第1刷
2009年7月11日	第二版第23刷
2009年10月16日	第三版第1刷
2019年12月3日	第三版第11刷
2024年9月24日	第四版第1刷

著者
堀込 玲

発行者
田村隆宗

発行所
株式会社ゆびさし
〒151-0053 東京都渋谷区代々木1-30-15
天翔代々木ビル S607
電話 03-6324-1234
http://www.yubisashi.com

印刷
モリモト印刷株式会社

©1999, 2003, 2009, 2024, Rei Horikomi
ISBN978-4-7958-5353-9
落丁本・乱丁本はお取替えいたします。

＊「旅の指さし会話帳」及び「YUBISASHI」は、（株）ゆびさしの登録商標です。
＊「YUBISASHI」は国際商標登録済みです。